Octávio Brandão e as Matrizes Intelectuais do Marxismo no Brasil

Felipe Castilho de Lacerda

Octávio Brandão e as Matrizes Intelectuais do Marxismo no Brasil

∼1919-1929∼

Ateliê Editorial

Copyright © 2019 Felipe Castilho de Lacerda

Direitos reservados e protegidos pela Lei 9.610 de 19 de fevereiro de 1998.
É proibida a reprodução total ou parcial sem autorização, por escrito, da editora.

Dados Internacionais de Catalogação na Publicação (CIP)
(Câmara Brasileira do Livro, SP, Brasil)

Lacerda, Felipe Castilho de
  Octávio Brandão e as Matrizes Intelectuais do Marxismo no Brasil: 1919-1929 / Felipe Castilho de Lacerda. – Cotia, SP: Ateliê Editorial, 2019.

  ISBN 978-85-7480-816-1
  Bibliografia

  1. Brandão, Octávio, 1896-1980   2. História cultural
  3. Internacional Comunista   4. Livros – História
  5. Marxismo   6. Partido Comunista – Brasil – História
  I. Título.

19-23753   CDD-335.40981

Índices para catálogo sistemático:

1. Marxismo: Brasil: História   335.40981

Cibele Maria Dias – Bibliotecária – CRB-8/9427

Direitos reservados à
ATELIÊ EDITORIAL
Estrada da Aldeia de Carapicuíba, 897
06709-300 – Granja Viana – Cotia – SP
Tel.: (11) 4702-5915
www.atelie.com.br / contato@atelie.com.br
facebook.com/atelieeditorial | blog.atelie.com.br

2019

Printed in Brazil
Foi feito o depósito legal

Os que moram,
Do outro lado do muro,
Nunca vão saber,
O que se passa no subúrbio
Garotos Podres, *Garoto Podre*

Dedico este livro a Jéssica, cuja paciciência foi quase infinita, ao Baby, o companheiro de toda a vida...

... e a Dilma Roussef, de quem discordo de muitas coisas, mas que constitui a última presidente legítima deste país.

Sumário

PREFÁCIO – *Marisa Midori Deaecto* 13

INTRODUÇÃO *17*

Capítulo 1. O LIVRO E A POLÍTICA: EDIÇÕES COMUNISTAS NO BRASIL *27*
   Primeiras Leituras 28; Estrutura Editorial 38; Livrarias 51; Edição Comunista 58; Edições de Outras Fontes 62; Imprensa e Agitação 76

Capítulo 2. *LEDE E FAZEI LER*: A FORMAÇÃO MILITANTE *99*
   Manuais, Coleções e "Bibliotecas" 100; O Leitor Comunista dos Anos 1920 105; Discurso Sobre a Leitura 108; Agitprop 113

Capítulo 3. VISÕES DO BRASIL: ITINERÁRIO INTELECTUAL DE OCTÁVIO BRANDÃO *123*
   Primeiros Escritos: A Herança Euclidiana no Consórcio entre Ciência e Arte 126; Propaganda Anarquista: Romantismo Libertário e "Revolução Moral" 137; Transição ao Marxismo 156; Visões Comunistas do Brasil 165

Capítulo 4. MATRIZES INTELECTUAIS: O PROCESSO DE DIFUSÃO DO MARXISMO *183*

FONTES E BIBLIOGRAFIA *193*
   Periódicos 193; Documentação da Internacional Comunista – Arquivo Edgard Leuenroth, Unicamp 193; Documentação da Internacional Comunista – Arquivo do Estado Russo de História Sociopolítica (RGASPI) 195; Bibliografia Comunista dos Anos 1910 e 1920 195; Bibliografia Geral 198

APÊNDICE *205*
   Anexo 1. Periódicos Citados em Rússia Proletária 205; Anexo 2. Livros à Venda pelo Secretariado Sul-Americano 207; Anexo 3. Catálogos das Editoras Argentinas 208; Anexo 4.

Transcrição do Programa de Curso Publicado no Jornal Comunista A Nação 210; *Anexo 5. Resenha de Andrés Nin sobre o Livro* Agrarismo e Industrialismo *de Fritz Mayer (pseudônimo Octávio Brandão)* 215

ÍNDICE REMISSIVO *217*

Prefácio

Marisa Midori Deaecto
Universidade de São Paulo

Posso, sem armas, revoltar-me?
Carlos Drummond de Andrade, 1945

Octávio Brandão nasceu em 1896, na cidade de Viçosa, Estado das Alagoas. Órfão de pai e mãe, foi criado pelo tio, fez os primeiros estudos em Maceió, diplomou-se pela Escola de Farmácia do Recife, abriu uma botica em sua terra natal e, ainda nesses tempos de formação, iniciou sua trajetória de militância no anarquismo, para logo ingressar no recém-fundado PCB (1922). Teve vida longa para os padrões e as condições de um homem de esquerda que dividiu boa parte de sua existência entre a clandestinidade e o exílio. Na URSS viajou muito e proferiu palestras sobre seu país. Faleceu no Rio de Janeiro, em 1980, no ostracismo, como tantos outros militantes de sua geração que vivenciaram a *débâcle* de um mundo cindido pela Guerra de 1939-1945, e os regimes ditatoriais no Brasil.

O livro de Felipe Castilho de Lacerda não constitui propriamente uma biografia de Octávio Brandão, embora os traços do indivíduo e suas motivações pessoais tenham desempenhado um papel importante nessa composição. Tampouco se trata de um balanço historiográfico, que pretende confrontar as memórias de um militante com os escritos que sobre ele se fizeram. É verdade que nesse aspecto o autor assume, logo de partida, seu ponto de vista: inútil projetar exclusivamente sobre o indivíduo os possíveis erros, os silêncios e as inquietações que apenas o tempo pôde esclarecer para as gerações vindouras. Afinal, já ensinara Lucien Febvre em sua exemplar biografia de Martinho Lutero: "o estilo não é apenas o homem, mas toda a sua época".

A escrita do livro não se deu sem muitos percalços, tal foi a dificuldade que teve o autor de equacionar problemas tão delicados, cujas fronteiras estão longe de se definir: a primeira, já assinalada, diz respeito à relação entre o homem e o mundo, vale dizer, entre as aspirações individuais e aquilo que se convencionou chamar, não sem críticas, de "espírito do tempo"; além disso, como apreender no tecido intrincado de referências bibliográficas construídas, não raro de forma irrefletida, as matrizes intelectuais de um pensamento que se forma por camadas e em tempos sincrônicos? Finalmente, em que medida o estudo das matrizes intelectuais de um militante pode dar conta do "estilo de toda uma época"?

Diante de problemas aparentemente insolúveis, sói recorrer às fontes, repisar terrenos já batidos por outros investigadores e, fundamentalmente, buscar com atenção aquilo que escapou aos olhos de boa parte da intelectualidade comunista. Felipe Castilho de Lacerda nos convida a ler *Canais e Lagoas*, a investigar o programa do curso da Escola de Farmácia do Recife, a averiguar o que circulava pela imprensa, a observar os livros que passavam por entre essa gente simples, porém, intelectualizada. Era preciso, outrossim, prestar atenção às referências inscritas nos livros de memórias e, se possível, cotejá-las com os títulos e os autores gravados nos jornais e nas revistas do período.

Assim os traços do indivíduo ganham corpo nesse jogo dialético que se estabelece entre as condições materiais da militância e as matrizes culturais do indivíduo. Os traços distintivos se apresentam em algumas passagens brilhantes, em que o autor analisa, por exemplo, a postura de Octávio Brandão frente aos dirigentes do Komintern ou de delegados estrangeiros. A própria estrutura do texto diz muito das escolhas e das leituras que inspiram esse livro: o primeiro capítulo se volta para a problemática das livrarias, editoras, instituições de leitura, enfim, da infraestrutura e dos circuitos editoriais voltados para a militância; em seguida, o autor investiga os caminhos e os repertórios bibliográficos dos comunistas nos anos 1920; apenas no último capítulo um amálgama de culturas e referências emerge como expressões ou "visões do Brasil", para conformar aquilo que o autor assume como o "itinerário intelectual de Octávio Brandão".

Mas ocorre que, na década de 1920, Octávio Brandão não será apenas o estudioso interessado e o militante comprometido. No PCB ele se notabiliza como um intelectual de vanguarda, deve mobilizar a classe operária, comandar a *agitprop*. "Reconhecer o terreno e preparar as trincheiras por meio da 'batalha das ideias'", não é tarefa para o indivíduo, mas para o dirigente do Partido Comunista do Brasil. É nesse ponto que a relação logo estabelecida entre o todo e as partes ganha peso metodológico e a análise alça voo próprio.

Trocando em miúdos, *Octávio Brandão e as Matrizes Intelectuais do Marxismo no Brasil (1919-1929)* se volta para o tempo concentrado das primeiras leituras e das primeiras ações de um grande homem, cujas aspirações se converteram nos projetos de um grupo de militantes e de leitores que inauguraram o primeiro partido comunista brasileiro. Parafraseando Febvre em suas reflexões sobre Lutero, temos aqui não uma melodia, mas uma bela composição polifônica.

Introdução

Fritz Ringer apontou nos comentários metodológicos expostos na introdução de *O Declínio dos Mandarins Alemães*, que se pode fazer a distinção de três maneiras pelas quais um historiador tende a explicar as ideias do passado. A primeira é a explicação *lógica*, ou *racional*: é a sustentação de que determinados pontos de vista pareciam inevitáveis diante das provas disponíveis e das regras do raciocínio correto. A segunda é a explicação *tradicional* das ideias: é a afirmação de que determinadas doutrinas foram aceitas por terem sido herdadas de antepassados intelectuais. A terceira é a explicação *ideológica* das opiniões: é a explicação das ideias de uma pessoa atribuindo-as à sua orientação psicológica ou à sua posição social ou econômica[1].

Todavia, Ringer chegaria a sugerir que qualquer uma dessas formas de explicação pode ser aplicada a qualquer conjunto de ideias. Difícil não pensar que um estudo que se pretenda mais completo não busque, na medida de suas capacidades e de suas fontes, observar determinado conjunto de ideias a partir de cada um desses três pontos de vista. Difícil é também não conjecturar que ideias emanadas de diferentes agrupamentos sociais comportem mais adequadamente um ou outro tipo de explicação. Como afirmou Karl Mannheim, a tese central da chamada *Wissenssoziologie* é de que "existem formas

---

1. Fritz Ringer, *O Declínio dos Mandarins Alemães. A Comunidade Acadêmica Alemã (1890-1933)*, São Paulo, Edusp, 2000, pp. 21-22.

de pensamento que não podem ser compreendidas adequadamente enquanto permanecerem obscuras suas origens sociais"[2].

Buscamos observar os primeiros passos do pensamento marxista brasileiro a partir de um quadro sócio-histórico amplo. Como apontou Michael Löwy, ao estudar a obra do jovem Marx, "o estudo dos quadros sócio-históricos de uma obra é indispensável não somente para a explicação dessa obra, mas também para sua compreensão – esses dois procedimentos são apenas dois momentos inseparáveis de toda ciência humana". Ou ainda, "em outros termos, a pesquisa dos fundamentos econômicos, sociais [diríamos também *culturais* ou *editoriais*] não é uma espécie de complemento, alheio ao trabalho do historiador das ideias, mas uma condição indispensável para compreender o próprio *conteúdo*, a estrutura interna, o significado preciso da obra estudada"[3].

Quando Leandro Konder fez uma análise negativa do pensamento de Octávio Brandão, alcunhando-o, num primeiro momento de uma "fuzarca"[4] e, mais tarde, de um "mal-entendido"[5], acreditamos que o procedimento adotado, que buscava demonstrar a "derrota da dialética", estava desde o início equivocado. Essa proposição não buscava mais que definir o sentido "correto" ou "ideal" do que seria a dialética e, por fim, testar diversas formulações, tal qual a de Octávio Brandão, indicando como elas não se encaixavam nessa formulação ideal. Mais tarde, principalmente após as duras críticas feitas por João Quartim de Moraes às proposições de Leandro Konder, conseguiu-se desvelar o conteúdo preconceituoso daquela primeira elaboração[6]. No entanto, o interessante é notar que, muitas vezes, mesmo aqueles que, baseando-se em geral nas críticas de Quartim de Moraes, buscaram mostrar as "qualidades" do pensamento de Brandão, de maneira geral reproduziram procedimentos semelhantes. Assim, vemos que Octávio Brandão produziu diversos "acertos" de avaliação, apesar dos diversos "erros". É certo que esse é um dos procedimentos possíveis e válidos de avaliação de um texto. Trata-se da explicação de

---

2. Karl Mannheim, *Ideologie und Utopie*, Frankfurt/Main, Kloestermann, 1995, p. 4.
3. Michael Löwy, *A Teoria da Revolução no Jovem Marx*, São Paulo, Boitempo, 2012, p. 31. Grifo do original.
4. Leandro Konder, "Octávio Brandão, o Lênin que não Deu Certo", *Folha de S. Paulo*, Caderno Folhetim, 23.6.1985, pp. 6-8.
5. Leandro Konder, *A Derrota da Dialética. A Recepção das Ideias de Marx no Brasil até o Início dos Anos Trinta*, Rio de Janeiro, Campus, 1988, pp. 144-148.
6. João Quartim de Moraes, "A Evolução da Consciência Política dos Marxistas Brasileiros", em João Quartim de Moraes (org.), *História do Marxismo no Brasil*. vol. 2: *Os Influxos Teóricos*, Campinas, Editora da Unicamp, 2007 [1. ed. 1995], pp. 43-102.

tipo "lógico" ou "racional" na tipologia de Fritz Ringer. Mas se limita a um passo da explicação.

Entrementes, dificilmente entraremos nessa polêmica, avaliando os "erros" e os "acertos" do militante, pois nossos objetivos são de outra sorte: buscamos simplesmente demonstrar o contexto social, cultural e editorial no qual Octávio Brandão desenvolveu seu pensamento. Os procedimentos metodológicos mais interessantes que se têm desenvolvido nesse sentido são os de Horacio Tarcus, tal qual formulados na introdução de seu *Marx en la Argentina*. Por acreditarmos nos circunscrever em princípios próximos ao do historiador argentino, transcrevemos um parágrafo que desvela muito de nossas preferências metodológicas neste estudo:

> Por isso, antes de inscrever nosso trabalho dentro da *história das ideias*, preferimos fazê-lo [...] dentro da *história intelectual*. É que mais do que prestar atenção a uma "sequência temporal das ideias", atentamos mais a "suas encarnações temporais e a seus contextos biográficos". Às ideias, mas também a seus portadores: os sujeitos. Ou melhor, seus forjadores e difusores: os intelectuais. E não só nos ocupamos dos grandes "intelectuais conceptivos", dos "grandes autores", mas também dos animadores culturais, os editores, os tradutores, os divulgadores[7].

Nosso intuito é realizar uma história da primeira recepção do marxismo no Brasil por meio de uma história intelectual e editorial do comunismo brasileiro nos anos 1920, com a obra de Octávio Brandão como objeto central. Dessa forma, buscamos promover uma visão mais larga das matrizes intelectuais do marxismo brasileiro.

As fontes utilizadas na pesquisa foram principalmente a correspondência entre o Komintern e o Partido Comunista do Brasil (PCB), consultada seja no acervo da Internacional Comunista que se encontra no Arquivo Edgard Leuenroth (AEL), da Unicamp, seja diretamente no repositório documental do Arquivo do Estado Russo de História Sociopolítica (RGASPI), local de origem dos documentos que se encontram no AEL, cujas digitalizações encontram-se disponíveis no Portal "Arquivos da Rússia"[8]; os periódicos comunistas dos anos 1920: *Movimento Comunista*, seção operária de *O País*, *A Classe Operária*,

---

7. Horacio Tarcus, *Marx en la Argentina. Sus Primeros Lectores Obreros, Intelectuales y Científicos*, Buenos Aires, Siglo XXI, 2007, p. 53.
8. O endereço eletrônico onde se encontra o portal é o que segue: http://sovdoc.rusarchives.ru/. Os documentos dessa fonte serão referenciados pela sigla do arquivo (RGASPI) e respectivo número de chamada.

A Nação (distribuídos pelo AEL, Hemeroteca Digital da Biblioteca Nacional e Cedem-Unesp); e as edições comunistas da década de 1920, quase todas elas conformando o acervo da biblioteca de Edgard Carone[9]. Além dessas fontes, utilizamos em menor medida material consultado na Argentina, no Centro de Documentación e Investigación de la Cultura de Izquierdas en Argentina (CEDINCI), tais como as edições da Editorial La Internacional e da Biblioteca Documentos del Progreso e a revista *Documentos del Progreso*, dos anos 1920 e 1921, consultada na biblioteca do Sindicato de la Madera de Capital Federal (SOEMCF), de Buenos Aires.

A investigação se baseia amplamente em fontes documentais, pois o campo específico em que trabalhamos encontra-se ainda pouco desenvolvido no Brasil. A historiografia sobre a história política do Partido Comunista do Brasil já se consolidou há décadas, tendo como um dos marcos o livro de 1962, de Astrojildo Pereira, *Formação do PCB*[10]. O objeto foi hegemonizado por autores próximos ao PCB, ligados ou não à universidade. Mas esse campo de estudos se interessou majoritariamente pelo estudo dos grandes debates e interpretações do PC brasileiro, ocupando-se menos das questões ligadas à formação cultural e intelectual dos comunistas. Houve, é certo, trabalhos que trataram do assunto, entre os quais podem-se citar os dois estudos de Martin Cezar Feijó sobre a formação de Astrojildo Pereira, *Formação Política de Astrojildo Pereira* e *O Revolucionário Cordial*[11]. Antes dos estudos de Feijó, já havia sido publicado na Itália o livro de Virgilio Baccalini, *Astrojildo Pereira. Giovane Libertario*,

---

9. No texto "Vivi em Função de Descobrir Coisas...", Edgard Carone nos conta a história da aquisição de parte da biblioteca de Astrojildo Pereira em meados dos anos 1970. Como Carone era freguês antigo de um sebo na avenida Celso Garcia, em São Paulo, um funcionário da loja informou que parte da biblioteca do militante comunista se encontrava em seu alfarrábio. Os livros haviam sido adquiridos da viúva de Astrojildo, com necessidades financeiras para arcar com tratamento de saúde da irmã. O estupor de Carone foi imediato ao se deparar com a enorme quantidade de livros de origem brasileira e estrangeira: uma vasta literatura marxista, livros de viagem à União Soviética, revistas, obras e panfletos do PCB, algumas primeiras edições francesas de Marx e Engels, quase quinhentos exemplares de obras anarquistas e tantos outros materiais. É certo que a biblioteca do historiador foi constituída por múltiplas fontes, no entanto muitas das brochuras mais antigas certamente possuem essa origem. Edgard Carone, *Leituras Marxistas e Outros Estudos*, organização de Marisa Midori Deaecto & Lincoln Secco, São Paulo, Xamã, 2004, pp. 173-179.
10. Astrojildo Pereira, *Ensaios Históricos e Políticos*, São Paulo, Editora Alfa-Omega, 1979. A primeira edição do ensaio *Formação do PCB*, publicada isoladamente pela Editorial Vitória, é de 1962.
11. Martin Cezar Feijó, *Formação Política de Astrojildo Pereira (1890-1920)*, 2. ed., Belo Horizonte, Oficina de Livros, 1990; Martin Cezar Feijó, *O Revolucionário Cordial. Astrojildo Pereira e as Origens de uma Política Cultural*, São Paulo, Boitempo, 2001.

que abordava a passagem do comunista brasileiro de suas posições políticas republicanas ao movimento operário de tendência anarquista[12].

Sobre Octávio Brandão especificamente, a atenção maior foi voltada ao seu livro *Agrarismo e Industrialismo*, por ser considerado a primeira tentativa de interpretação da realidade brasileira sob a ótica do marxismo. Além dos estudos citados, alguns textos já analisaram o livro. Na nota introdutória à segunda edição do livro (de 2006), João Quartim de Moraes enumerou diversos trabalhos que o referenciaram[13]. Ainda na década de 1970, o estudo de J.F. Dulles, *Anarquistas e Comunistas no Brasil (1900-1935)*[14] e *A República Velha* de Edgard Carone fazem menções a ele[15]. Nos anos 1980, houve o livro de Michel Zaidan Filho, *PCB (1922-1929)*[16], em que o autor salientou a importância da intervenção teórica de Octávio Brandão nos anos de 1924 a 1928. Ricardo Antunes, em *Classe Operária, Sindicatos e Partidos no Brasil*, também citou o livro de Octávio Brandão[17]. Leandro Konder, que fez as críticas mais acentuadas à obra e ao seu autor, além de citar *Agrarismo e Industrialismo* em seu *A Derrota da Dialética*, publicou texto no mesmo sentido no *Caderno Folhetim*, do jornal paulista *Folha de S. Paulo*, em 23 de junho de 1985, sob o título "Octávio Brandão, o Lênin que não Deu Certo".

Houve, mais tarde, vários textos de quatro autores diferentes (Evaristo de Moraes Filho, Marcos Del Roio, Ângelo José da Silva e João Quartim de Moraes), que analisaram aspectos de *Agrarismo e Industrialismo*, publicados em três volumes da *História do Marxismo no Brasil*, a partir de 1991. Em 1996, Ângelo José da Silva analisou o livro em sua dissertação de mestrado acerca das visões de comunistas e trotskistas em relação à revolução de 1930[18]. Paulo

12. Virgilio Baccalini, *Astrojildo Pereira. Giovane Libertario. Alle Origini del Movimento Operaio Brasiliano*, Milano, Cens, 1984, esp. pp. 47-93.
13. Octávio Brandão, *Agrarismo e Industrialismo*: Ensaio Marxista-leninista Sobre a Revolta de São Paulo e a Guerra de Classes no Brasil – 1924, 2. ed., São Paulo, Anita Garibaldi, 2006, pp. 17-18.
14. John W. Foster Dulles, *Anarquistas e Comunistas no Brasil (1900-1935)*, Rio de Janeiro, Nova Fronteira, 1977, pp. 222-224.
15. Edgard Carone, *A República Velha*, vol. I: *Instituições e Classes Sociais*, 4. ed., Rio de Janeiro, Difel, 1978, pp. 336-338.
16. Michel Zaidan Filho, *PCB (1922-1929). Na Busca das Origens de um Marxismo Nacional*, São Paulo, Global, 1985.
17. Ricardo Antunes, *Classe Operária, Sindicatos e Partidos no Brasil: Um Estudo Sobre a Consciência de Classe, da Revolução de 30 até a Aliança Nacional Libertadora*, São Paulo, Cortez, 1982.
18. Angelo José da Silva, *A Crítica Operária à Revolução de 1930: Comunistas e Trotskistas*, Curitiba, dez./1996. 174p. Dissertação (mestrado em Ciência Política), Instituto de Filosofia e Ciências Humanas,

Ribeiro da Cunha publicaria, em 1997, o artigo "Agrarismo e Industrialismo: Pioneirismo de uma Reflexão"[19] e Marcos Del Roio, em 2004, "Octávio Brandão nas Origens do Marxismo no Brasil"[20]. Mais recentemente, Roberto Mansilla Amaral também dedicou especial atenção para a análise de *Agrarismo e Industrialismo* em sua dissertação de mestrado, embora o enfoque da pesquisa tenha sido biográfico[21]. O mesmo autor publicou o artigo "Astrojildo Pereira e Octávio Brandão: Os Precursores do Comunismo Nacional"[22].

Quanto às obras anteriores de Octávio Brandão, houve poucas apreciações mais alongadas. Marcos Del Roio cita *Canais e Lagoas* e aponta algumas das influências do autor na sua escrita. Refere-se também a *Rússia Proletária*[23]. O trabalho de Alice Anabuki Plancherel foi inovador: preocupando-se com a relação de Octávio Brandão com o anarquismo, especialmente a quase omissão dessa fase de sua vida em suas memórias, analisou a influência positivista sobre o autor e citou *Mundos Fragmentários* e *Véda do Mundo Novo*[24].

No entanto, para perscrutar as matrizes culturais e intelectuais do pensamento de Octávio Brandão, fez-se necessária a análise do ponto de vista da circulação das ideias, o que nos levaria ao estudo dos suportes materiais das ideias. Sobre a edição comunista, os estudos vêm se desenvolvendo aos poucos e seu marco principal foi o livro organizado pelos historiadores do livro e da edição, Jean-Yves Mollier e Marisa Midori Deaecto, *Edição e Revolução. Leituras Comunistas no Brasil e na França*[25]. Para o período estudado, a década de 1920, os principais trabalhos publicados até hoje foram os de Edgard Carone, *O Marxismo no Brasil*, "Literatura e Público" e ainda "A Trajetória

Universidade Estadual de Campinas, Campinas, 1996, pp. 73-87. Mais tarde publicado sob o título *Comunistas e Trotskistas. A Crítica Operária à Revolução de 1930*, Curitiba, Moinho do Verbo, 2002.

19. Paulo Ribeiro da Cunha, "Agrarismo e Industrialismo: Pioneirismo de uma Reflexão", *Novos Rumos*, vol. 12, n. 26, set.-out., 1997, pp. 54-61.
20. Marcos Del Roio, "Octávio Brandão nas Origens do Marxismo no Brasil", *Crítica Marxista*, n. 18, 2004, pp. 115-132.
21. Roberto Mansilla do Amaral, *Uma Memória Silenciada – Ideias, Lutas e Desilusões na Vida do Revolucionário Octávio Brandão (1917-1980)*. 2003. 333 p. Dissertação (Mestrado em História), Instituto de Ciências Humanas e Filosofia, Universidade Federal Fluminense, Niterói, 2003.
22. Roberto Mansilla do Amaral, "Astrojildo Pereira e Octávio Brandão: Os Precursores do Comunismo Nacional" em Jorge Ferreira & Daniel Aarão Reis (orgs.), *A Formação das Tradições (1889-1945)*, Rio de Janeiro, Civilização Brasileira, 2007 (As Esquerdas no Brasil, vol.1).
23. Marcos Del Roio, "Octávio Brandão nas Origens do Marxismo no Brasil", esp. pp. 116-121.
24. Alice Anabuki Plancherel, *Memória & Omissão. Anarquismo & Octávio Brandão*, Maceió, Edufal, 1997.
25. Marisa Midori Deaecto & Jean-Yves Mollier (orgs.), *Edição e Revolução. Leituras Comunistas no Brasil e na França*, Cotia, SP; Belo Horizonte, Ateliê Editorial; Editora UFMG, 2013.

do *Manifesto do Partido Comunista* no Brasil"[26]. Mais recentemente, os de Lincoln Secco, "Leituras Comunistas no Brasil (1919-1943)" e *A Batalha dos Livros*[27].

Buscamos analisar a primeira recepção do marxismo de matriz bolchevista e sua apropriação por Octávio Brandão a partir de três pontos de vista. O primeiro capítulo aborda a edição comunista nos anos 1920. Passamos pela chegada dos primeiros livros e formação dos diversos mananciais de literatura bolchevista. Busca-se analisar a estrutura editorial do PCB e as vicissitudes e obstáculos que levarão, por um lado, a um número pequeno de publicações e, por outro, à escolha de títulos voltados mais à iniciação marxista do que ao aprofundamento teórico. Baseados nos trabalhos que versaram até hoje sobre a produção editorial comunista (basicamente os textos de Edgard Carone e Lincoln Secco, acima citados), podemos dizer que os anos 1920 circunscrevem uma primeira fase de existência do Partido Comunista do Brasil não apenas por conformarem um primeiro núcleo dirigente, que será destituído no fim da década (isto é, por seus agentes), e por conformarem um primeiro momento da estratégia política adotada (ou seja, político-ideológica) criticada após o câmbio estratégico do VI Congresso da Internacional Comunista, de 1928, mas também porque, ao fim da década, dar-se-á uma ruptura brusca com o desenvolvimento ocorrido até então na produção editorial por parte do PC do Brasil. A transformação fundamental advém do fato de que a marca da produção editorial da primeira década de existência do PCB foi a escassez de edições, devido, sobretudo, à falta de uma editora própria para publicar a linha ideológica do núcleo dirigente, conforme apontou Edgard Carone[28]. Como alteração nesse cenário, a primeira metade dos anos 1930, até o momento em que a brutal repressão ao levante de 1935 levará ao quase desaparecimento do PCB, viu a mais brusca aceleração na produção de livros comunistas (ou sobre o comunismo) de toda a série

---

26. Edgard Carone, "A Trajetória do *Manifesto do Partido Comunista* no Brasil" e "Literatura e Público", *Leituras Marxistas e Outros Estudos*, org. por Lincoln Secco e Marisa Midori Deaecto, São Paulo, Xamã, 2004, pp. 75-124; Edgard Carone, *O Marxismo no Brasil*, Rio de Janeiro, Dois Pontos, 1986.
27. Lincoln Secco, "Leituras Comunistas no Brasil (1919-1943)" em Marisa Midori Deaecto & Jean-Yves Mollier (orgs.), *Edição e Revolução*, pp. 29-64; Lincoln Secco, *A Batalha dos Livros – Formação da Esquerda no Brasil*, Cotia, SP, Ateliê Editorial, 2017. O título faz parte desta mesma série, pensada por ocasião dos cem anos da Revolução Russa de 1917.
28. Edgard Carone, *O Marxismo no Brasil*, p. 63.

histórica que vai de 1922 a 1964[29]. Aceleração essa ocasionada por uma diversidade de fatores de cunho econômico, político, social e cultural.

O segundo capítulo discute as formas pelas quais os comunistas se apropriaram dessa literatura, isto é, as características da formação política comunista, as formas pelas quais introduziram a leitura como fator central da militância e o discurso em torno da propaganda ideológica que se cristalizou no movimento comunista internacional na ideia de "agitação e propaganda" ou, mais simplesmente, *agitprop*.

Por fim, a análise da obra de Octávio Brandão tem um sentido mais amplo. Busca-se compreender, a partir de uma trajetória intelectual, o processo que levou à consecução das primeiras interpretações marxistas da realidade brasileira. Seus primeiros escritos de base naturalista social se inscrevem na obra *Canais e Lagoas*. No Rio de Janeiro, em meio à militância operária, Brandão aprofundará o conteúdo anarquista de sua obra de divulgação. Mas, por fim, ao adentrar o PCB, ao apropriar-se da literatura comunista e ao estabelecer diálogo com a direção do Komintern, o militante alagoano dará os primeiros passos de transição ao marxismo. Acreditamos que as continuidades e rupturas do pensamento de Octávio Brandão possam desvelar as matrizes intelectuais da primeira recepção do marxismo no Brasil.

O estudo da edição comunista e de suas práticas de leitura nos direciona, portanto, à compreensão da recepção do marxismo por parte de Octávio Brandão e seus camaradas da direção pecebista dos anos 1920. Concordando com a formulação de Lucien Febvre no prefácio do clássico *L'Apparition du Livre*, buscamos pensar "le livre au service de l'histoire"[30].

Muitas pessoas contribuíram para a realização deste livro. Devo, não obstante, mencionar algumas nominalmente. Entre os mestres de meu ofício, devo citar, em primeiro lugar, a querida orientadora, Marisa Midori Deaecto, que aceitou dirigir a dissertação que deu origem a este livro; pegou-me pela mão, ensinou-me a ler e a escrever, teve paciência (muitas vezes imerecida) com meus erros e falhas ao longo desse processo. E, sem dúvida, agradeço

---

29. Edgard Carone, *O Marxismo no Brasil*, p. 65; Lincoln Secco, "Leituras Comunistas no Brasil (1919- -1943)", em Marisa Midori Deaecto & Jean-Yves Mollier (orgs.), *Edição e Revolução*, p. 63.
30. Lucien Febvre & Henri-Jean Martin, *L'Apparition du Livre*, [Paris], Albin Michel, [1971], p. 11 (L'Évolution de l'Humanité). Há edição brasileira: Lucien Febvre & Henri-Jean Martin, *O Aparecimento de Livro*, São Paulo, Edusp, 2017.

pela amizade e compartilhamento da paixão pelos livros. A orientadora foi igualmente minha ligação com o professor Edgard Carone (*in memorian*), em cuja intimidade adentrei ao consultar sua biblioteca, a mais importante da cultura de esquerda no Brasil, sem a qual, indubitavelmente, este trabalho não poderia ter sido feito. Devo citar igualmente a professora Adriana Petra e o professor Horacio Tarcus, meus grandes mestres na estadia portenha. As companheiras e companheiros do GMarx, do Arquivo Edgard Leuenroth, do Cedem-Unesp, do CEDINCI e da Biblioteca Edgard Carone, que tanto me auxiliaram. Aos diretores da Capes, agência que me concedeu o apoio financeiro, sem o qual não teria conseguido finalizar este trabalho. Não posso deixar de mencionar a Faculdade de Filosofia, Letras e Ciências Humanas e o Programa de Pós-Graduação em História Econômica da Universidade de São Paulo, que me ofereceram a estrutura necessária para todo o trabalho.

Devo citar, por fim, algumas figuras ímpares em minha formação. O professor Marcos Del Roio, que aceitou participar de minhas bancas de qualificação e de defesa. O comandante Takao e a comandante Guiomar, que guiam todos os meus pensamentos e atitudes. O professor Plinio Martins Filho, o editor perfeito[31], que gentilmente leu este trabalho, introduziu-me ao ofício da edição e, se já não fosse muito, aceitou publicar o pequeno texto de um autor iniciante. E o professor Lincoln Secco, que me ensinou o que sei.

---

31. Marisa Midori Deaecto, "Plinio Martins Filho. O Editor Perfeito", *Mouro*, n. 11, ano 8, jan.-2017, pp. 255-258.

Capítulo 1
O Livro e a Política: Edições Comunistas no Brasil

A classe que dispõe dos meios de produção material, dispõe com isso simultaneamente dos meios de produção intelectual, de modo que o pensamento daqueles a quem são recusados os meios de produção intelectual é igualmente submetido à classe dominante.
Marx & Engels, *A Ideologia Alemã*.

[...] deu-se esse passo para frente, graças à imprensa socialista, que já nos oferece exemplos do trabalho manual combinado com o intelectual. É o caminho da liberdade. No futuro, quando um homem tiver qualquer coisa útil a dizer, uma palavra que vá além das ideias do seu século, não procurará um editor que lhe adiante o capital necessário. Procurará colaboradores entre os que conhecerem a profissão e tenham compreendido o alcance da nova obra e publicarão juntos o livro ou o jornal.
Piotr Kropotkin, *A Conquista do Pão*.

O primeiro anúncio do que provavelmente seria a obra *Rússia Proletária* foi divulgado no número 12, de novembro de 1922, da revista *Movimento Comunista*. Afirma-se que "aparecerá em janeiro *A Jerusalém Russa* por Octávio Brandão. Estudo sobre a Revolução Russa, e suas consequências mundiais. Edição do *Movimento Comunista*"[1]. Mas a primeira tentativa de impressão da obra dar-se-ia apenas em junho de 1923. Nesse momento, o título do livro era provavelmente *Rússia Libertadora*[2]. Essa primeira impressão, no entanto, não conseguiu ainda vir a lume, pois teve que ser picotada e queimada para não cair nas mãos da polícia política, que logo depois invadia a tipografia no Meier, onde se preparava o livro. Por fim, a obra saiu em 1924, com a data de 1923, para escapar da perseguição de uma lei de censura que acabava de ser aprovada[3].

---

1. *Movimento Comunista*, ano I, n. 12, São Paulo, nov. 1922. AEL-Unicamp.
2. Astrojildo Pereira, "Relatório Geral Sobre as Condições Econômicas, Políticas e Sociaes do Brasil e Sobre a Situação do P.C. Brasileiro" dirigido ao Comitê Executivo da I.C., Rio de Janeiro, 1º de out. de 1923. AEL-Unicamp.
3. Octávio Brandão, *Combates e Batalhas*, vol. 1: *Memórias*, São Paulo, Editora Alfa-Omega, 1978, pp. 234-235. A Lei de Imprensa, conhecida igualmente pela alcunha de "Lei Infame", faz parte do conjunto de medidas coercitivas do governo Artur Bernardes (1922-1926) em resposta às movimentações

Ao observar os primeiros livros comunistas brasileiros, como *Rússia Proletária*, algumas questões podem se colocar. Seria possível adentrar o sistema de leituras de uma época e de um grupo social através da leitura das notas de rodapé? O que esse paratexto poderia nos dizer? E em que medida ele se torna relevante para uma investigação sobre as matrizes culturais dos comunistas no momento de gestação do PCB e, em termos mais particulares, em que medida eles anunciam o processo de formação e de amadurecimento intelectual de um militante? É o que veremos nesse capítulo, partindo da apreciação da primeira recepção brasileira de literatura comunista, da criação de uma estrutura editorial e de uma rede de difusão de impressos para divulgação ideológica e da análise do contexto e vicissitudes que conformaram a disponibilidade de livros comunistas aos primeiros militantes do PC brasileiro.

Primeiras Leituras

Rússia Proletária foi escrito entre 1º de janeiro de 1922 e 2 de dezembro de 1923. Além de escritos originais, o livro é composto de textos publicados em periódicos, como a revista *Movimento Comunista* e a seção operária de *O País*[4]. Havia mesmo trechos já publicados em livros anteriores pelo autor, como *Mundos Fragmentários*, de 1922. A obra saiu pelo grupo editorial do jornal *Voz Cosmopolita*, ligado ao Centro Cosmopolita, sindicato dos trabalhadores de hotéis, cafés e restaurantes, com tiragem de 1800 exemplares. Na realidade, o grupo editor do jornal, assim como dos demais órgãos sindicais controlados pelos comunistas, era o próprio núcleo dirigente do PCB. Octávio Brandão, por exemplo, revisava *Voz Cosmopolita*, além de *O Alfaiate*[5].

A capa foi desenhada pelo pintor Miguel Capplonch. Vê-se a figura de um operário despedaçando os grilhões de um companheiro, enquanto mi-

---

revoltosas de 1922 e 1923 e às críticas oposicionistas. Ao longo dos anos de 1922 e 1923, Bernardes buscou passar na Câmara a desejada lei. Sem lograr êxito num primeiro momento, valeu-se de medidas ilegais para apreender e invadir redações de jornais, como o *Jornal do Brasil*, *O Imparcial* e a *Gazeta de Notícias*. Por meio de uma articulação política, Bernardes obteve finalmente a Lei de Imprensa em novembro de 1923. "Com as armas legais contra os crimes de injúria e de calúnia, o governo pôde, então, controlar os meios de comunicação". Edgard Carone, *A República Velha*, vol. 1: *Instituições e Classes Sociais*, pp. 368-369.

4. Marcos Del Roio, "Octávio Brandão nas Origens do Marxismo no Brasil", *Crítica Marxista*, n. 18, 2004, p. 120.

5. Carta de Octávio Brandão ao Camarada Bela Kun, Seção de Agitação e Propaganda da I.C. datada de 18 de nov. de 1924. AEL-Unicamp.

lhares de trabalhadores marcham das cinco partes do mundo em direção ao libertador[6]. A capa está em íntima conexão com o conteúdo do livro: uma exaltação à Rússia bolchevique. Aos seus feitos, aos seus líderes, às suas ideias. *Rússia Proletária* marca uma "fase de transição", como afirma o autor em suas memórias[7]. É, com efeito, o primeiro livro em que Octávio Brandão buscará defender a Revolução Russa e divulgar a interpretação marxista.

O autor investia em seu livro também uma tarefa ligada à sua atividade na direção partidária. Nas *Teses e Resoluções* do II Congresso do PCB, aponta-se que a direção comunista, prezando pela formação marxista de seus membros, poderia apresentar uma lista de livros importantes e o método de leitura, o que já estaria presente no fim de *Rússia Proletária*, do próprio Octávio Brandão[8].

O capítulo 12 do livro apresenta uma lista de "literatura comunista". Iniciava-se por títulos introdutórios à doutrina marxista, como o *A.B.C. do Comunismo* (em espanhol) de Bukhárin, o *Manifesto Comunista* (em francês), de Marx e Engels, *O Estado e a Revolução* (em francês), de Lenin e o *Programa Comunista*, também de Bukhárin[9]. Passava-se por uma série de livros de Lenin, Trotsky, Zinoviev, Arthur Ransome, George Lansbury, Jacques Sadoul e outros. Os livros listados, em geral, tratavam do processo revolucionário russo. Apenas ao fim da sucessão de livros chegava-se à literatura mais complexa e teórica de Marx e Engels. Mesmo esta se inicia pelos textos "políticos". Primeiro, *A Luta de Classes na França*, o *18 Brumário* e *A Alemanha em 1848*[10].

6. Nota-se que a temática da pintura é a mesma das capas do órgão de propaganda da Internacional Comunista, a revista *L'Internationale Communiste*, publicada a partir de 1919 em russo, alemão, inglês e francês. Na capa desta revista, o tema é também um trabalhador despedaçando as correntes que prendem o proletariado de todo o mundo.
7. Octávio Brandão, *Combates e Batalhas*, p. 235.
8. *II Congresso do P.C.B (Secção Brasileira da Internacional Communista). Theses e Resoluções*, Rio de Janeiro, 1925, p. 16. AEL-Unicamp.
9. O *Programa Comunista* pode ter sido indicado em português. Apesar de a lista ser datada de novembro de 1922, *Rússia Proletária* foi publicado no início de 1924, quando o *Programa Comunista* já havia sido editado no Brasil (1923). Seu tradutor foi Everardo Dias, segundo informação de Heitor Ferreira Lima. Heitor Ferreira Lima, *Caminhos Percorridos*, São Paulo, Brasiliense, 1982, p. 49.
10. A obra que aqui aparece sob o título *L'Allemagne en 1848* foi publicada originalmente em Londres sob o título *Revolution and Counter-revolution or Germany in 1848*, o que deve ter originado a duplicidade de títulos. Eleanor Marx reuniu nessa primeira edição londrina uma série de artigos escritos por Friedrich Engels, publicados em inglês e sob a assinatura de Karl Marx no *New York Daily Tribune*, entre 1851 e 1852. Karl Kautsky, ainda em 1896, publicou uma tradução alemã do texto sob o título *Revolution und Konterrevolution in Deutschland*. Consultamos duas edições francesas, uma de 1900, traduzida e prefaciada por Laura Lafargue, sob o título *Révolution et Contre-révolution en Allemagne*; outra de 1901, traduzida por Léon Remy, sob o título *L'Allemagne en 1848*. As referências são as que seguem: Karl Marx, *Révolution*

Depois, *Miséria da Filosofia, Crítica à Economia Política, O Capital*[11]. A lista era concluída com duas obras de Engels: *A Origem da Família, da Propriedade Privada e do Estado* e *Anti-Dühring*, mas não se esquecia ainda de indicar as edições da Internacional Comunista[12]. Dessa forma, em relatório direcionado à Seção de Agitação e Propaganda do Komintern, Octávio Brandão, enquanto responsável pela Comissão de Educação e Cultura do PCB, aponta que os dirigentes brasileiros haviam elaborado "uma lista de livros desde os mais acessíveis (*ABC do Comunismo*) até os menos acessíveis (*Anti-Dühring*), para leitura metódica"[13].

LITERATURA COMUNISTA (NOVEMBRO DE 1922)

Autor	Título	Idioma do título
Bukharine	*El A. B. C. del Comunismo*	espanhol
Marx	*Manifeste Communiste*	francês
Lenine	*L'État et la Révolution*	francês
Bukharine	*Programma Communista*	português ou espanhol?
Paul Louis	*La Crise du Socialisme Mondial*	francês
Radek	*El Desarrollo de la Revolución Mundial*	espanhol
Trotski	*Terrorisme et Communisme*	francês

    et Contre-révolution en Allemagne, trad. par Laura Lafargue, Paris, V. Giard & E. Brière, 1900; Karl Marx, *L'Allemagne en 1848, Karl Marx Devant les Jurés de Cologne. Révélations Sur le Procès des Communistes*, trad. de l'allemand par Léon Remy, Paris, Librairie C. Reinwald/Schleicher Frères Éditeurs, 1901. Ambas as edições foram acessadas virtualmente por meio da Gallica da Bibliotèque Nationale de France.
    As informações dessa nota se originam do prefácio de Laura Lafargue e da introdução da edição francesa de 1901 (cuja autoria não pôde ser identificada em razão da avaria do impresso, mas que se poderia supor do tradutor), com a exceção da informação da autoria anônima de Friedrich Engels (ignorada à época dessas edições), que provém de nota editorial da edição londrina de 1969 de Laurence & Wishart, acessada pelo *site* marxists.org.
11. Este, indicado em português, é certamente o resumo d'*O Capital* de Gabriel Deville, em edição de Portugal, que era a que circulava no Brasil. A referência é a que segue: Carlos Marx, *O Capital*, Resumido e acompanhado de um estudo sobre o socialismo scientifico por Gabriel Deville, trad. Albano de Moraes, Lisboa, Edição da Typographia de Francisco Luiz Gonçalves, 1912 (XXI – Bibliotheca d'Educação Nacional) [Biblioteca Edgard Carone].
12. Octávio Brandão, *Rússia Proletária*, Rio de Janeiro, Voz Cosmopolita, 1923 [1924], pp. 260-261 [Biblioteca AEL-Unicamp].
13. Carta de Octávio Brandão ao Camarada Bela Kun, Seção de Agitação e Propaganda da I.C., datada de 18 de nov. de 1924. AEL-Unicamp.

Trotski	*Nouvelle Etape*	francês
Trotski	*Entre l'Imperialisme et la Révolution*	francês
Trotski	*1905*	? (provavelmente francês)
Lenine	*La Révolution Prolétarienne et le Renégat Kautsky*	francês
Barbusse	*Le Couteau Entre les Dents*	francês
Cesare Seassaro	*Bolscevismo e Borghesia*	italiano
Lenine	*La Démocratie Bourgeoise et la Dictature Prolétariennne*	francês
Lenine	*Les Problémes du Pouvoir des Soviets*	francês
Lenine	*Les Bolcheviks et les Paysans*	francês
Zinoviev	*L'Armée et le Peuple*	francês
Kollontai	*La Famille et l'État Communiste*	francês
Sadoul	*Notes Sur la Révolution Bolchevique*	francês
Ossip-Lourié	*La Révolution Russe*	francês
Ransome	*Six Semaines en Russie*	francês
Lansbury	*Ce que J'ai Vu en Russie*	francês
Ingenieros	*Tiempos Nuevos*	espanhol
Morizet	*Chez Lénine et Trotski*	francês
Pierre Pascal	*En Russie Rouge*	francês
Zinoviev	*N. Lénine – Sa Vie et Son Activité*	francês
Roger Lévy	*Trotski*	? (provavelmente francês)
Varga	*La Dictature du Prolétariat*	francês
Kertjenzev	*Les Alliés et la Russie*	francês
–	*Compte Rendu du Congrés des Peuples de l'Orient à Bakou*	francês
Lenine	*La Maladie Infantile du Communisme*	francês
Marx	*La Lutte des Classes en France*	francês
Marx	*Le XVIII Brumaire de Louis Bonaparte*	francês

Marx	L'Allemagne en 1848	francês
Marx	Misère de la Philosophie	francês
Marx	Critique de l'Économie Politique	francês
Marx	O Capital	Português
Engels	El Origen de la Familia, de la Propriedad Privada y del Estado	espanhol
Engels	Anti-Dühring	? (provavelmente espanhol)
–	Éditions de l'Internationale Communiste	francês

Fonte: Octávio Brandão, *Rússia Proletária*, Rio de Janeiro, Voz Cosmopolita, 1923 [1924], pp. 260-261 [Biblioteca AEL--Unicamp]. Trata-se da "12ª parte – Literatura Communista", a qual está datada de 3 de novembro de 1922.

A produção intelectual de Octávio Brandão esteve, portanto, diretamente ligada à tarefa da formação política da militância comunista. Brandão daria, outrossim, contribuição inestimável à formação do pensamento marxista no Brasil por meio de suas traduções. Em 1924, o Comitê Regional de Porto Alegre editou o livro mais importante do marxismo, o *Manifesto Comunista*. Como primeira tradução brasileira do livro[14], o texto fora publicado inicialmente entre julho de 1923 e janeiro de 1924 no jornal sindical *Voz Cosmopolita*[15]. Apesar de o tradutor inserir uma nota final, ele permanece anônimo. Sabemos, no entanto, pelas memórias do militante e pelos relatórios dirigidos ao Komintern, que a tradução foi de Octávio Brandão. Aponta-se que o texto foi "traduzido da edição francesa de Laura Lafargue (filha de Marx), revista por Engels"[16]. Mas de qual edição? A primeira vez que o *Manifesto Comunista*

---

14. Ao que tudo indica, a de Octávio Brandão foi a primeira tradução completa do *Manifesto do Partido Comunista*. No entanto, há indícios de outras traduções. Segundo as memórias do próprio Brandão, "falam em traduções da obra, antes de 1923. Se é verdade, não tiveram repercussão e adquiriram apenas caráter cronológico. Vivendo no meio dos trabalhadores do Rio de Janeiro, nunca ouvi falar nada a respeito de traduções anteriores do *Manifesto Comunista*". Octávio Brandão, *Combates e Batalhas*, p. 242. Leandro Konder aponta que "anteriormente, em 1919, o engenheiro Georg Magh tinha empreendido uma tradução do famoso texto, que, no entanto, não chegou a ser divulgada na íntegra". Leandro Konder, *A Derrota da Dialética*, p. 142. No jornal *A Vanguarda*, de 2 de junho de 1919, acervo do Cedem-Unesp, há uma tradução, provavelmente parcial e sem indicação de tradutor. Agradeço a Lincoln Secco e Carlos Fernando de Quadros pela informação do jornal *A Vanguarda*.
15. Edgard Carone, *O Marxismo no Brasil*, p. 62.
16. Karl Marx & Friedrich Engels, *Manifesto Communista*, Porto Alegre, Sul-Brasil, 1924 [Biblioteca Edgard Carone].

apareceu no catálogo da Librairie de l'Humanité, casa publicadora do Partido Comunista Francês (PCF), foi em 1922 e se trata justamente daquela edição vertida do alemão por Laura Lafargue[17]. No entanto, deve ter sido outro o original utilizado por Octávio Brandão. No mesmo período em que o comunista alagoano traduzia o *Manifesto Comunista*, estava em processo de impressão o livro de sua autoria, *Rússia Proletária*. É provável que a edição do livro de Marx e Engels citada nesta obra seja a que se utilizou para a primeira tradução brasileira. Há duas edições do *Manifesto* citadas em *Rússia Proletária*. Uma é alemã, publicada em Leipzig, em 1912. A outra foi publicada em Paris, no mesmo ano. Esta pode ser encontrada na biblioteca de Edgard Carone, sendo justamente a tradução francesa de Laura Lafargue, revista por Engels[18]. Pelas conjecturas, é bastante provável que essa edição socialista de 1912 tenha sido a utilizada por Octávio Brandão para a sua tradução de 1923, enfeixada em livro em 1924 pelos comunistas gaúchos. Segundo Leandro Konder, a publicação em livro foi de Samuel Speiski[19].

Mas além da obra de Brandão, pode-se encontrar em outros livros as fontes das primeiras leituras comunistas no Brasil. O livro de Christiano Cordeiro, *Doutrina Contra Doutrina*, é fruto de conferência pronunciada em 17 de janeiro de 1922. Conforme narra Leandro Konder, a partir de depoimento pessoal de Cordeiro, no começo de 1922, Aníbal Freire, após o regresso de uma viagem à Europa, teria declarado que o socialismo era coisa morta. Christiano Cordeiro teria procurado entre estudantes próximos alguém mais preparado do que ele para polemizar com o professor sergipano de Direito. Não encontrando alguém que se dispusse, escreveu ele mesmo uma resposta após algumas noites mal dormidas[20]. É provável que esse texto tenha sido a base da conferência, que foi publicada inicialmente no *Diário do Povo*, dirigido por Joaquim Pimenta[21]. Segundo Cordeiro:

17. A referência, segundo o catálogo de Marie-Cécile Bouju é a seguinte: "*Manifeste du Parti Communiste*. Traduction... soigneusement revue et sorrigée et accompagnée d'une table analytique et d'un index des noms cités, trad. de l'allemand par Laura Lafargue, Paris, Librairie de l'Humanité, 1922, 63 p., in 16". Marie-Cécile Bouju, *Catalogue de la Production des Maisons d'Édition du Parti Communiste Français 1921-1956, en ligne*, 1999, p. 5.
18. Karl Marx & Friedrich Engels, *Manifeste du Parti Communiste, Édition française autorisée avec des préfaces des auteurs aux éditions allemandes*, trad. de Laura Lafargue, revue par Engels, Paris, Au siège du Conseil National, 1912 (Librairie du Parti Socialiste (S.F.I.O.) [Biblioteca Edgard Carone].
19. Leandro Konder, *A Derrota da Dialética*, p. 142.
20. *Idem*, pp. 143-144.
21. Christiano Cordeiro, "Doutrina Contra Doutrina", *Memória & História, Revista do Arquivo Histórico do Movimento Operário Brasileiro*, n. 2: *Cristiano Cordeiro – Documentos e Ensaios*, São Paulo, Livraria Editora de Ciências Humanas, 1982, p. 89.

KARL MARX e FRIEDRICH ENGELS

MANIFESTO
COMMUNISTA

TRADUZIDO DA EDIÇÃO FRANCEZA
DE LAURA LAFARGUE (FILHA DE MARX)
REVISTA POR ENGELS

PORTO ALEGRE — SUL-BRASIL
1924

Primeira edição brasileira do *Manifesto Comunista*, de Marx e Engels, traduzido por Octávio Brandão. Acervo da Biblioteca Edgard Carone.

Precisamente por falta de pensamento e de realidade é que peca o discurso do Dr. Anibal Freire, aos olhos de quem os grandes teóricos e pensadores socialistas – economistas, sociólogos, filósofos –, da estatura intelectual de Karl Marx, Frederico Engels, Miguel Bakunine, Pedro Kropotkine, Eliseu Reclus, para não citar senão estas poucas sumidades da cultura socialista, não passam de inexpressivos e obscuros apedeutas[22].

Christiano Cordeiro se apoia em obras amplamente divulgadas entre os anarquistas brasileiros (Kropotkin, A. Hamon, Élisée Reclus, Ricardo Mella) e na literatura de matriz bolchevique que começa a chegar, citando texto de Enrico Ferri, na edição de maio de 1920 de *Documentos del Progreso*, além de Lenin, Trotsky, Bukhárin e Zinoviev. Cordeiro faz referência direta a, entre outros, *O Estado e a Revolução*, de Lenin e *Terrorismo e Comunismo*, de Trotsky.

Portanto, uma das formas de perscrutar a literatura recebida pelos primeiros comunistas brasileiros é a leitura dos livros que escreveram. Como uma das poucas obras comunistas dos anos 1920 a apresentar notas de rodapé (mesmo que as referências sejam incompletas), *Rússia Proletária*, de Octávio Brandão, apresenta-se como fonte privilegiada para nos indicar os livros comunistas estrangeiros disponíveis aos militantes. Ou, ao menos, àqueles mais intelectualizados, conhecedores de línguas estrangeiras, como o francês e o espanhol, e afeitos à cultura do livro.

OCTÁVIO BRANDÃO, *RÚSSIA PROLETÁRIA* (1923)[1924] – NOTAS DE RODAPÉ

Autor	Título	Local	Ano
–	*Legislación Bolchevista*	Madrid	–
–	*Statuts et Résolutions de l'Internationale Communiste Adoptés par le Deuxieme Congrès de l'Internationale Communiste*	Petrogrado	1920
–	*La IIIe. Internationale Communiste – Thèses Adoptées par le 1er. Congrés*	Petrogrado	1920
–	*La Internacional Comunista y la Organización Internacional de los Sindicatos*	Montevideo	1921
–[Bukharine]	*El Programa de los Bolcheviques*	Barcelona	1920
Adriano Tilgher	*Relativistes Contemporains*	–	–

---

22. *Idem*, p. 91.

Alexandra Kollontai	La Famille et l'État Communiste	Paris	1920
André Morizet	Chez Lénine et Trotski	Paris	1922
Bukharine	El A.B.C. del Comunismo	Madrid	–
Camóes	Os Lusíadas – canto x – estrophe v	–	–
Cesar Cantu	Historia Universal – vol. xiv – trad. de Antonio Ennes	–	–
Clara Zetkin	Les Batailles Révolutionnaires de l'Allemagne	Paris	1920
Coronel Rezanof	La Troisième Internationale Communiste	Paris	1922
Engels	El Socialismo y la Religión	Barcelona	1908
Eugène Varga	La Dictature du Prolétariat	Paris	1922
G. Zinoviev	L'Armée et le Peuple	Petrogrado	1920
George Lansbury	Ce que J'ai Vu en Russie	Paris	1920
Henri Barbusse	La Lueur dans l'Abime	Paris	1920
Jacques Sadoul	Une Nouvelle Lettre	Moscou	17 de janeiro de 1919
Jacques Sadoul	Vive la République des Soviets	–	–
José Ingenieros	Proposiciones Relativas al Porvenir de la Filosofia	Buenos Aires	1919
Lenine	La Démocratie Bourgeoise et la Dictature Prolétariennne	–	–
Lenine	La Revolución y el Estado	Valencia	1920
Lenine	Les Problemes du Pouvoir des Soviets	Paris	maio, 1918
Lenine	Le "Communisme de Gauche" – Maladie Infantile du Communisme	Petrogrado	1920
Lenine	La Constituyente y la Dictadura del Proletariado	Montevideo	–

Marx	*Misère de la Philosophie*	Paris	1908
Marx	*La Lutte des Classes en France*	Paris	1900
Marx	*Manifeste du Parti Communiste*	Paris	1912
Marx	*Das kommunistische Manifest*	Leipzig	1920
Marx	*El Capital*	Valença	–
Marx	*Le XVIII Brumaire de Louis Bonaparte*	Paris	1900
Marx	*Révolution et Contre-révolution en Allemagne*	Paris	1900
Mauricius	*Au Pays des Soviets* – 2e. Édition	Paris	–
N. Tasin	*La Revolución Rusa* – segunda edición	–	–
O. V. Kuusinen	*La Révolution en Finlande*	Petrogrado	1920
Ossip-Lourié	*La Révolution Russe*	Paris	1921
P. Kropotkine	*La Ciencia Moderna y el Anarquismo*	Valencia	–
Pierre Pascal	*En Russie Rouge*	Paris	1921
Ruy Barbosa	*A Quéda do Imperio*, tomo l	Rio	1921
Stanislav Volsky	*Dans le Royaume de la Famine et de la Haine*	Paris	1920
Trotsky	*Terrorisme et Communisme*	Petrogrado	1920
Zinoviev	*N. Lénine – Sa Vie et Son Activité*	Petrogrado	1919

Fonte: Octávio Brandão, *Rússia Proletária*, Rio de Janeiro, Voz Cosmopolita, 1923 [1924] [Biblioteca AEL-Unicamp].

As condições de escrita desses livros e as formas e obstáculos para a sua publicação se mostram fundamentais para a compreensão da primeira recepção do marxismo no Brasil. Dessa forma, as obras de Octávio Brandão e dos primeiros militantes comunistas nos propõem o questionamento acerca da estrutura editorial do Partido Comunista do Brasil em sua primeira década de existência. Como Octávio Brandão e seus pares tinham acesso a esses livros?

Estrutura Editorial

A história da formação do PC do Brasil é perpassada pela primeira recepção de literatura do movimento comunista internacional. No início de 1922, Abílio de Nequete foi a Montevidéu e entrou em contato com a direção do PC uruguaio e com Mikhail Alexeevich Komin-Alexandrovsky, representante do Bureau para propaganda comunista na América do Sul, de onde sairia com diretrizes para a fundação do PC brasileiro. Em relatório ao Comitê Executivo da IC, Nequete lamenta a falta de literatura marxista no Brasil, mas acaba apontando os primeiros livros e periódicos comunistas que chegaram ao país:

> O problema se agrava: faltan literaturas comunistas; em todo o Brasil não há se não *O Capital* de Marx e a Biblioteca constituída por literatura anarquista não nos permitia afrontar nossos adversários, mormente saboteados por uns e perseguidos por outros. Um feliz acaso fez chegar às nossas mãos *Documentos del Progreso* de Buenos Aires, que nos orientou bastante, mas não como desejávamos. Até fins de 1920 não sabíamos senão o endereço do Partido Socialista da Itália a quem tínhamos escrito mandando um obolo de 200 liras ao emprétimo comunista lançado pelo mesmo P.S.I. não obtendo, a pesar disso, até hoje, resposta alguma. Por um acaso, também, obtivemos *Justicia* diário do P.S. uruguayo hoje comunista, depois de sua adesão à III Internacional, e por intermédio do companheiro Mibelli, em resposta a uma carta que escrevemos obtivemos o endereço do P.S.I. da Argentina, hoje comunista. De então para cá, começo de 1921[23], recebemos *Justicia* e *La Internacional*; ao mesmo tempo, nos últimos meses do mesmo ano, recebemos dos camaradas uruguaios vários livros da doutrina comunista que mandamos comprar. Faltam-nos todavia, muitos[24].

---

23. É provável que o autor da carta queira dizer, neste trecho, "desde o início de 1921 até agora", pois escreve no início de 1922 e logo em seguida se refere aos últimos meses do ano anterior.
24. Carta de Abílio de Nequete (secretário do Grupo Comunista de Porto Alegre) "ao Comitê executivo da I. Comunista", Montevideo, 1º de fev. do ano V [1922]. Há uma nota ao fim da carta que explica a datação: "O nosso grupo desde muito deixou de usar a data cristã, passando a usar a que começou a 7 de novembro, ou seja, a gloriosa Revolução Russa". Mantivemos a grafia das palavras que estavam em desacordo com a norma culta.

Portanto, a primeira oferta que abasteceu a demanda brasileira por literatura comunista chegava por intermédio dos PC uruguaio e argentino desde o fim do ano de 1920 ou início de 1921. *Justicia* era o órgão central do PC do Uruguai. Por sua vez, *La Internacional*, jornal fundado como órgão do Partido Socialista Internacional (PSI), em 1918, tornara-se órgão comunista quando este partido adotou a nova nomenclatura, Partido Comunista da Argentina (PCA), em 1920, atendendo à demanda das 21 condições para pertencimento à Internacional Comunista. O periódico argentino teve fases em que saiu quinzenário e fases em que foi diário. Foi administrado pelo operário gráfico, primeiro grande dirigente do PC argentino, José Penelón, que também será responsável pela publicação de *La Correspondencia Sudamericana*, órgão do Secretariado Sul-Americano da IC [25].

De acordo com relatório de setembro de 1923, "com a fundação do partido, em março de 1922, o Bureau da IC para a América do Sul nos fizera doação de algumas centenas de livros e brochuras editadas no Uruguai e na Argentina; de Lénine, Trotsky, Radek, resoluções do III Congresso da IC". A distribuição deve ter sido fácil, pois, ainda segundo o mesmo relatório, "foi quase tudo vendido, restando apenas uns 60 exemplares que se perderam no *stock* apreendido pela polícia"[26].

Segundo Edgard Carone, a Biblioteca Documentos del Progreso era publicada pela Editorial La Internacional. Mas a relação entre os dois grupos deve ter sido mais complexa, pois a Biblioteca Documentos del Progreso e a Editorial La Internacional possuíam dois catálogos diferentes, ainda que convergissem (dividiam mesmo alguns títulos). A especificidade da Editorial La Internacional foi a publicação de literatura organizativa, como teses de congressos da III Internacional e teses sobre a organização do partido. Já a Biblioteca Documentos del Progreso publicou discursos de líderes do Komintern (Lenin, Trotsky, Zetkin) ainda que La Internacional também editasse esse tipo de literatura. A divisão não é idêntica, mas pode se assemelhar àquela que se fará na França, na segunda metade dos anos 1920, entre o Bureau d'Éditions, de Diffusion et de Publicité (literatura organizativa) e as Éditions Sociales Internationales (literatura geral)[27].

---

25. Hernán Camarero, *A la Conquista de la Clase Obrera. Los Comunistas y el Mundo del Trabajo en la Argentina, 1920-1935*, Buenos Aires, Siglo XXI Editora Iberoamericana, 2007, p. XXIII.
26. Carta "au comité executif de l'I.C.", 28 septembre, 1923. AEL-Unicamp.
27. O Partido Comunista Francês (PCF), é criado após a adesão da maioria dos militantes socialistas ao Komintern, no Congresso de Tours, em dezembro de 1920. A ruptura teve consequências materiais. O jornal *l'Humanité*, criado em 1906, bem como a sua livraria-editora, Librairie de l'Humanité,

Contracapa de *La Lucha por el Pan*, de Lenin, publicada pela Biblioteca Documentos del Progreso, além de *La Sindical Roja*, de Juan Greco, com prefácio de Penelón e publicada pelos comunistas uruguaios em Montevidéu. Acervo CEDINCI.

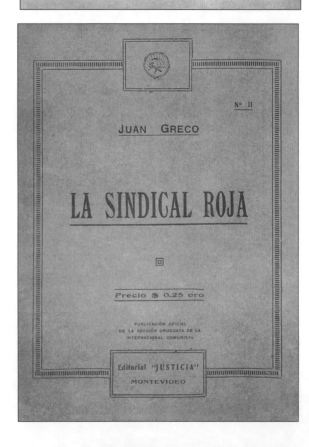

Mas, no fundo, a Editorial La Internacional foi a herdeira da Biblioteca Documentos del Progreso.

A revista *Documentos del Progreso* era quinzenal e foi publicada por Simon Scheimberg e Aldo Pechini[28] entre 1º de agosto de 1919 e 15 de junho de 1921. O sumário apresentava artigos de Maximo Gorki, Jacques Sadoul, Anatole France, Henry Barbusse e as seções se dedicavam amplamente à Revolução Russa[29]. Anunciava o catálogo da Biblioteca Documentos del Progreso, com doze títulos na data do último número da publicação[30]. Os pedidos deviam ser encaminhados para José Nó, Casilla de Correo 1160, Buenos Aires. A sorte da revista e da coleção *Documentos del Progreso* deve ter sido determinada pelos revezes políticos do PCA. Simon Scheimberg fez parte do grupo do Partido Socialista (PS) alcunhado "tercerista", por pregar a adesão desse partido à Terceira Internacional. Em 1921 afiliou-se ao PCA. No entanto, dentro do Partido Comunista, Scheimberg fazia parte dos chamados "frentistas", que proclamavam, dentro da consigna da frente única que vigorava como diretriz komintermniana, uma espécie de acordo permanente com o PS. No IV Congresso do PCA (1922) foram acusados de "liquidacionistas" e sua postura foi alcunhada de "desviacionismo de direita". A maior parte dos membros do grupo foi expulsa ou migrou de partido e criou um efêmero órgão intitulado *Nuevo Orden*[31].

Era o militante Ferreira de Souza quem recebia as edições da Biblioteca Documentos del Progreso no Rio de Janeiro e as distribuía[32], além de ter sido o

---

tornaram-se propriedade do PCF. A Librairie de l'Humanité possuía um catálogo marcado tanto pela herança socialista francesa, quanto pela ideologia bolchevique. À medida que esta última vai assumindo sua primazia, criam-se o Bureau d'Éditions, de Diffusion et de Publicité, em 1925 e as Éditions Sociales Internationales, em 1927. Assim, confiam-se ao primeiro as brochuras de atualidades e discursos e, à segunda, os manuscritos considerados ideologicamente mais importantes, enviados pelo Serviço de Edições do Komintern. Marie-Cécile Bouju, "O Livro na Política: As Editoras do Partido Comunista Francês (1920-1958)", em Marisa Midori Deaecto & Jean-Yves Mollier (orgs.), *Edição e Revolução*, pp. 267-269.

28. Emilio J. Corbière, "La Cultura Obrera Argentina como Base de la Transformación Social (1890-1940)", *Herramienta. Revista de Debate y Crítica Marxista*, n. 12, Buenos Aires, otoño de 2000. Disponível em: http://www.herramienta.com.ar/revista-herramienta-n-12/la-cultura-obrera-argentina-como-base-de-la-transformacion-social-1890-1940. Último acesso em 10 de janeiro de 2017.
29. Edgard Carone, *O Marxismo no Brasil*, p. 36.
30. *Documentos del Progreso*, n. 45, Junio 15 de 1921, año III, Buenos Aires. Biblioteca del Sindicato de la Madera de Capital Federal, Buenos Aires, Pasta 22, año II, n. XXV, 1 ago. 1920, al año III, n. 45, 15 Junio 1921.
31. Hernán Camarero, *A la Conquista de la Clase Obrera*, pp. XXV-XXVI.
32. Edgard Carone, *O Marxismo no Brasil*, p. 64.

primeiro responsável pela Livraria Comunista anunciada na revista do partido em 1922[33].

CATÁLOGO *DOCUMENTOS DEL PROGRESO*

Autor	Título	Ano
Carlos Radek	*El Desarrollo del Socialismo. De la Ciencia a la Acción; Antiparlamentarismo (Carta del Autor Dirigida a un Comunista Alemán)*	[c.1920]
Gregorio Zinovief	*Lenin. Su Vida y su Actividad*	1920
Jacques Sadoul	*Dos Cartas a Romain Rolland; Una Obra Gigantesca Cumplida por Gigantes (Carta Dirigida a Jean Longuet)*	1920
León Trotzky	*El Advenimiento del Bolshevikismo*	1920
Nicolas Lenin & Leon Trotsky	*El "Radicalismo", Enfermedad de Infancia del Comunismo; Lo Nacional en Lenin; La Constituyente y la Dictadura del Proletariado*	1920
Nicolas Lenin	*La Sociedad Comunista*	1920
Nicolas Lenin & John Reed	*La Victoria del Soviet; Como Funciona un Soviet*	1919
Nicolas Lenin	*Las Enseñanzas de la Comuna de Paris*	-
Nicolas Lenin	*Los Reformistas y el Estado. Crítica de Engels*	1920
Nicolas Lenin	*Los Socialistas y el Estado*	-
Spartacus	*Propósitos, Objetivos y Aventuras*	1920

Fontes: Horacio Tarcus & Roberto Pittaluga (eds.), *Catalogo de Publicaciones Politicas de las Izquierdas Argentinas (1890- -2005). Con Anexos de Otras Corrientes Políticas y de Publicaciones Político-periodísticas Argentinas*, Buenos Aires, CEDINCI, 2000 (Catálogos del CEDINCI, vol. I); Catálogo da Biblioteca Documentos del Progreso em Nicolas Lenin, *La Sociedad Comunista*, trad. del ruso M. Iarochevsky, Buenos Aires, Biblioteca Documentos del Progreso, 1920; *Documentos del Progreso*, n. 45, Junio 15 de 1921, ano III, Buenos Aires, p. 17. Biblioteca Soemcf, Sindicato de la Madera de Capital Federal, Buenos Aires, Pasta 22, año II, n. XXV, 1 agosto 1920 al año III, n. 45, 15 Junio 1921.

Já as edições da Editorial La Internacional eram provavelmente ligadas ao órgão do Partido Comunista da Argentina, *La Internacional*, e traziam estam-

---

33. Assim se anunciava que o livro *Doutrina Contra Doutrina*, de Christiano Cordeiro, que aparecia em março de 1922, devia ser pedido a Ferreira de Souza, à Rua Tobias Barreto, 142 (sobrado), Rio de Janeiro. *Movimento Communista*, ano I, n. 5, Rio de Janeiro, 1º de maio de 1922. AEL-Unicamp.

pado na capa: "Publicación oficial de la Internacional Comunista (sección Argentina)". Os pedidos deviam ser enviados a Anibal Alberini, à rua Venezuela, 3000. A editora do PC argentino começou a funcionar em fevereiro de 1921. Possuía gráfica própria, uma loja com vitrines em bairro operário e, além de constituir boa entrada para o partido, "difunde a literatura comunista por todo o país *e também nos países próximos*; em condições módicas para os trabalhadores"[34]. O número 1 da coleção é de 1921, Nicolas Lenin, *La Revolución Proletaria y el Renegado Kautsky*, mas houve algumas publicações não numeradas anteriormente[35]. O catálogo se formou basicamente entre 1921 e 1922 e depois as publicações foram mais esparsas[36]. É difícil ter certeza, mas, ao que tudo indica, eram edições emanadas do próprio Komintern, mesmo sendo publicadas pelos comunistas portenhos. Em 1927, o Serviço de Edições da IC se vangloriava de estar presente em quarenta países e de publicar em 47 línguas[37]. Mas, em 1919, o PSI já havia feito publicações: Zinoviev & Lenin, *De la Revolución Rusa* e a *Constitución de la República Rusa Federal de los Soviets*[38].

---

34. Cuarto Congreso Ordinario del Partido Comunista de la Argentina, *Informes del Comité Ejecutivo y Tesoreria. Proposiciones de los Centros*, Buenos Aires, s/n, enero de 1922, p. 14. Grifo nosso. O informe financeiro é assinado por Victorio Codovilla, encarregado de finanças [Biblioteca Edgard Carone].
35. Nicolas Lenin, *La Revolución Proletária y el Renegado Kautsky*, n. 1, Buenos Aires, Editorial La Internacional, 1921. Centro de Documentación e Investigación de la Cultura de Izquierdas en Argentina (CEDINCI). Algumas das brochuras da Editorial La Internacional e da Biblioteca Documentos del Progreso foram consultadas na biblioteca de Edgard Carone, provavelmente pertencendo originalmente a Astrojildo Pereira. Mas a maioria foi consultada no CEDINCI, a cujo corpo de responsáveis agradeço por me permitir a consulta das brochuras mesmo em condições adversas.
36. Interessante notar que, no fim da década, o catálogo da Editorial La Internacional ficará mais restrito, com nomes internacionais, como o líder francês Marcel Cachin, e será impresso pela Cootypographie na França, gráfica que imprimia a revista *L'Internationale Communiste* quando editada em Paris. Pode-se conjecturar que tal fato decorra tanto da bolchevização da literatura kominterniana quanto do fato de que, na cisão penelonista de 1927, José Penelón ficará com os arquivos e material tipográfico do PC argentino, causando a ira de Victorio Codovilla e Rodolfo Ghioldi. Informe Presentado al Secretariado Sud-Americano de la I.C. por el Delegado del Partido Comunista Brasilero, Buenos Aires, 5 de jul. de 1928. AEL-Unicamp.
37. Marie-Cécile Bouju, *Lire en Communiste. Les Maisons d'Édition du Parti Communiste Français, 1920--1968*, Rennes, Presse Universitaires de Rennes, 2010, p. 30.
38. G. Zinowieff & N. Lenine, *De la Revolución Rusa*, Buenos Aires, s/n, 1919 [CEDINCI].

CATÁLOGO EDITORIAL LA INTERNACIONAL[39]

Autor	Título	Ano
A. Losovsky	El Internacionalismo Obrero en las Luchas Económicas	–
–	Acuerdos del III Congreso Internacional Comunista – Tesis Sobre Tactica	1921
Alexandrovsky	Impresiones de un Viaje a la Rusia Soviestista	1921
–	Cancionero Comunista	–
Carlos Radek	Desarrollo del Socialismo	–
Carlos Radek	La Internacional 2 ½	–
Clara Zetkin	Las Batallas Revolucionarias de Alemania	–
–	Constitución de la R.F. de los Soviets de Rusia	–
–	Hacia una Sociedad de Productores	–
Henri Barbusse	Las Enseñanzas de las Revoluciones	–
I. Iakovlev	Los "Anarquistas-sindicalistas" Rusos Ante el Tribunal del Proletariado Mundial	1921
Internacional Comunista	El Movimiento Revolucionario en los Países Coloniales y Semi-coloniales	[c. 1928]
Internacional Comunista	Manifiesto y Tesis Políticas del VI Congreso Mundial	[c. 1928]
Juan Greco	Dictadura Proletaria y Reformismo	–
–	La Internacional Comunista y la Organización Internacional de los Sindicatos. Programa de Acción Adoptado por el III Congreso Comunista Internacional	1921
Lenin y otros	Organizad la Lucha Contra la Guerra	[c. 1925]
León Trotsky	El Advenimiento del Bolshevikismo	[c. 1921]
Marcel Cachin	El Imperialismo Contra la U.R.S.S. (Discurso Pronunciado en el Parlamento Francés el 4 ee Diciembre ee 1928)	[c.1929]

39. Os livros que possuem apenas um traço na datação são aqueles em que o levantamento foi feito no catálogo de vendas das próprias brochuras. Portanto, não podemos assegurar que foram editados pela Editorial La Internacional, mas certamente eram distribuídos por ela.

Marx y Engels	*Manifiesto Comunista*	–
Nicolás Lenin & Leon Trotsky	*El "Radicalismo", Enfermedad ee Infancia eel Comunismo; Lo Nacional en Lenin; La Constituyente y la Dictadura del Proletariado*	1920
Nicolas Lenin	*La Revolución Proletaria y el Renegado Kautsky*	1921
R. Suárez	*Cartas a un Obrero*	–
Raimond Lefebvre	*La Revolución y la Muerte*	–
S. Gussiev	*En Vísperas de Nuevos Combates*	[c. 1929]
–	*Tesis Coloniales del VI Congreso de la Internacional Comunista*	
–	*Tesis Sobre la Estructura y Organización de los Partidos Comunistas (Aprobadas en el 3. Congreso de la Internacional Comunista)*	1921
–	*Tesis Sobre la Estructura y Organización De los Partidos Comunistas*	–
–	*Tesis y Resoluciones del Tercer Congreso de la Internacional Comunista*	–
Yaroslavski	*Marx y Lenin y la Revolución Proletaria*	s/d
Zinovieff y Lenin	*De la Revolución*	–

Fontes: Horacio Tarcus & Roberto Pittaluga (eds.), *Catalogo de Publicaciones Politicas de las Izquierdas Argentinas (1890--2005). Con Anexos de Otras Corrientes Políticas y de Publicaciones Político-periodísticas Argentinas*, Buenos Aires, CEDINCI, 2000 (Catálogos del CEDINCI, vol. 1); Catálogo da Editorial La Internacional em várias brochuras consultadas no CEDINCI, com a exceção de Alexandrovsky, *Impresiones de un Viaje a la Rusia Soviestista*, consultada na Biblioteca Edgard Carone.

Além das publicações argentinas, houve uma série de outros mananciais de literatura sobre o comunismo e a Revolução Russa que chegaram ao Brasil. Alfred Stirner deve ter enviado literatura direto de Moscou, pois pedia em carta, de fevereiro de 1924, o endereço para envio de livros: "Repito a urgente necessidade de nos mandar dois endereços, um para correspondência apenas e outro para enviar literatura"[40].

Algumas brochuras foram publicadas na Rússia mesmo antes do surgimento da Internacional Comunista, como o caso da Édition du Groupe Communiste Français, *Notes sur la Révolution Bolchevique (Octobre 1917-Juillet 1918)*,

---

40. Carta do "CE de la IC al CE del PCB", Moscu, 7 de feb. de 1924. AEL-Unicamp.

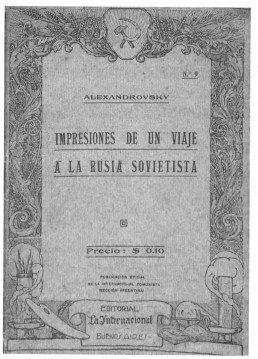

Capas de *Impresiones de un Viaje a la Rusia Sovietista*, do encarregado do Comitê de Propaganda Comunista na América do Sul, Alexandrovsky, de *La Revolución Proletaria y el Renegado Kautsky*, de Lenin, além das *Tesis sobre Tactica*, da Terceira Internacional. Acervo CEDINCI.

de 1919, seguida de *Une Nouvelle Lettre*, de Jacques Sadoul, do mesmo ano[41]. São seguidas pelas edições das Unions Ouvrières de Genebra, intituladas Éditions Françaises Concernant La Russie des Soviets. A série publica coletâneas de decretos do Estado soviético, obras de Lenin, Radek, Trotsky etc., conformando 21 títulos até 1918. Essas publicações em Genebra eram importantes, pois parte das fronteiras soviéticas estava bloqueada pelos países capitalistas[42].

Com a fundação da Internacional Comunista, em março de 1919, começam a se concretizar seus diversos canais de propaganda. No mesmo ano, em Petrogrado, surgem, paralelamente à revista *L'Internationale Communiste*, as Éditions de L'Internationale Communiste, cujo catálogo supera os sessenta títulos. A Espanha marcará um manancial secundário, mas não desprezível, especialmente com a Biblioteca Nueva, com catálogo publicado entre 1919 e 1921. Como veremos à frente, é provável que esta fonte abasteça uma livraria espanhola no Brasil.

Pela correspondência trocada entre o PCB e o Komintern, é possível localizar ainda o pedido de envio esporádico de livros em línguas estrangeiras, para consumo de outras colônias que não a italiana, a portuguesa e a espanhola. Elias Ivanovich – iugoslavo responsável pelo centro do PC em Santos[43] – e Manoel Esteves pediam diretamente aos responsáveis do jornal comunista alemão *Rote Fahne*, em Berlim, o envio de exemplares em língua alemã deste periódico, e ainda de *Internationaler Arbeiterhilfer* (provavelmente publicação alemã do Socorro Operário Internacional), *Sichel und Hammer* e outros jornais das juventudes comunistas, além de edições de livros na mesma língua, buscando distribuir essa literatura[44]. Já o secretário-geral do PCB, Astrojildo Pereira, enviou carta anexa a uma missiva do Grupo Comunista Israelita do Rio de Janeiro, redigida em russo, pedindo que fosse repassada ao setor de Agitação e Propaganda do EKKI, pois a carta dos israelitas tratava de assunto concernente a essa seção. Provavelmente pediam igualmente livros e periódicos em língua russa[45]. Em relatório de 1925, pede-se literatura em língua estrangeira,

---

41. Edgard Carone, *O Marxismo no Brasil*, p. 33.
42. *Idem*, p. 34.
43. Não conseguimos maiores informações da procedência deste militante. Só o que sabemos é que foi preso e muito provavelmente deportado nas perseguições de junho de 1923. Carta do Secretário para o Exterior-interino, Octávio Brandão, ao Camarada Kuusinen, 27 de jun. / ago. de 1923. AEL-Unicamp.
44. Carta assinada por Elias Ivanovich e Manoel Esteves: "Camarades du journal 'Rote Fahne'", 15 de jun. de 1923, Santos. AEL-Unicamp.
45. Carta de Astrojildo Pereira à seção de Agitprop do Komintern, Rio de Janeiro, 7 de abr. de 1928. AEL-Unicamp. Interessante notar que, ao que tudo indica, o único grupo étnico-linguístico comunista

especialmente em italiano e polonês, para propaganda entre o campesinato estrangeiro[46].

Mas, como se pode notar pelos títulos citados em *Rússia Proletária*, é a avalanche editorial francesa que marcará mais profundamente a leitura comunista brasileira e de todo o mundo de língua latina. Desde o alvorecer dos anos 1920, podem-se encontrar edições em língua francesa originárias de Moscou ou publicadas em Paris. Mas também havia quantidade significativa de livros mais antigos, publicados ainda pelo Partido Socialista S.F.I.O., provavelmente herdados pelo PCF e distribuídos na rede internacional de circulação de impressos comunistas. Ao longo da década, no entanto, as fontes principais serão as editoras do PCF: Librairie de l'Humanité na primeira metade do decênio, Bureau d'Éditions, de Diffusion et de Publicité, a partir de 1925 e as Éditions Sociales Internationales, desde 1927.

A edição e a difusão de livros comunistas no Brasil dos anos 1920 passavam diretamente pela estrutura do PCB. Astrojildo Pereira criou uma grande rede de colaboradores, entre militantes, simpatizantes e sindicatos. Lincoln Secco assinala que "num país de poucas livrarias [...], a ação do PCB foi inovadora na área editorial, no conteúdo e na forma porque trouxe à baila nova literatura, novos conceitos e mecanismos inéditos de distribuição e venda"[47].

A forma centralizada de distribuição do material comunista não constitui um caso exclusivamente brasileiro, mas um método adotado por partidos comunistas em diversos países e reconhecido como um dos mais eficazes pela Internacional Comunista. Em artigo publicado em setembro de 1928 em *La Correspondance Internationale*, aponta-se que "o leitor operário deve ser servido de outra maneira e por outras condições que o comprador burguês". Como o salário do trabalhador não permite que ele vá à livraria, "é preciso que o livro proletário procure outras vias para alcançar seus leitores". Por isso, é na própria estrutura ramificada e piramidal do Partido Comunista, mas sob a centralização de um responsável, que se deve fazer o livro chegar ao leitor:

> A difusão exige um aparelho particular. As experiências feitas com a difusão coletiva de todas as organizações como as células, os grupos locais, as seções sindicais, através de

que se formou foi o Grupo Comunista Israelita. Na Argentina, o órgão central do partido comunista chegou a ser publicado em iídiche.
46. "Réponse au Questionnaire de la [?]", assinada por Astrojildo Pereira pela C.C.E., sem data, mas provavelmente de 1925. AEL-Unicamp.
47. Lincoln Secco, "Leituras Comunistas no Brasil (1919-1943)", em Marisa Midori Deaecto & Jean-Yves Mollier (orgs.), *Edição e Revolução*, p. 58.

um militante responsável pela literatura escolhida por esses grupos, prova que está aí o grau mais elevado e, portanto, o melhor da difusão. É nessa direção que o aparelho de difusão deve ser aperfeiçoado no futuro[48].

É claro que Astrojildo Pereira não precisou esperar as diretivas kominternianas para iniciar seu trabalho de distribuição de livros, folhetos e periódicos, pois já havia desenvolvido essa atividade no período de sua militância libertária, ao longo dos anos 1910. Dessa forma, a rede permitia intensa relação entre militantes, inclusive em partes diversas do país e mesmo internacionalmente.

Edgard Carone estudou as cadernetas de Astrojildo Pereira que contabilizavam os livros distribuídos. O período abrangido pela documentação se situa entre abril de 1925 e fins de 1928, com uma documentação bem mais restrita do ano de 1932. O que Carone chamou "Caderno 3" (quarenta folhas de um caderno de exercícios) trazia duas listas de "pacoteiros". Estavam distribuídos no Rio de Janeiro, nos estados e no exterior. Na primeira lista há 48 nomes de indivíduos e entidades (mais três nomes riscados). Na segunda lista 68 nomes de indivíduos e entidades. Ao que tudo indica são formadas apenas por simpatizantes. Fato é que as duas listas somam 73 simpatizantes, oito sindicatos, um jornal e a Liga Anticlerical. Desse total 33 estão na capital federal, sendo quatro sindicatos. É interessante notar nomes como o do anarquista Edgard Leuenroth. Adversários na esfera política, ao que tudo indica, relacionavam-se na distribuição de material impresso[49].

Importante é o pedido feito à Librairie de l'Humanité, o qual abastecerá a militância brasileira de literatura comunista vinda direto da França. O número de exemplares de livros requisitados é pequeno, mas o de periódicos é grande. Em março de 1926 foi enviado, em francos, valor relativo a 91$900, destinado à aquisição dos *Cahiers du Bolchevisme*. Em 26 de maio são comprados outros 248 números da revista. O estoque da revista da Internacional Sindical Vermelha soma duzentos exemplares em 1926.

Outra venda significativa são as revistas em espanhol vindas de Buenos Aires e Montevidéu. A *Correspondencia Sudamericana* tem distribuição constante, ficando entre um e cinco exemplares por militante. Do número 8 saem oitenta exemplares para três distribuidores; do número duplo 9-10, seis dis-

---

48. Robert, "La Littérature Révolutionnaire à l'Exposition de Moscou", *La Correspondance Internationale*, n. 107, 8. année, 22 Sep. 1928, p. 1154. Cedem-Unesp. Este artigo é citado por Marie-Cécile Bouju na análise da produção editorial da Internacional Comunista. Marie-Cécile Bouju, *Lire en Communiste*, p. 31.
49. Edgard Carone, "Literatura e Público", *Leituras Marxistas e Outros Estudos*, p. 108.

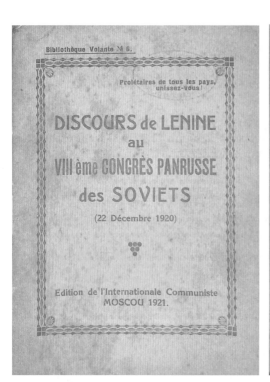
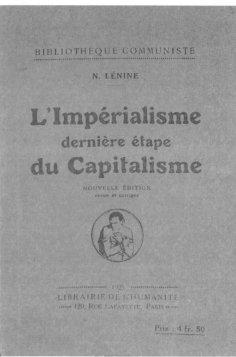

Capas de Lenin, *L'Imperialisme. Dernière Etape du Capitalisme*, da Librairie de L'Humanité, de *La Troisième Internationale*, de Boris Souvarine, das Editons Clarté e do *Discours de Lénine au VIIIème Congrès Panrusse des Soviets*, publicado pela Editions de L'Internationale Communiste. Acervo Biblioteca Edgard Carone.

tribuidores ficam com seis exemplares cada um; os números 11, 12 e 13 são entregues a três pessoas, cada uma com 25 de cada, somando 215 exemplares.

Como assinala Edgard Carone, a ação de "pacoteiros" e simpatizantes está interligada com as vendas feitas por pessoas do partido e suas células. Cumprem, destarte, dupla função: colocar o simpatizante a par da literatura comunista e, ao mesmo tempo, torná-lo um semeador desse manancial de conhecimento[50].

Livrarias

Não se pode, entretanto, ignorar completamente a presença de obras revolucionárias em livrarias. Encontrar livros comunistas (ou sobre a Rússia soviética em geral) em livrarias comerciais era tarefa muito difícil, mas não impossível. Lincoln Secco aponta algumas obras importadas que se vendiam. Na Livraria Lealdade, em São Paulo, podia-se comprar a obra de Kerensky, *Bolchevismo y su Obra* (Madrid, Biblioteca Nueva, tradução de N. Tasin, de 1920). No exemplar de *El Régimen Sovietista* (Madrid, Imprenta de Juan Pueyo, 1920, 111 páginas) de Marc Vichniak, obra de ataque aos bolcheviques, de que dispunha Secco, havia carimbo da Livraria Hispano-Americana (cita à rua Paula Souza, 15) datado de 5 de março de 1921[51]. Em 1918 ou 1919, em Maceió, Octávio Brandão procurou livros que tratassem de questões sociais e teria encontrado unicamente "o velho livro de 1882, *Rússia Subterrânea* de Stepniák (Kravtchínski), sobre os chamados niilistos e o *Narôdnaia Volia*"[52].

Mas em 1919 ou início dos anos 1920 já se podia comprar, no Rio de Janeiro, uma obra para se informar sobre a Internacional Comunista. O exemplar do título de Boris Souvarine, publicado pelas edições Clarté, *La Troisième Internationale*[53], da biblioteca de Edgard Carone possui carimbo de Leite Ribeiro & Maurillo Editores[54]. É seguro que o livro de Boris Souvarine passou pelas

---

50. *Ibidem*.
51. Lincoln Secco, "Leituras Comunistas no Brasil (1919-1943)", em Marisa Midori Deaecto & Jean-Yves Mollier (orgs.), *Edição e Revolução*, p. 34.
52. Octávio Brandão, *Combates e Batalhas*, p. 124.
53. Boris Souvarine, *La Troisième Internationale*, Paris, Editions Clarté, 1919 [Biblioteca Edgard Carone].
54. Fundada em 1917, a livraria Leite Ribeiro, com fachada de cem metros e trinta vitrines, foi uma das mais importantes livrarias cariocas dos anos 1920, se não a mais importante. A maior livraria da América do Sul, segundo relatos, sociedade do livreiro Leite Ribeiro com Maurillo Quaresma, foi "local de encontro de intelectuais nas décadas de 1920, 1930 e 1940". Alguns de seus frequentadores na década de 1920 foram Sérgio Buarque de Holanda, Ronald de Carvalho, Monteiro Lobato e ainda outras figuras bastante conhecidas dos comunistas, como o anarquista Fábio Luz, o advogado Evaristo de

estantes de Leite Ribeiro & Maurillo Quaresma entre 1919 e 1925, pois a primeira é a data de sua edição e, em 1925 estamos certos de que a parceria já não mais existia, pois, no indicador profissional das listas telefônicas brasileiras, a Livraria Maurillo ficava à Rua São José, 68, e a Leite Ribeiro no local da antiga parceira (o nome da rua havia mudado para Bethencourt Silva)[55].

Os livros de esquerda importados deviam ser considerados espécie de ramo específico da literatura técnica estrangeira e isso pode ter permitido que alguns acabassem sendo vendidos em livrarias comerciais, algumas delas especializadas em obras importadas. Provavelmente a livraria que quantitativamente distribuiu mais livros comunistas na década de 1920 foi a Livraria Espanhola. Heitor Ferreira Lima, que iria a Moscou, em 1927, frequentar a Escola Leninista Internacional, aponta que lhe haviam indicado "uma livraria espanhola, localizada no início da rua da Alfândega, onde se podiam adquirir obras de Lenin, Trotsky, Zinoviev, Bukhárin e outros"[56].

Fundada em 1909, a Librería Española (como por vezes se anunciava) era propriedade do espanhol da Andaluzia, Samuel Nuñes Lopez. Nas palavras de Ubiratan Machado, "homem generoso, extrovertido, com requintes de diplomata e comerciante barateiro. Vende apenas obras de literatura espanhola e hispano-americana, quando não dá o livro". Seu público era composto em grande medida de intelectuais e boêmios, "que não dão grandes lucros ao proprietário, talvez nem lucros pequenos, mas satisfazem a sua necessidade de convívio espiritual"[57].

Chegado ao Brasil em 1908, Nuñes se tornou representante de importantes editoras de Barcelona e especializou-se em obras científicas (especialmente de engenharia e medicina) a prestações. Nos anos 1920, ainda segundo a *História das Livrarias Cariocas*, "Nuñes vende [...] centenas de volumes de traduções espanholas de autores anarquistas, socialistas e filosofantes: Pedro [sic] Kropotkin, Enrico Ferri, Max Stirner, Nietzsche, Max Nordau, Paolo Mantegazza. 'Era uma literatura ideológica, proscrita dos meios grã-finos'"[58]. A livraria era certamente conhecida dos militantes anarquistas como local privilegiado para aquisição de

---

Morais e Di Cavalcanti. Ubiratan Machado, *História das Livrarias Cariocas*, São Paulo, Edusp, 2012, pp. 172-174.
55. Ubiratan Machado, *História das Livrarias Cariocas*, p. 168. Trata-se de uma ilustração desse indicador que, felizmente, encontra-se neste livro densamente ilustrado de Ubiratan Machado.
56. Heitor Ferreira Lima, *Caminhos Percorridos*, p. 36.
57. Ubiratan Machado, *op. cit.*, p. 149.
58. Ubiratan Machado, *op. cit.*, p. 150. A citação dentro da citação é de José Aratanha, e sua referência é: José Aratanha, "O Passado nas Letras", *Jornal de Letras*, Rio de Janeiro, jul. de 1968.

obras ideológicas, pois, vivendo à distância da capital alagoana, Octávio Brandão relata em suas memórias que "em 1918, sem ter quem me orientasse, mandei buscar no Rio de Janeiro, na Livraria Espanhola, à rua da Alfândega, uma série de obras. Entre elas, *Deus e o Estado*, de Bakunin, *A Conquista do Pão*, de Kropotkin e as de Nietzsche, todas em traduções espanholas"[59].

O primeiro endereço da Livraria Espanhola foi à Rua 7 de Setembro, 204. Ficava nos fundos do Café Amazonas. Em 1918, mudou-se para a Rua da Alfândega, 47, onde Ferreira Lima aponta tê-la conhecido. A loja ampla permitiu a Nuñes realizar o sonho de criar um centro de difusão cultural, sobretudo de cultura espanhola: a Casa de Cervantes. Em 1926, a livraria mudou-se novamente, desta vez para a Rua 13 de Maio, 15, de frente para a lateral do Teatro Municipal, ocupando dois andares, repletos de livros[60]. É assim que o livreiro andaluz se torna vizinho da redação do jornal comunista *A Nação*.

Seja por afinidade ideológica, seja por proximidade física, pode-se conjecturar que um acordo foi estabelecido entre a Livraria Espanhola e o jornal comunista, cuja redação ficava no número 17 da mesma rua. Desde a retomada do jornal, iniciada em janeiro de 1927, anunciavam-se livros na coluna "Hoje – O Livro do Dia". Mas do dia 3 ao dia 29 de janeiro, os livros anunciados eram, de maneira geral, gêneros populares: o campeão de anúncios era Renato Kehl com títulos como *Bíblia da Saúde, A Fada Hygia, Melhores e Prolongues a Vida, Como Escolher um Bom Marido (Conselhos às Moças)*[61]. Alguns livros eram anunciados com a correspondente livraria onde poderiam ser adquiridos. Eram Leite Ribeiro, Livraria Azevedo (Rua Uruguaiana, 39) e a Livraria Espanhola[62], com romances em língua castelhana como *Un Hombre Visto por Dentro*, de R. Lopez de Haro. A partir do dia 31 de janeiro, a redação comunista deve ter reparado que poderia utilizar a seção para seus próprios fins. É assim que, no número 294, os "livros do dia" são: *El A.B.C. del Comunismo*, de N. Bujarin, além de *Tigre Juan* e *El Curandero de Su Honra*, de Perez de Ayala, todos vendidos na Livraria Espanhola.

Doravante, aparecem apenas livros comunistas. As obras de autores brasileiros, ligados ao PCB, são vendidas "nesta redação". São os livros de Everardo

---

59. Octávio Brandão, *Combates e Batalhas*, p. 124.
60. Ubiratan Machado, *op. cit.*, p. 150.
61. *A Nação*, números 288, 289, 290, 293. Cedem-Unesp.
62. Estranhamente, ao se anunciar o endereço da Livraria Espanhola, aponta-se o número 17 da Rua 13 de Maio, sendo este, na realidade, o endereço da redação de *A Nação*. O equívoco pode resultar de erro de revisão, os quais eram constantes na folha.

Dias, *Delenda Roma!* e *Memórias de um Exilado, A Questão Social e o Catolicismo*, de J. Pimenta (todos distribuídos também por Everardo Dias) e a tradução brasileira do curso de Charles Rappoport, *Noções do Comunismo*. Já a literatura comunista traduzida para o castelhano é vendida na Livraria Espanhola. São basicamente obras de Bukhárin, Trotsky e Lenin. Não se aponta a edição, mas podem ser tanto traduções espanholas, vindas de Madri, Barcelona ou Valência, quanto edições vindas da Argentina ou Uruguai, pois o livreiro Nuñes trabalhava igualmente com livros espanhóis e hispano-americanos. Podemos conjecturar possibilidades. Vários dos livros vendidos na Livraria Espanhola aparecem em outro anúncio de *A Nação*, divulgando um catálogo a cargo do Secretariado Sul-Americano, sediado em Buenos Aires[63]. No entanto, é mais provável que os livros de Nuñes tivessem origem na Biblioteca Nueva, publicada entre 1919 e 1922 na Espanha. Edgard Carone compulsou certo número de obras desta coleção e podemos notar que vários títulos constam do catálogo da Livraria Espanhola de Nuñes:

> A Biblioteca Nueva é uma das pioneiras do marxismo na década de 1920 e é responsável por uma série de livros: Lênine, *El Estado y la Revolución Proletaria*; N. Tasin, *La Ditadura del Proletariado (Segun Carlos Marx, F. Engels, Carlos Kautski, N. Lenin, Otto Bauer y otros)*; Carlos Pereyra, *La Tercera Internacional*; Maximo Gorky, *De la Era Bolchevista*; Carlos Kautski, *Terrorismo y Comunismo*; Rusia, *Legislación Bolchevique*; Lenin, *Ideario Bolchevista*; Trotsky, *El Triunfo del Bolchevismo* (ed. de 1919 e 1920); Lenin, *El Capitalismo de Estado y el Impuesto en Especie*; Lenin, *El Comunismo de Izquierdas*; Kerenski, *El Bolchevismo y su Obra*; Sofia Casanova, *La Revolución Bolchevista (diário de un testigo)*. Todos são de 1919 a 1922[64].

LIVRARIA ESPANHOLA

Autor	Título
N. Bujarin	*El A.B.C. del Comunismo*
–	*El Programma de los Bolcheviqes*

---

63. Em 1927, por meio do jornal *A Nação*, o Secretariado Sul-Americano da IC vendia diretamente publicações em pacotes de livros com quantidades que variavam com o preço: 1, 2, 3 e 7 dólares. Eram provavelmente as publicações, editadas na Argentina, de Marx, Lenin, Trotsky, Radek, Bukhárin, Losovsky etc. Os pedidos deviam ser feitos diretamente a J. F. Penelón, Tandil, 2955, Buenos Aires, República Argentina. Anunciavam-se, ainda, livros de Gorki, Anatole France, Henri Barbusse e Upton Sinclair, variando entre 1 e 2 dólares. Estes deveriam ser pedidos por intermédio de A. Brasil de Mattos, Rua do Senado 215, Rio de Janeiro. *A Nação*, ano II, n. 290, 26 de jan. de 1927, p. 4. Cedem-Unesp. Dispusemos no Anexo 2 os livros anunciados para venda neste anúncio.
64. Edgard Carone, *O Marxismo no Brasil*, pp. 45-46.

Trotski	*El Triunfo del Bolchevismo*
Trotski	*Terrorismo y Comunismo*
C. Pereira	*La Tercera Internacional*
Lenine	*El Estado y la Revolución Proletaria*
Lenine	*El Capitalismo de Estado y el Impuesto en Especie*
Lenine	*Democracia Burgueza y Democracia Proletaria*
Lenine	*El Comunismo de Izquierda*
Lenine	*La Victoria Proletaria y el Renegado Kautsky*

Fonte: *A Nação*, números 294 a 306. Seção "Livro do Dia". Cedem-Unesp.

Mas os anúncios duram poucas semanas. O último se dá em 14 de fevereiro, quando se encerra a seção "o livro do dia". De qualquer forma, pôde-se observar a presença comunista no catálogo da Livraria Espanhola.

As mudanças na estratégia comunista, a partir de 1927, devem ter sido motivo central para a aproximação com o ambiente intelectual oposicionista da Primeira República, criando a demanda necessária que permitiria distribuição de algumas obras comunistas em livrarias. Outro ponto importante para os livros comunistas foi a Livraria Científica Brasileira. É provável que o livro *Agrarismo e Industrialismo*, de Fritz Mayer (pseudônimo de Octávio Brandão), pudesse ser comprado apenas em dois locais (afora os "pacoteiros" de Astrojildo Pereira): na redação do jornal comunista e na Livraria Científica Brasileira. Conforme anúncio do número 373, de 5 de maio de 1927, *Agrarismo e Industrialismo* é "o melhor estudo acerca da revolução de 5 de julho. À venda nesta Redação e na Livraria Científica Brasileira. Preço do exemplar 2$000"[65].

A Livraria Científica Brasileira, cuja firma se chamava Sussekind de Mendonça e Cia., fora fundada em 1922, à Rua São José, 114[66]. A livraria foi fundada por Francisco Venâncio Filho, professor de física e química, que dava aulas particulares no próprio estabelecimento, em sociedade com Carlos Sussekind de Mendonça, de família tradicional, parente do escritor Lúcio de Mendonça. Sussekind é personagem conhecido da história comunista. Foi o advogado que, acompanhado por

---

65. *A Nação*, ano II, n. 373, 5 de maio de 1927, p. 3. Cedem-Unesp
66. A Rua São José, descrita na *História das Livrarias Cariocas* como o "reino mágico dos alfarrabistas e leiloeiros", resistia à tendência do mundo livreiro carioca dos anos 1920 de construção de enormes edifícios e "se mantém como centro de comércio livreiro ainda por muitos anos. Em 1925, há quinze sebos na pequena rua". Ubiratan Machado, *op.cit.*, p. 167.

Roberto Lyra, representou o jornal *A Classe Operária* junto ao Ministério do Interior em 1925, sendo encarregado pelos burocratas de fazer a censura ao jornal, mas nunca o fazendo efetivamente. Era, sem dúvida, bem próximo aos comunistas e sua livraria deve ter vendido algumas de suas obras. Ela foi, no entanto, bastante efêmera. Soter de Araújo entrou na sociedade, mas logo em 1927 já se tornou proprietário único. A livraria ainda editaria algumas obras, sem grande repercussão, antes de cerrar as portas no fim da década de 1920[67]. Em 1927, Carlos Sussekind de Mendonça criaria sua Empresa Universal de Publicidade, editando livros próprios, de Roberto Lyra e de Pedro Motta Lima. As obras que, ainda não publicadas, eram anunciadas: *E Sendo, Necessário, Provarei!* de Carlos Sussekind de Mendonça; *O Exército por Dentro*, de Roberto Lyra; *A Questão Social no Brasil, Enquete de Roberto Lyra e Pedro Motta Lima*; *Com Vista dos Autos*, de Roberto Lyra; *Da Tribuna*, de João da Matta; *A Nova Constituição da Rússia*[68].

Já a obra *História Universal do Proletariado*, publicada em fascículos e que somaria, ao fim, oitocentas páginas podia ser comprada em pontos ordinários de jornais. Segundo anúncio do número 402 de *A Nação*, "acaba de ser publicado o primeiro fascículo desta importante obra, o qual está posto à venda em todos os pontos de jornais e também nesta redação. O preço de venda é de 500 réis por fascículo nesta capital e 600 réis nos estados"[69].

O jornal *L'Humanité*, herdado pelo Partido Comunista Francês do Partido Socialista (S.F.I.O.), podia ser comprado na Livraria Odeon – Soria & Boffoni, segundo anúncio de *A Nação*[70]. *A História das Livrarias Cariocas* não narra a existência dessa parceria, observando apenas os dois livreiros, já divorciados, em fins da década de 1930. Na época, as Livrarias Odeon e Boffoni, esta última propriedade do italiano Vicente Boffoni, especializavam-se em livros técnicos. Mas, de acordo com o indicador profissional das listas telefônicas brasileiras, a Livraria Soria & Boffoni se localizava, em 1925, à Avenida Rio Branco 157, onde, nos anos 1930, funcionará a Odeon[71]. A firma da Livraria Odeon chamava-se F. Soria & Cia., provavelmente nome de seu proprietário[72]. Portanto, a parceria existia na década de 1920.

---

67. Ubiratan Machado, *op.cit.*, p. 182.
68. Pedro Motta Lima, *O Coronel Louzada*, Rio de Janeiro, Universal, 1927 [Biblioteca Edgard Carone]. Catálogo à última página.
69. *A Nação*, ano II, n. 402, 8 de ago. de 1927, p. 3. Cedem-Unesp.
70. *A Nação*, ano II, n. 296, 2 de fev. de 1927, p. 5. Cedem-Unesp.
71. Ubiratan Machado, *História das Livrarias Cariocas*, p. 168.
72. *Idem*, p. 206.

Também em Porto Alegre, onde *A Nação* possuía sucursal[73], podia-se comprar livros comunistas na Livraria Americana. Além de apontar os locais onde se podia adquirir o jornal comunista na capital gaúcha (Praça do Portão 56, em frente ao Quartel do Exército – Rua Voluntários da Pátria, em frente à estação ferroviária – Rua da Azenha 150, Mercadinho – Rua 24 de Maio 42, Agência Faisen), anuncia-se catálogo da Livraria Americana. Este não deve estar completo, pois, segundo o anúncio, "na 'Livraria Americana', vendem-se todos os livros e folhetos sobre propaganda comunista e organização operária", mas há vários títulos de Lenin e também Bukhárin (talvez apenas este em português), Torralva e a *Constituição da República Socialista dos Soviets Russos*, quase todos em espanhol.

LIVRARIA AMERICANA

Autor	Título
Bukharine	*A.B.C.*
Torralva Beci	*Las Nuevas Sendas del Communismo*
-	*Constitucion de la Republica Socialista de los Soviets Rusos*
Lenine	*Ideario Bolchevista*
Lenine	*El Radicalismo*
Lenine	*El Estado e [sic] la Revolución Proletária*
Lenine	*La Revolucion Proletaria e [sic] el Renegado Kautsky*

Fonte: *A Nação*, ano II, n. 449, 2 de ago. de 1927, p. 4. Cedem-Unesp.

Havia, portanto, uma diversidade de locais onde se podia adquirir literatura comunista. A principal, sem dúvida, é a rede estabelecida pelo secretário-geral do partido, Astrojildo Pereira. Mas existiam ainda outras possibilidades, mesmo algumas livrarias comerciais. Nestas, é possível que a literatura de esquerda constituísse espécie de ramo da literatura técnico-científica. Destarte, as obras chegavam em quantidade relativamente grande, avolumando-se, certamente, a partir dos anos 1930. A aproximação com o ambiente da classe média oposicionista, especialmente a partir de 1927, deve ter sido fator fundamental para a ampliação dos canais de distribuição da literatura comunista no Brasil.

---

73. Além de Porto Alegre, *A Nação* também tinha sucursal em Vitória, Espírito Santo.

Edição Comunista

Além de distribuir edições de diversas origens, a direção comunista também publicou seus livros. Ao longo da década de 1920, o enorme esforço na produção impressa do PCB será a conjunção de dois fatores. De um lado, a precariedade, fruto da perseguição policial e pobreza do partido. De outro, uma definição que hierarquiza as formas de divulgação adotadas. Esse postulado estava fundamentado em uma análise objetiva da situação material e organizativa do movimento operário em geral e da organização comunista especificamente, cuja síntese poderia ser definida como a "precedência da agitação".

EDIÇÕES DO PARTIDO COMUNISTA DO BRASIL (1922-1929)

Autor	Título	Local	Editora	Ano	nº pág.	Preço
Partido Communista (S.B.I.C.)	Estatutos	Rio de Janeiro	Edição da Comissão Central Executiva	1922	14	
Christiano Cordeiro	Doutrina contra Doutrina			1922	32	$400
Lenin, IV	O Cidadão e o Produtor: Entrevista que o Cel. Raymundo Robins, Presidente da Cruz Vermelha Norte-americana, Teve com Lênine, Presidente do Colégio dos Comissários do Povo nos Estados-Unidos Soviéticos. (Pequena Bibliot. de Cultura Proletária, 1)	Recife	(s.c.p.)	1923	8	$100
N. Bukarine	Programma Communista			1923	150	2$000
Bukharine	O Communismo Scientifico e o Anarchismo			1923		$400
Bordiga	O Fascismo – Reprodução in extenso do Discurso de Bordiga no IV Congresso da I.C.			1923		
Otávio Brandão	Rússia Proletária	Rio	Voz Cosmopolita	1924	266	3$000

A Comissão de Educação e Cultura do Partido Communista do Brazil	*Abecedário dos Trabalhadores*	Rio de Janeiro		1924	8	$100
Comissão de Educaçõa e Cultura	*Abre Teus Olhos, Trabalhador!* n. 2	s/l	s/n	1924	8	$100
A Comissão de Educação e Cultura do Partido Communista do Brazil	*O Paiz e o Governo dos Trabalhadores*	s/l	s/n	1924	2	$100
K[arl]. Marx e F[riedrich] Engels	*Manifesto Comunista*, trad. de Octávio Brandão da edição francesa de Laura Lafargue, revista por Engels	P[orto]. Alegre	PCB	1924	40	$500
Partido Comunista do Brasil	*O Processo de um Traidor: O Caso do Ex-comunista A. B. Canellas*	Rio	Tip. Lincoln	1924	86	1$000
Charles Rappoport	*Noções do Comunismo* (Pequena Biblioteca de Cultura Proletária, 2)	Recife	/PCB/	1924	36	$300
–	*O Canto Imortal dos Trabalhadores*	Rio de Janeiro	Grupo editor A Classe Operária	1925	?	$400
P.C.B. (Secção Brazileira da Internacional Communista)	*II Congresso do P.C.B. (Secção Brazileira da Internacional Communista) – Theses e Resoluções*		s/n	1925	22	$600
Comissão de Educação e Cultura	*Abre Teus olhos, Trabalhador!* 2. ed.		Grupo editor A Classe Operária	1925	[8]	$100
Souza Barros	*Situação da Classe Trabalhadora em Pernambuco*			1925	16	$100
Joaquim Barbosa	*A Organização Operária*	Rio	Ed. da célula nº 1-R	1926	31	$200/ 2$000
Otávio Brandão	*Agrarismo e Industrialismo*	B[uenos]. Aires	PCB	1926	87	2$000

Jorge Lansbury	*Na Russia Sovietista*	Rio de Janeiro	União Cooperativa dos trabalhadores do Brasil		1926		
Partido Comunista do Brasil. Comitê Regional do Rio Grande do Sul	*Felix Dzerjinsky: Homenagem*	Porto Alegre		CR PCB	1927	8	$200
Nicolai Ivanovich Bukharin	*A B C do Comunismo*	P[orto]. Alegre		/PCB/	1927	159	2$000
Bloco Operario e Camponez	*Programma e Estatutos*	Rio de Janeiro	Edição do Comité Central		1928	16	$200
Otávio Brandão	*Abre Teus Olhos, Trabalhador!* 3. ed.	Rio		PCB	1929	8	?
Partido Communista do Brasil (Secção Brasileira da Internacional Communista)	*Theses e Resoluções Adoptadas pelo III Congresso do Partido Communista do Brasil*	s/l	s/n		[1929]	24	1$000

Fontes: Edgard Carone, *O Marxismo no Brasil*, Rio de Janeiro, Dois Pontos, 1986; Lincoln Secco, "Leituras Comunistas no Brasil (1919-1943), em Marisa Midori Deaecto & Jean-Yves Mollier (orgs.), *Edição e Revolução*, Cotia, SP; Belo Horizonte, Ateliê; Editora da UFMG, 2013; Documentação Internacional Comunista Arquivo Edgard Leuenroth (Unicamp).

Com muitas dificuldades, o crescimento do PCB não é acompanhado de evolução paralela em termos de edição de livros (outros tipos de impressos são publicados em grande quantidade). Conforme Edgard Carone, "por falta de recursos, por incapacidade de tomar iniciativas mais complexas financeiramente, por passar momentos de incertezas, o partido elabora um número muito pequeno de publicações durante os anos de 1922 a 1930". Ainda segundo o autor: "falta-lhe um elemento essencial, comum a muitos outros partidos comunistas, o de ter uma editora própria. Esta razão é grave, porque obriga-o a publicações esparsas, e mal distribuídas"[74]. Outro fator que deve explicar o

74. Edgard Carone, *O Marxismo no Brasil*, p. 63. É preciso notar, entretanto, que a posse de uma estrutura editorial por parte de um partido, mesmo em um país com amplo mercado editorial como a França, é fenômeno típico do comunismo do século XX. Como observou Marie-Cécile Bouju, "essa situação é

pequeno número de publicações é o recuo do movimento operário nos anos 1920. Como afirmou Heitor Ferreira Lima, "os sindicatos do Rio, como aliás de todo o país, estavam em refluxo, depois das grandes lutas de 1918 e 1919, das deportações dos melhores líderes estrangeiros e principalmente em consequência da profunda cisão entre anarcossindicalistas e comunistas [...]"[75].

Um fator subjetivo pode também ter influenciado a produção livreira comunista. Antonio Bernardo Canellas era o responsável pela "Livraria Comunista"[76]. Como se sabe, Canellas era experimentado editor de brochuras e jornais proletários no período 1917-1919[77]. Mais tarde, quando esteve na França, aprendeu o ofício da linotipia e, segundo Edgard Carone, teria sido um de seus introdutores no Brasil[78]. Quando voltou da Rússia tinha mesmo enorme disposição para se encarregar de um projeto de publicações. Segundo o autor de *O Processo de um Traidor*, "chegado ao Rio, de regresso da Rússia, uma de suas primeiras preocupações consistiu em elaborar um vasto plano para o serviço de edições do PC"[79]. A expulsão deste membro pode ter afetado decididamente a edição comunista. Seja por acúmulo de tarefas por parte da direção comunista, seja pela ausência de um militante tão capaz quanto

excepcional na história política contemporânea francesa: nenhum partido político francês se dotou de meios parecidos por um período tão longo". Marie-Cécile Bouju, *Lire en Communiste*, p. 11. Jean-Yves Mollier apontou igualmente a singularidade do Partido Comunista Francês no cenário político-cultural do hexágono, no que concerne à sua estrutura editorial. Jean-Yves Mollier, "O Partido Comunista Francês e o Livro. Uma história Singular no Espaço Político Nacional", *Mouro*, Núcleo de Estudos d'O Capital, ano 6, n. 9, jan. de 2015.

75. Heitor Ferreira Lima, *Caminhos Percorridos*, p. 36.
76. Lincoln Secco, "Leituras Comunistas no Brasil (1919-1943)", em Marisa Midori Deaecto & Jean-Yves Mollier (orgs.), *Edição e Revolução*, p. 38.
77. Idem, pp. 30-31.
78. Edgard Carone, "Uma Polêmica nos Primórdios do PCB: O Incidente Canellas e Astrojildo (1923)", *Memória & História. Revista do Arquivo Histórico do Movimento Operário Brasileiro*, São Paulo, Livraria Editora de Ciências Humanas, 1981, p. 18.
79. Partido Communista (S.B.I.C.), *O Processo de um Traidor (O Caso do Ex-communista A. B. Canellas)*, Rio de Janeiro, Typographia Lincoln, 1924, p. 33 [Biblioteca Edgard Carone]. Sabe-se que a autoria do livro é de Astrojildo Pereira. O autor cita esse trecho buscando demonstrar a incapacidade de Canellas de trabalhar em grupo, pois uma das condições para sua empreitada editorial é de que ele teria absoluta autonomia nos negócios editoriais. Teria mesmo afirmado: "Serei o ditador da livraria!" É possível que o desejo de autonomia estivesse relacionado ao temor de que ele não pudesse voltar a imprimir na tipografia maçônica, usada anteriormente, após suas desventuras russas. É que já em 1924, logo após ter sido expulso do PCB (dezembro de 1923) Canellas publicava seu livro *Questões Profissionais da Indústria do Livro* pela Escola Profissional José Bonifácio, a gráfica maçônica de Everardo Dias. Edgard Carone, "Uma Polêmica nos Primórdios do PCB: O Incidente Canellas e Astrojildo (1923)", *Memória & História*, p. 36.

experiente no ramo da edição como Canellas, além de diversos outros fatores (perseguição policial, falta de dinheiro etc.). O fato é que Octávio Brandão, responsável pela Comissão de Educação e Cultura, mais tarde Serviço de Agitação e Propaganda, não conseguiu manter o programa de edições do partido. A perda de Canellas pode ter sido fundamental nessa questão prática.

Nota-se, outrossim, maior vitalidade na produção editorial na primeira metade da década. Mas pode-se cogitar que um dos motivos principais para o declínio da edição comunista na segunda metade dos anos 1920 tenha sido o grande esforço que consumiu a direção do PCB para o sucesso do maior empreendimento de agitação e propaganda do partido até então, o vespertino *A Nação*. E também, é claro, o esforço político de constituição do Bloco Operário (logo depois, Bloco Operário e Camponês) e a participação eleitoral, especialmente em 1927 e 1928. Isso poderia explicar o fato de outras atividades, como a edição de livros, terem sido relegadas a posição secundária, mesmo que o partido nunca tenha possuído tantos recursos e uma tipografia completa disponível para suas edições. Mas, como já salientamos, a agitação estava, no quadro mental comunista daquele momento, hierarquicamente acima da educação política.

Na escolha dos títulos, o "catálogo" comunista, por assim dizer, expressa uma tensão entre dois polos: a influência ideológica e a autonomia prática. Por um lado, edições amplamente baseadas no catálogo kominterniano, passando pelos filtros francês, argentino e uruguaio; mas, por outro lado, ressentindo-se com a distância prática dos órgãos da Terceira Internacional, os comunistas brasileiros foram se virando como podiam, escrevendo seus próprios textos, enfeixando em livros alguns dos artigos e folhetins políticos publicados em jornais (*Rússia Proletária*, de Octávio Brandão, *A Situação da Classe Trabalhadora em Pernambuco*, de Manoel de Souza Barros) ou suas próprias análises, muitas vezes ainda ecléticas entre fontes anarquistas e bolchevistas (*Doutrina Contra Doutrina*, de Christiano Cordeiro).

Edições de Outras Fontes

Mas, além dos livros emanados da própria estrutura partidária, houve outras fontes de literatura comunista nos anos 1920. Edgard Carone aponta que, além do que foi publicado pela CCE e pelos Comitês Regionais do PCB, "outras edições só existem pelo esforço financeiro do autor ou porque são organizadas listas de contribuição destinadas à sua publicação"[80].

Ao longo dos anos 1920 alguns livros foram publicados por simpatizantes. Tratavam da Rússia, como, por exemplo, o de Oscar Siegel, *Brasil e Rússia*. Houve, igualmente os romances sociais do jornalista e escritor Pedro Motta Lima. De muitas dessas figuras praticamente não se encontram informações, ou elas são muito esparsas e pontuais. É o caso de Oscar Siegel. Seu livro *Brasil e Rússia*, de 1922, é uma coletânea de artigos publicados no jornal *Folha da Noite*. Sua defesa é a de que o Brasil deveria entrar em relações comerciais com a Rússia, girando basicamente em torno de questões econômicas. Segundo Siegel:

> Há 2 ou 3 anos, o autor destas linhas fez um pequeno *memorandum* sobre as relações comerciais entre o Brasil e a Rússia. Esse *memorandum* sublinhava, pormenorizadamente, que devido às condições específicas do mercado russo, os produtos brasileiros, como o café, cacau, açúcar, borracha, etc., deveriam encontrar ali uma saída colossal e que o Brasil deveria preparar-se e aproveitar o primeiro momento oportuno para entrar em relações diretas com a Rússia[81].

Especialmente a partir da segunda metade da década, provavelmente por reação à política repressiva de Artur Bernardes, essa temática pró-russa teria certa entrada nos meios intelectuais radicalizados. É da *Revista do Brasil*, dirigida por Paulo Prado e Monteiro Lobato, a única informação biográfica que temos de Oscar Siegel. Segundo nota editorial adjunta ao artigo, "A Rússia Sovietista e a Política Internacional":

> O trabalho que se vai ler devemo-lo a distinto cidadão russo, que, conhecendo de perto a política do "Soviet", pôde apresentar-nos um quadro exato do injusto movimento anti-russo a que todos assistimos. Publicamo-lo conforme a redação do autor, apenas alterando aqui e ali frases em que não nos pareceu muito explícito o seu pensamento. Não é um lavor literário, mas apresenta singular interesse[82].

No artigo, o autor defende o regime soviético e denuncia a ação diplomática dos países capitalistas. Outro intelectual que se aproximará muito do

---

80. Edgard Carone, *O Marxismo no Brasil*, p. 63.
81. Oscar Siegel, *Brasil e Rússia*, s/l, s/n, 1922, p. 7 [Biblioteca Edgard Carone].
82. Oscar Siegel, "A Rússia Sovietista e a Política Internacional", *Revista do Brasil*, n. 110, fev. de 1925, Comp. Graphico-editora Monteiro Lobato, São Paulo.

PEDRO MOTTA LIMA

BRUHAHA

(ROMANCE)

EMPREZA GRAPHICA EDITORA — PAULO, PONGETTI & CIA.
AVENIDA MEM DE SÁ, 78 — RIO — 1929

Frontispício de *Bruhaha*, de Pedro Motta Lima, obra publicada pela Pongetti em 1929. Acervo Biblioteca Edgard Carone.

comunismo, especialmente a partir da segunda metade dos anos 1920, será Pedro Motta Lima. Tendo participado da redação do jornal *A Nação* em sua primeira fase, tanto Pedro quanto seu irmão, Paulo Motta Lima, farão parte da intelectualidade de classe média que esposará o apoio tanto ao tenentismo quanto ao comunismo. Pedro Motta Lima fundou *A Esquerda* e, mais tarde, *A Batalha*, jornais com tendência parecida à que teria *A Nação*: aproximação entre o movimento dos tenentes e o PCB[83].

Dedicado a José Augusto de Lima, Roberto Lyra e Reis Perdigão, em 1927 Pedro Motta Lima lança seu romance *O Coronel Louzada*. O autor o escrevera em fins de 1923 e início de 1924. Segundo seu depoimento, "cheguei a esquecê--lo... no fundo de uma gaveta. Não sem relutância, acabo editando-o três anos depois. *Mea culpa, mea culpa...*"[84]. Em estilo realista, o livro é representação do mundo do jornalismo e suas relações com a política, oposicionista e governista, traçando assim o perfil do jornalista de oposição radicalizado pela repressão do regime. Mais importante será seu romance publicado em 1929, *Bruhaha*, o qual possuía vários elementos presentes na discussão do núcleo dirigente comunista em torno da realidade brasileira e de sua transformação. O imperialismo representado pelo empresário estadunidense; o mundo urbano-industrial representado pelo meio sindical e pelo bacharel/político governista/aliado do empresário estadunidense; o mundo rural "semi-feudal" aparecendo como a propriedade da família pernambucana do protagonista e seus "servos"; enfim, o pequeno--burguês, representado pelo jornalista de oposição, protagonista do romance e pela efêmera, porém impactante, aparição dos tenentes revolucionários.

No entanto, foram dois autores-tradutores-editores as figuras mais importantes para a edição comunista nos anos 1920: Everardo Dias e José Alves. Ambos publicaram obras antes do surgimento do PC brasileiro e continuaram a fazê-lo ao se aproximarem dos comunistas. Possuíam relação direta com o partido e suas edições eram militantes, não ligadas a uma editora comercial.

José Alves se aproximou do partido, mas ao que parece não chegou à adesão completa. Foi o primeiro editor de Lenin no país. Todavia, ele prosseguiu a tendência do anarcobolchevismo e não abandonou, ao menos nesses primei-

---

83. Marco Roxo, "A Identidade Profissional à Esquerda: As Relações Entre Jornalismo e Comunismo no Brasil", em Marco Roxo & Igor Sacramento (orgs.), *Intelectuais Partidos: Os Comunistas e as Mídias no Brasil*, Rio de Janeiro, e-papers, 2012, p. 253.
84. Pedro Motta Lima, *O Coronel Louzada*, Rio de Janeiro, Universal, 1927, p. 206 [Biblioteca Edgard Carone].

ros anos, a teoria libertária. Parecia bastante ligado às causas sindicais além dos temas doutrinários. Ainda em 1924 publicava comunistas e anarquistas sem distinções.

Iniciou a Coleção Sociocrata, publicando como número 1, *Quem é Lenine?* O número 2 era a tradução da obra da Biblioteca Documentos del Progreso, *A Luta pelo Pão*. A edição original argentina publicava dois títulos numa mesma edição: *La Lucha por el Pan*, de Lenin e *Trabajo, Orden y Disciplina Salvarán la República Socialista*, de Leon Trotsky. De acordo com o original argentino, o texto de *La lucha por el Pan* se origina de discurso pronunciado por Lenin no verão de 1918 em sessão extraordinária do Comitê Central Pan-Russo dos Soviets de operários, soldados e camponeses[85]. O número 3 deveria ser a Terceira Conferência Internacional de Moscou. Era o próprio editor quem os traduzia[86].

Em 1924, quando lança o livro *O Absurdo Político*, pode-se ver o catálogo do tradutor-editor na contracapa: *Quem é Lenine?* e *A Lucta pelo Pão* (300 réis); *A III Internacional – Seu Posto na História e Suas Conclusões* (esgotado); *A Democracia Burgueza e a Democracia Proletária* (300 réis); *Relatório Administrativo da "Liga Artístico Operária Norte Rio Grandense"* (para propaganda e esgotado). Em preparação estavam: *Anarquia (Sua Definição Etimológica)*; *Princípios Biológicos da Anarquia*; *Movimento Operário Atual no Estado da Paraíba*; *Relatório Administrativo da "Liga Artístico Operária Norte Rio Grandense"* (esgotado). Havia, ainda, mais de uma dezena de letras de hinos operários, os quais eram enviados mediante o recebimento de 500 réis para o registro, devendo o interessado dirigir-se a José Alves, Rua dos Andradas, 53, 1º andar, Rio de Janeiro. Não se olvidavam, por fim, as leituras recomendadas: "*Em Tempo de Eleições*, por Henrique Malatesta; *O Patriotismo*, por Miguel Bakounine; *A Podridão Parlamentar*, Sebastião Faure; *A Dictadura da Burguezia*, por Sebastião Faure"[87].

Já o caso de Everardo Dias se trata de um dos mais importantes para a história editorial do Partido Comunista do Brasil. Dias foi um dos militantes

---

85. Nicolás Lenin, *La Lucha por el Pan*; León Trotsky, *Trabajo, Orden y Disciplina Salvarán la República Socialista*, Buenos Aires, Documentos del Progreso, 1920 [CEDINCI].
86. Nicolau Lenine, *A Lucta pelo Pão (A Lucta pela Existencia)*, trad. José Alves, Rio de Janeiro, s/n, 1920 (Coleção Sociocrata, n. 2) [Biblioteca Edgard Carone].
87. *O Absurdo Político*, trad. e aument. por José Alves, São Paulo, s/n, 1924. José Alves aparece como responsável por traduzir e aumentar a obra, mas não se designa o autor [Biblioteca Edgard Carone].

mais destacados do movimento operário da Primeira República, tendo participado de praticamente todos os principais círculos de militância operária e pensamento radical das primeiras décadas do século XX, como os clubes socialistas, os jornais anticlericais, o ciclo de lutas de 1917 a 1919, o grupo Clarté do Brasil. Finalmente aderiu ao PCB. No entanto, sua atividade como editor foi tão importante quanto a ação prática[88]. Apesar de a maioria dos livros que editou não tratar diretamente da temática bolchevique, eles estiveram sempre presentes na livraria comunista anunciada por meio dos periódicos do partido.

Maçom da Loja Ordem e Progresso em São Paulo, quando Everardo Dias se transfere para o Rio de Janeiro passa a viver em terreno onde funciona a oficina gráfica da Escola Profissional José Bonifácio, à rua Hermengarda 45, no Meier. Ao lançar *Delenda Roma!*, Everardo Dias o distribui por meio da Empresa Editora de Publicações. No catálogo da empresa estão basicamente livros de sua autoria e autores de temática anticlerical. Importante mudança acontecerá em 1922, quando sua empresa de publicações mantém, de maneira geral, o catálogo anterior, mas passa a vender também livros comunistas em espanhol. É muito provável que essas obras sejam aquelas chegadas por intermédio de Abílio de Nequete e do Bureau da Internacional Comunista para a propaganda na América do Sul.

CATÁLOGO EMPRESA EDITORA DE PUBLICAÇÕES

Autor	Título	Preço
Everardo Dias	*Delenda Roma!*	3$000
Everardo Dias	*Semeando*	2$000
Everardo Dias	*Memorias de um Exilado*	1$000
Joaquim Pimenta	*A Questão Social e o Catholicismo*	3$000
Christiano Cordeiro	*Doutrina Contra Doutrina*	$400
N. Lenine	*El Radicalismo*	3$000
L. Trotsky	*Advenimiento del Bolchevismo*	3$000

88. Sobre Everardo Dias: Marcelo Ridenti, "Um Livre Pensador no Movimento Operário: Everardo Dias Contra a República Velha", *Brasilidade Revolucionária. Um Século de Cultura e Política*, São Paulo, Editora Unesp, 2010, pp. 17-56; Marcelo Ridenti, "Everardo Dias", em Luiz Bernardo Pericás & Lincoln Secco (orgs.), *Intérpretes do Brasil. Clássicos, Rebeldes e Renegados*, São Paulo, Boitempo, 2014, pp. 129-138.

K. Radek	*El desarrollo de la Revolucion mundial*	1$500
N. Bukhárine	*Programa Comunista*	3$000
Enrico Ferri	*Dal Microbo all'Uomo*	$200
I. A Bettoldi	*O Livro da Verdade*	$300
Padre J. Meslier	*Erros do Catolicismo*	$500
Fagundes Lima	*O Milagre de Frei Lourenço*	$300
Eugène Pelletan	*A Inquisição*	$200
Dario Velloso	*Derrocada Ultramontana*	$200
N. Rouby	*O Sagrado Coração de Jesus*	$200
Heliodoro Salgado	*A Igreja e o Povo*	$200
M. Perdigão Saavedra	*Memorias do Exilio*	1$000
Paulo P. Lacerda	*Rebeldias*	1$000

Fonte: Everardo Dias, *A Acção da Mulher na Revolução Social*, São Paulo, s/n, 1922 [Biblioteca Edgard Carone].

Após seu segundo longo encarceramento (1924), Everardo Dias restabelecerá sua empresa de publicações. Em 1926, quando é publicado *Bastilhas Modernas*, Dias divulga catálogo de obras anticlericais de sua Empresa Editora de Obras Sociais e Literárias, agora sediada em São Paulo.

CATÁLOGO EMPRESA EDITORA DE OBRAS SOCIAIS E LITERÁRIAS (1926)

Autor	Título	Preço	Obs.
Everardo Dias	*Delenda Roma!*	3$000	
Everardo Dias	*Semeando*	2$000	
Everardo Dias	*Memorias de um Exilado*	1$000	
Everardo Dias	*A Acção da Mulher na Revolução Social*	$200	(esg.)
Everardo Dias	*Jesus-Cristo era Socialista*	$200	(esg.)
Everardo Dias	*O Processo de Jesus (A Proposito das Leis Sceleradas)*	$200	(esg.)
Everardo Dias	*A Propriedade Privada e os Santos Padres*	$200	(esg.)

Paulo P. Lacerda	*Rebeldias*	1$500
M. Perdigão Saavedra	*Ao Fragor das Derrocadas*	1$500
Professor Joaquim Pimenta	*A Questão Social e o Catholicismo*	3$000
Professora Carlota Carvalho	*O Sertão*	6$000

Fonte: Everardo Dias, *Bastilhas Modernas. 1924-1926*, São Paulo, Empresa Editora de Obras Sociais e Literárias, 1926 [Biblioteca Edgard Carone].

Como apontou Edgard Carone, ao se referir especificamente aos livros distribuídos por Astrojildo Pereira, as obras editadas por fora do PCB giram em torno de dois temas principais: o anticatolicismo e o problema da emancipação. Desde fins do século XIX, racionalistas e maçons de tendência liberal fornecem literatura racionalista e anti-religiosa, a qual será enriquecida por uma corrente operária, da qual fazem parte, entre outros, Everardo Dias, Paulo Lacerda e Joaquim Pimenta[89]. Essa literatura adentra o decênio de 1920 e o catálogo comunista. Como se poderá observar ao perscrutar os anúncios de publicações na revista *Movimento Comunista* (1922-1923) e no jornal *A Nação* (1927)[90], a literatura editada ou distribuída por Everardo Dias comporá parte significativa do que o PCB coloca em circulação. Esse fato é importante, pois tal literatura continuará marcando a formação dos militantes na primeira fase de existência do Partido Comunista do Brasil, o que indica que a direção comunista brasileira não sentiu a necessidade de proscrever esses livros da formação de seus militantes. Lincoln Secco afirmou mesmo que esse primeiro comunismo é também um "anarquismo tardio", no sentido de que quase toda a sua liderança inicial vem das fileiras anarquistas e carrega, portanto, essa formação[91].

LIVROS ANUNCIADOS NOS PERIÓDICOS COMUNISTAS (ANOS 1920)

Autor	Título	Preço	nº de págs.	Periódico
Affonso Schmidt	*Evangelho dos Livres*	$200		*Movimento Comunista* (MC)

89. Edgard Carone, "Literatura e Público", *Leituras Marxistas e Outros Estudos*, pp. 118-119.
90. Em *A Nação* os livros são inicialmente anunciados como "Livros de Cultura Proletária" e passarão, mais tarde, a ser divididos em diferentes rubricas: Publicações sobre a Rússia, Anticlericais e Livros Diversos.
91. Lincoln Secco, *A Batalha dos Livros*, p. 52.

Christiano Cordeiro	Doutrina Contra Doutrina	$400	32	MC
Dario Velloso	Derrocada Ultramontana	$200		MC
Enri'o Ferri	Dal Microbo all'Uomo	$200		MC
Everardo Dias	Delenda Roma!	3$000		MC
Everardo Dias	Memorias de um Exilado	1$000		MC
Everardo Dias	A Acção da Mulher na Revolução Social	$200		MC
Francisco F. Lima	O Milagre de Frei Lourenço	$300		MC
Heliodoro Salgado	A Igreja e o Povo	$200		MC
I.C.	Tésis Sobre la Estructura y Organización de los Partidos Comunistas	$300		MC
I.C.	La Internacional Comunista y la Organización Internacional de los Sindicatos	$300		MC
I.C.	Tésis sobre Táctica	$300		MC
Ignacio Bettoldi	O Livro da Verdade	$300		MC
Ivan Subiroff	A Oligarchia Paulista	2$000		MC
Julio Conceição	Reflexões (Verdades para o Povo)	$200		MC
K. Radek	La Internacional Segunda y Media	1$500		MC
K. Radek	El Desarrollo de la Revolucion Mundial	1$500		MC
L. Trotsky	Advenimiento del Bolchevismo	3$000		MC
N. Bukarine	Programma Communista	2$000	150	MC
N. Bukarine	O Communismo Scientifico e o Anarchismo	$200		MC

N. Lénine	El Radicalismo	3$000	MC
Padre Jean Meslier	Erros do Catholicismo	$500	MC
Paulo P. Lacerda	Rebeldias	1$000	MC
Victor Hugo	Christo no Vaticano	$200	MC
-	O Baptismo	$200	MC
Marx e Engels	Manifesto Communista	$500	A Nação
Ch. Rappoport	Noções do Communismo	$300	A Nação
J. Pimenta	A Questão Social e o Catholicismo	3$000	A Nação
Everardo Dias	Delenda Roma!	1$000/ 2$000	A Nação
Everardo Dias	Memorias de um Exilado	1$000	A Nação
C.C.E.	O Processo de um Traidor	1$000	A Nação
–	Canto Immortal dos Trabalhadores	$400	A Nação
–	No Paiz da Expansão da Cultura	$200	A Nação
–	Correspondencia Sudamericana, n. 9-10: Questões de Organização	1$000	A Nação
–	Correspondencia Sudamericana. n. 14: Numero Consagrado à Revolução Russa	$800	A Nação
–	Felix Dzerjinsky	$200	A Nação
Georges Lansbury	Na Russia Sovietista	$200	A Nação
J. Barbosa	A Organização Operaria	$200/ 2$000	A Nação
S.B.	Situação da Classe Trabalhadora em Pernambuco	$100	A Nação
Octavio Brandão	Russia Proletaria	3$000	A Nação
Fritz Mayer	Agrarismo e Industrialismo	2$000	A Nação

Fontes: Vários números de *Movimento Communista* (AEL-Unicamp) e de *A Nação* (Cedem-Unesp).

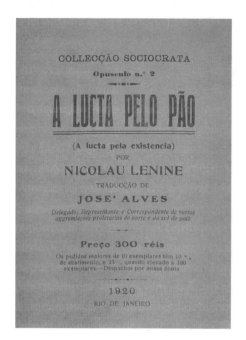 

Capas de: *A Lucta pelo Pão*, traduzido por José Alves. Abaixo, o texto original, *La Lucha por el Pan*, da portenha Biblioteca Documentos del Progreso. Por fim, *A Acção da Mulher na Revoução Social*, e *Delenda Roma!*, de Everardo Dias. A segunda imagem é do acervo do CEDINCI. As demais, da Biblioteca Edgard Carone.

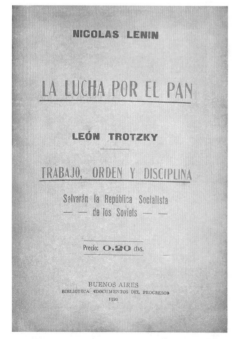 

Como se pode notar, parte da temática cara aos anarquistas brasileiros (especialmente o anticlericalismo) continuou ainda por algum tempo presente na leitura comunista, ainda que o processo geral seja o de acompanhar os centros produtores e distribuidores da literatura comunista para o Brasil (Moscou, Paris, Buenos Aires e Montevidéu), cuja tendência é a "bolchevização das edições".

Mas Everardo Dias desempenhou ainda outro papel fundamental na história da edição comunista: ajudou o partido a encontrar um local para imprimir seus livros e outros materiais. Segundo relatório de Antonio Bernardo Canellas, algo que atrapalhava o serviço de edições do partido era o fato de as gráficas particulares se recusarem, por temor à repressão, a imprimir as publicações comunistas[92].

As dificuldades teriam de ser suplantadas por outras formas. Conforme Edgard Carone, entre anarquistas, socialistas e comunistas, havia casos em que o autor conseguia a impressão da obra por razões de sua vivência, sendo ele mesmo gráfico ou tendo contatos com o dono da impressora, podendo imprimir a baixo custo[93].

É preciso recordar que a categoria dos trabalhadores gráficos foi pioneira em se organizar no Brasil, sendo dela uma das primeiras greves operárias registradas no país. Reunidos na Associação Tipográfica Fluminense, em 8 de janeiro de 1858, a ação grevista chegou a comprometer as tiragens do *Jornal do Comércio*, do *Correio Mercantil* e do *Diário do Rio de Janeiro*[94].

O PCB tinha boa entrada na categoria dos gráficos e militantes comunistas participaram dos movimentos grevistas de São Paulo em 1923 e 1929. A União dos Trabalhadores Gráficos do Rio de Janeiro foi fundada em 13 de junho de 1926 e seus estatutos aprovados em Assembleia Geral no dia 1º de agosto do mesmo ano. O documento foi compilado por João da Costa Pimenta e J. F. de Oliveira. Pimenta, João Dalla Déa e Mario Grazini estavam na diretoria[95]. Um exemplo demonstra bem essas interseções: como os gráficos comunistas trabalhavam nas oficinas do jornal *O País*, eles conseguirão imprimir nesse local *A Classe Operária*, em 1925[96].

---

92. Carta de Canellas "au C.E. de L'Internationale Communiste", Rio de Janeiro, 3 de jun. de 1923. AEL--Unicamp.
93. Edgard Carone, "Literatura e Público", *Leituras Marxistas e Outros Estudos*, p. 120.
94. Alexandre Samis, "O Anarquismo no Brasil", em Vários Autores, *História do Anarquismo*, São Paulo, Faísca/ Imaginário, 2008, p. 176.
95. *Estatutos da União dos Trabalhadores Graphicos do Rio de Janeiro* [Biblioteca Edgard Carone].
96. Octávio Brandão, *Combates e Batalhas*, p. 311.

Mas a primeira solução consistente para a impressão do material comunista foi encontrada por Everardo Dias. Em 1923, uma das principais dificuldades para a publicação do órgão do partido, a revista *Movimento Comunista*, era o fato de o PC não possuir gráfica própria. Segundo Antonio Bernardo Canellas, "nós temos, é verdade, o material de composição, mas não possuímos máquina"[97]. O material citado por Canellas deve ter sido comprado por subscrição realizada pela direção comunista. Em 1922, a CCE do PCB informava, por aviso em *Movimento Comunista*, que todos os aderentes deveriam recolher a soma de um dia de trabalho (3 de agosto) com vistas à "formação de um fundo para a compra de material tipográfico"[98]. Não temos maiores informações sobre o destino desse material, mas, ao que parece, mais tarde o PCB teve que cedê-lo para pagar dívidas[99]. A documentação comunista indica, porém, que não teria sido comprado o maquinário para a impressão. Assim, explica Canellas, receoso, a solução encontrada: "Para imprimir nosso órgão, fomos obrigados a recorrer a um subterfúgio, sobre o qual nós iremos em breve inteirar o *Presidium*, pois ele comporta de alguma forma uma infração parcial a uma certa disposição do 2º Congresso da IC"[100]. Pode-se conjecturar que, marcado por suas desventuras em Moscou, Canellas vacile para dizer que o subterfúgio encontrado teria sido o de efetuar as impressões na gráfica maçônica dirigida por Everardo Dias.

As informações sobre a tipografia maçônica são quase inexistentes e questionáveis, algumas mesmo contraditórias entre si, mas determinadas hipóteses podem ser aventadas[101]. Os únicos dados encontrados constam da obra do historiador maçom Kurt Prober, *História do Supremo Conselho do Grau 33 do Brasil*[102]. Ainda que com variantes na história de sua criação, a origem da tipo-

---

97. Carta de Canellas "au C.E. de L'Internationale Communiste", Rio de Janeiro, 3 de jun. de 1923. AEL-Unicamp.
98. *Movimento Comunista*, ano I, n. 8, Rio de Janeiro, jul. de 1922, p. 232. AEL-Unicamp.
99. Lincoln Secco, "Leituras Comunistas no Brasil (1919-1943)", em Marisa Midori Deaecto & Jean-Yves Mollier (orgs.), *Edição e Revolução*, p. 33.
100. Carta de Canellas "au C.E. de L'Internationale Communiste", Rio de Janeiro, 3 de jun. de 1923. AEL-Unicamp.
101. Sobre o tema desta tipografia, fizemos alguns apontamentos, junto a Thiago Mio Salla, na apresentação da nova edição do livro *Questões Profissionais da Indústria do Livro*, de Antonio Bernardo Canellas, publicada pela editora-laboratório da ECA-USP, ComArte. Os apontamentos dos dois parágrafos que aqui se encontram são resultado desse trabalho em coautoria.
102. Kurt Prober, *História do Supremo Conselho do Grau 33 do Brasil*, vol. I: *1832 a 1927*, s.l., Livraria Kosmos Editora, 1981.

grafia remontaria a 1916, quando a loja maçônica União Escosseza comprara uma tipografia da viúva de João Paulo Hildebrand. Com a entrada do Brasil na Primeira Guerra, o principal incentivador do projeto, Antonio Cinelli, teria ficado impossibilitado de seguir adiante no projeto. Por esse motivo, é provável que a loja maçônica tenha entregue a tipografia à Sociedade de Filantropia Maçônica a um baixo preço. Esta logo entrou também em decadência[103] e foi extinta pelo decreto 719, de 6 de junho de 1922. Seus bens teriam sido incorporados à Escola Profissional José Bonifácio[104].

Tal instituição teria sido fundada em 14 de setembro de 1919. Num primeiro momento, encontrava-se à rua Ana Barbosa, 16, no subúrbio do Meier. Em agosto de 1921 a escola teria se transferido para a Travessa Hermengarda, 45, no mesmo bairro[105]. Em 15 de outubro de 1920, Everardo Dias torna-se-ia gerente do estabelecimento, com um ordenado de 300 mil réis. Dias ocupou esse cargo até ser exonerado em 11 de novembro de 1924, acusado de ter faltado à confiança a ele conferida pela administração do Grande Oriente Brasil (GOB). Prober supõe que Everardo Dias tenha sido prejudicado pelos seus superiores, pois seu sucessor logo recebeu um aumento de ordenado, chegando este a 500 mil réis, o que sempre fora recusado a Dias. Em 15 de setembro de 1927, a oficina foi fechada pelo Ato 870[106]. Ao longo de sua existência, a tipografia deve ter impresso a maior parte dos boletins das lojas maçônicas do Rio de Janeiro, além de trabalhos diversos por intermédio de seu gerente, Everardo Dias. Entres estes últimos, estariam materiais do PCB referentes aos anos de 1922 e 1923, como a revista *Movimento Comunista* e, provavelmente, o livro de Octávio Brandão, *Rússia Proletária*. Alguns eventos devem ter marcado a perda dessa oportunidade: Em 1923, a oficina é invadida nas perseguições de junho aos comunistas; além disso, após a revolta de julho de 1924, Everardo Dias é preso. De qualquer forma, como dito acima, o maçom comunista é retirado da tipografia no fim do mesmo ano.

Mais tarde, em 1927, o PCB terá à disposição a oficina gráfica de Leônidas de Rezende, onde publicará alguns poucos livros. Além dessa, outras soluções foram encontradas. O jornal *Mês Operário*, do Comitê Regional do Recife, que circulou esparsamente entre 1924 e 1925, era mimeografado. Com a mesma

103. *Idem*, p. 280.
104. *Idem*, p. 299.
105. *Idem*, p. 280.
106. *Idem*, p. 323.

técnica de impressão circulou, de janeiro a abril de 1928, *O Jovem Proletário*[107]. Em Vitória, no ano de 1926, tentou-se imprimir um manifesto comemorativo do 7 de novembro, mas nenhuma tipografia se dispôs a fazê-lo, nem mesmo a casa tipográfica que havia impresso o manifesto de 1º de Maio daquele ano. Assim, em reunião do Comitê Regional, decidiu-se guardar o dinheiro angariado para a impressão do manifesto e utilizá-lo para encabeçar uma subscrição para compra de mimeógrafo ou aparelho semelhante[108]. Em 1928, anunciava-se n'*A Classe Operária* o Instituto de Artes Gráficas, o qual realizava, para sindicatos e outras associações operárias, todo tipo de trabalho gráfico a bons preços[109].

Imprensa e Agitação

As edições comunistas foram, portanto, fruto de um enorme esforço de um pequeno grupo de militantes conjugado à ideia de que a formação da base deveria vir em primeiro lugar. A transformação da imprensa comunista ao longo dos anos 1920 aponta no mesmo sentido. Assim como a história do partido, nessa década a imprensa partidária comunista se divide em dois períodos: da fundação a 1925 e de 1925 a 1929. Octávio Brandão esteve envolvido com tais atividades desde a sua entrada no PCB.

Os doze militantes que fundaram o Grupo Comunista do Rio de Janeiro possuíam como fim propagar e difundir o programa da Internacional Comunista no Brasil. Um dos serviços que devia cumprir sua Comissão Executiva, de acordo com o décimo artigo da ata de fundação do grupo, era o serviço de imprensa[110]. Em janeiro de 1922, saía a revista *Movimento Comunista* – "mensário de doutrina e informação internacional". Segundo relatório de 1923, "criada para o fim imediato de servir a essa obra de renovação ideológica, imprimiu-se-lhe uma feição doutrinária e documental, que mais convinha aos fins visados. Com a constituição do PC, em março de 1922, passou o *Movimento Comunista* a ser editada como órgão do partido"[111].

---

107. Nelson Werneck Sodré, *História da Imprensa no Brasil*, 4. ed., Rio de Janeiro, Mauad, 1999, p. 323.
108. "Partido Communista do Brazil (S.B.I.C.). Carta de Informação no. 2", Rio de Janeiro, 30 de nov. de 1926, assinada por "Secção de Informação do C.C. do PCB". AEL-Unicamp.
109. *A Classe Operária*, n. 4, segunda fase, Rio de Janeiro, 10 de maio de 1928, p. 2. Cedem-Unesp.
110. "Grupo Communista". AEL-Unicamp.
111. Astrojildo Pereira, "Relatório Geral Sobre as Condições Econômicas, Políticas e Sociaes do Brasil e Sobre a Situação do P.C. Brasileiro" dirigido ao Comitê Executivo da I.C., Rio de Janeiro, 1º de out. de 1923. AEL-Unicamp.

A revista teve um total de 24 números, sendo 21 edições (pois houve três edições duplas) com tiragem média de, aproximadamente, 1800 exemplares[112], perfazendo um total de 36 mil exemplares produzidos. Eram 1200 vendas avulsas a $300 o exemplar. As assinaturas saíam a 5$000 por seis meses e 10$000 por doze meses. Os tradutores dos artigos teóricos eram Octávio Brandão e Astrojildo Pereira[113].

No contexto em que a comunicação do movimento operário no Brasil foi quase sempre restrita à publicação de jornais (semanais, algumas vezes diários) é de se perguntar a razão para que a primeira publicação do Grupo Comunista do Rio de Janeiro, logo órgão do Partido Comunista do Brasil, tenha sido uma revista mensal e não um jornal de debates. Por um lado, é claro, o fato se explica por saberem os militantes comunistas que a sua distinção principal do restante do movimento operário era doutrinária. Além disso, era de conhecimento dos comunistas que o marxismo era praticamente desconhecido no movimento operário e que a Revolução Russa sofria as maiores calúnias na imprensa burguesa. Era preciso, portanto, divulgar a doutrina e os fatos vindos da Rússia.

Mas é também bastante provável que *Movimento Comunista* tenha se espelhado nas publicações recebidas do exterior pelos comunistas: secundariamente nos *Documentos del Progreso*, vindos da Argentina e, principalmente, na revista *L'Internationale Communiste*, órgão do Komintern chegado ao Brasil em sua edição em francês (além de algumas outras publicações)[114]. A forma, a temática e mesmo os artigos publicados replicavam essas revistas estrangeiras. Autores como Jacques Sadoul e Arthur Ransome, além dos nomes mais conhecidos de Lenin, Zinoviev, Bukhárin e Trotsky, foram prontamente traduzidos para *Movimento Comunista*. É possível que os brasileiros acreditassem que essa era a forma bolchevista de publicação política e, assim, tenham buscado seguir os passos dos kominternianos.

Podemos observar esses aspectos na distribuição de autores da revista. Nota-se a baixa presença de autores americanos e asiáticos, sendo a revista

---

112. Outro relatório fala em 1500 exemplares de média, mas o número de 1800 deve ser mais correto, pois se sabe que foi 36 mil o total publicado em 21 edições, sendo, portanto, uma média pouco menor que 1800. Carta de Octávio Brandão ao Camarada Bela Kun, Seção de Agitação e Propaganda da I.C. datada de 18 de nov. de 1924. AEL-Unicamp.
113. Carta de Octávio Brandão ao Camarada Bela Kun, Seção de Agitação e Propaganda da I.C. datada de 18 de nov. de 1924. AEL-Unicamp.
114. O Anexo 1 apresenta os periódicos compulsados nas citações de *Rússia Proletária*, de Octávio Brandão.

preenchida principalmente com brasileiros e soviéticos; em menor medida, provenientes da Europa ocidental. De acordo com Camila Djurovic, em detido levantamento de autores publicados em *Movimento Comunista*, em 1922, 36% dos artigos da revista eram de autores brasileiros, subindo para 41% em 1923. Eram eles: Américo Pacífico, Antonio Bernardo Canellas, Astrojildo Pereira, Carlos Passos, Christiano Cordeiro, Everardo Dias, João Andrade, Octávio Brandão, Rodolfo Coutinho, Luiz Peres, Manoel Esteves, Souza Barros, entre outros. Os campeões de publicações eram Astrojildo e Canellas, estando presentes em praticamente todos os 24 números. Os soviéticos representavam grande número, mas inferior ao de brasileiros. Autores soviéticos assinavam 26% dos artigos de *Movimento Comunista*, em 1922, e 25%, em 1923. Eram: Andreiev, Losovsky, Zinoviev, Trotsky, Bukhárin, entre outros[115].

Mas se os autores brasileiros conformavam maioria, isso não significa que estivessem a discutir prioritariamente o movimento operário de seu país. Pelo contrário, observa-se grande número de textos sobre a Rússia soviética. Segundo Marly Vianna, analisando quinze números da revista, 104 artigos tratavam de assuntos do movimento comunista internacional, conformando 85,25% do total e 18 (14,24%) tratavam de questões brasileiras. "E deve-se levar em conta que alguns artigos que tratavam do Brasil estavam referidos principalmente à Internacional"[116]. Era necessário apontar aos militantes brasileiros as boas novas que vinham do Leste.

Alguns aspectos materiais da publicação reforçam esse argumento, como, por exemplo, a paginação da revista, que seguia o mesmo modelo do órgão da Internacional Comunista: contínua, número a número, concluindo o ano de 1922 com 390 páginas e um índice ao final[117]. Outro fato é ainda mais marcante. Na edição de 10 de abril de 1923, *Movimento Comunista* anunciava que o número seguinte seria todo dedicado ao 1º de Maio. A alegoria da capa seria desenhada pelo camarada Miguel Capplonch[118]. Quando, no mês seguinte, sai o número duplo 21-22, o conhecedor dos órgãos kominternianos poder-se-ia

---

115. Camila Alvarez Djurovic, Relatório de Iniciação Científica do Projeto "A Revista *Movimento Comunista* e a Formação do Partido Comunista Brasileiro", 2013. Mimeo. Agradeço a Camila Djurovic por ceder cópia deste seu relatório.
116. Marly de Almeida Gomes Vianna, "A Imprensa do PCB: 1920-1940", em Rodolfo Fiorucci & Alexandre Andrade Costa, *Políticas e Projetos na Era das Ideologias. A Imprensa no Brasil Republicano (1920--1940)*, Jundiaí, Paco Editorial, 2014, p. 15.
117. Astrojildo Pereira, *Ensaios Históricos e Políticos*, p. 82.
118. *Movimento Communista*, ano II, n. 20, S. Paulo, 10 de abr. de 1923. AEL-Unicamp.

surpreender: tratava-se de capa idêntica à de *L'Internationale Communiste*[119]. Tais fatores demonstram em que grau os comunistas brasileiros se inspiravam nos órgãos da III Internacional para a elaboração de seus produtos culturais e de formação ideológica.

Mas os brasileiros discutem com a direção do Komintern o caráter de suas publicações, o que pode ter influenciado a produção intelectual de Octávio Brandão, Astrojildo Pereira e seus companheiros. Em carta de 1º de julho de 1923, em nome do Secretariado da Internacional Comunista, Otto W. Kuusinen advertirá para o erro de se publicar uma revista teórica como órgão do PC brasileiro na situação em que se encontrava[120]. As determinações de Kuusinen são duras e diretas:

> Nós lemos com interesse essa revista, mas devemos fazer, sobre forma e conteúdo igualmente, algumas observações críticas. Nutrimos especialmente sérias dúvidas de que na ausência de um diário comunista comum – ou um semanário, uma tal revista, que aparece a cada 14 dias, em pequeno formato, pode cumprir a função de órgão central de um partido operário revolucionário. Nós vos lembramos das teses do III Congresso Mundial sobre "la structure, les méthodes et l'action des partis communistes". O sexto parágrafo dessa tese trata pormenorizadamente da imprensa partidária.

Após apontar as falhas de *Movimento Comunista*, Kuusinen explica a quem deve servir a imprensa partidária e propõe a modificação do órgão central do PCB:

> O Partido Comunista é o partido dos operários revolucionários da fábrica e da indústria, o partido dos trabalhadores rurais e camponeses pobres que vivem em condições miseráveis e de opressão. O jornal de um tal partido deve tratar em primeiro lugar dos interesses cotidianos dessas camadas proletarizadas. O operário deve encontrar nesse órgão o

---

119. *Movimento Communista*, ano II, n. 21-22, S. Paulo, 1º de maio de 1923. AEL-Unicamp.
120. Carta do Secretariado da I.C. datada de 1º de jul., Moscou. AEL-Unicamp. Curiosamente, há na documentação da Internacional Comunista uma versão em francês e uma em alemão da carta. Apenas a versão francesa traz a assinatura "O.W.K" de Otto Wilgelmovich Kuusinen. A versão alemã deve ser a original, sendo a tradução para o francês presumivelmente obra do responsável pelos partidos da América Latina, pois Kuusinen era finlandês e provavelmente escrevia melhor em língua alemã, pela maior proximidade cultural dos países. Os apontamentos de Kuusinen devem ser de extrema importância, pois este militante, mesmo antes de se tornar membro de uma das mais altas instâncias kominternianas (foi secretário-geral do CEIC entre 17 de março e 6 de dezembro de 1922) foi o responsável pela publicação do órgão da IC, *L'Internationale Communiste*. Lazar Jeifets & Víctor Jeifets, *América Latina en la Internacional Comunista, 1919-1943. Diccionário Biográfico*, Santiago, Ariadna Ediciones, 2015, p. 335.

Edição de 1º de Maio de 1923 (AEL-Unicamp) da revista do PC brasileiro, *Movimento Comunista*, reproduzindo a capa do órgão teórico da III Internacional em sua edição francesa, *L'Internationale Communiste* (Cedem-Unesp) número de 25 de junho de 1923.

que ele, consciente ou inconscientemente, busca, ou seja, esclarecimento, apoio e liderança em sua luta diária contra o capitalista e o grande proprietário que o explora. Um partido que debate sobre a teoria do marxismo e depois abandona os operários e camponeses em sua penúria diária é um ordinário clube de discussão que nada tem em comum com um partido comunista. Por isso nós vos recomendamos fortemente que no lugar dessa revista que aparece duas vezes por mês vocês publiquem um simples jornal operário que apareça, se possível, duas vezes por semana. A linguagem desse jornal deve ser compreensível a qualquer trabalhador. Vocês devem também dispor às questões sindicais um espaço muito maior do que até agora têm feito[121].

Pode-se notar, entretanto, uma pequena diferença entre a versão alemã e a francesa da carta justamente no trecho traduzido, apontando um processo de "tradução" das diretivas organizativas do núcleo dirigente kominterniano por parte dos encarregados pelas seções estrangeiras da Internacional. A versão francesa tenta ser mais explicativa e, talvez, mais condescendente com os comunistas brasileiros. A versão alemã diz simplesmente:

Eine Partei welche über die Theorie des Marxismus debattiert und darob den Arbeiter und Bauern in seiner täglichen Not allein lässt ist ein gewönlicher Diskussionsklub der mit einer kommunistischen Partei nichts gemein hat. Wir empfehlen euch deshalb dringend an Stelle dieser zwei mal monatlich erscheinenden Zeitschrift eine wenn möglich zweimal wöchentlich erscheinende einfache Arbeiterzeitung herauszugeben.

Enquanto isso, a versão francesa da carta inclui entre essas duas frases um outro trecho que afirma não desencorajar a publicação de material teórico, mas mantendo as críticas quanto ao caráter que uma publicação comunista deveria assumir (grifamos a parte que se encontra apenas na carta francesa):

Un parti qui discute sur le marxisme et abandonne les ouvriers et les paysans dans leur misère, n'est qu'un club ordinaire de discussion et non pas un parti communiste. *Naturellement, nous n'avons pas l'intention de vous déconseiller la publication d'artivles [sic] théoriques en général. La formation théorique des éléments avancés est une condition essentielle pour la conduite consciente du Parti. Mais votre princinpale tâche est à présent de réunir les ouvriers et les paysans opprimés sous la bannière de la lutte de classe révolutionnaire. A cet effet, vous devez vous faire une base de propagande aussi large que possible. Dans cet but, nous vous*

---

121. Carta do Secretariado da I.C. datada de 1º de jul., Moscou. AEL-Unicamp (para ambas as citações). Na primeira citação, o trecho em francês é do original. Utilizamos a versão alemã da carta para a tradução das citações por acreditarmos ser a redação original.

conseillons de transformer votre organe central actuel, d'en faire, au lieu d'une revue périodique, un jornal ouvrier plus populaire[122].

Portanto, os comunistas brasileiros deveriam se preocupar mais com a agitação. Em tom pouco amistoso, a carta foi replicada por Octávio Brandão (o que demonstra que não era apenas A. B. Canellas quem ousava contestar recomendações russas), em agosto de 1923:

> Nós temos a dizer, no entanto, que era preciso, em primeiro lugar, criar um bloco, um *foyer* de bons comunistas, conhecedores mais ou menos da teoria marxista, que era mal conhecida até então no Brasil. Tal foi a obra de nossa revista: criar dirigentes, militantes. Como ir às massas, sem ter criado os militantes? Eles existiam no Brasil, mas anarquistas. Os primeiros proletários aderentes ao PCB foram devidos ao *Movimento Comunista*[123].

O núcleo dirigente comunista passou assim a explicar e legitimar, diante do Komintern, a sua publicação *Movimento Comunista*: era preciso, de início, criar militantes marxistas e defensores da Revolução Russa e, só depois, olhar para fora. Mas os brasileiros se dobrariam diante de Moscou. Após observar que o estado de sítio apenas lhes permitia publicar notas em jornais comerciais, Brandão garantia que o desejo kominterniano seria realizado assim que possível: "Ir às massas! Este será o trabalho de 1924. Estudar o marxismo e a Revolução Russa! Este foi o trabalho de 1921 e 1922. Suportar a reação, viver, fazer reuniões apesar da perseguição! Este o trabalho de 1923"[124].

De qualquer modo, em junho de 1923 a tipografia que imprimia *Movimento Comunista* era invadida e a revista não circularia mais[125]. No mesmo ano, também já havia sido colocada à disposição do PCB, por intermédio de Sarandy Raposo, a seção operária do jornal *O País*[126].

---

122. Carta do Secretariado da I.C. datada de 1º de jul., Moscou. AEL-Unicamp. A primeira em alemão, a segunda em francês. Na citação em alemão, transformamos as marcas do impresso datiloscrito, que não possuem o *Umlaut* ("ae", "oe", "ue") na escrita mais corrente ("ä", "ö", "ü"). Kuusinen deve ter aprovado a nova redação, já que sua assinatura consta da versão francesa da carta. Mantivemos, nessas citações, o original para que se possa compará-las devidamente.
123. Carta do Secretário para o Exterior (interino), Octávio Brandão ao Camarada Kuusinen, 27 de jun./ago. de 1923. AEL-Unicamp.
124. *Ibidem*.
125. Lincoln Secco, "Leituras Comunistas no Brasil (1919-1943)", em Marisa Midori Deaecto & Jean-Yves Mollier (orgs.), *Edição e Revolução*, p. 33.
126. Octávio Brandão, *Combates e Batalhas*, pp. 253-254.

Logo no início da vida partidária, o PC brasileiro desenvolvia uma linha política paradoxal no campo sindical, pois precisava, por um lado, marcar a sua diferença em relação ao anarcossindicalismo, completando a cisão ideológica com este movimento; e, por outro, necessitava buscar formas de viabilizar sua atuação nas organizações de classe e de agir segundo a palavra de ordem kominterniana da "unidade operária e sindical". Portanto, impunham-se duas práticas opostas: a cisão e a frente única. Isso acaba levando o PCB a se aproximar da Confederação Sindicalista Cooperativista do Brasil (CSCB), a qual possuía vínculo com o Ministério da Agricultura (responsável pelos assuntos trabalhistas)[127]. A CSCB era dirigida por Custódio Alfredo de Sarandy Raposo, que trabalhara no início dos anos 1910, durante a gestão do ministro Pedro de Toledo, no Escritório de Informações sobre Sindicatos e Cooperativas do Ministério da Agricultura[128].

Desde 1913 alguns jornais burgueses possuíam uma seção ou coluna operária[129]. Jornais como *A Pátria*, *Correio da Manhã* e *Diário Carioca* possuíam

[127]. Marcos Del Roio, "A Gênese do Partido Comunista (1919-1929)", em Jorge Ferreira & Daniel Aarão Reis (orgs.), *A Formação das Tradições (1889-1945)*, pp. 232-233.

[128]. Claudio H. M. Batalha (org), *Dicionário do Movimento Operário. Rio de Janeiro do Século XIX aos Anos 1920. Militantes e Organizações*, São Paulo, Editora Fundação Perseu Abramo, 2009, p. 134. Foi trabalhando nesse escritório que Sarandy Raposo escreveu o livro *Teoria e Prática da Cooperação* como relatório de gabinete, o qual teria, segundo a introdução do autor dirigida ao ministro, "conforme o vosso desejo [do ministro], o fim de orientar a propaganda oficial do cooperativismo em nosso país". C. A. de Sarandy Raposo, *Theoria e Pratica da Cooperação (Da Cooperação em Geral e Especialmente no Brasil)*, Rio de Janeiro, Imprensa Nacional, 1912, p. VII. Sarandy Raposo defendia doutrina cooperativista inspirada em Fourier, mas "embora se considere discípulo de Gide e Fourier, Sarandy se propõe a criar, para o Brasil, uma teoria 'nova', isto é, adaptada às nossas condições culturais e de meio". Maria do Rosário da Cunha Peixoto, *O Trem da História. A Aliança PCB/CSCB/O Paiz. Rio de Janeiro, 1923/1924*, s/l, Editora Marco Zero, [1994], p. 24.
Sua doutrina era baseada na ideia de se criar cooperativas de consumo, posteriormente de crédito e, por fim, de produção. Marx é citado negativamente, pois, segundo Raposo, "Lassale, Karl Marx, Robert Owen e seus discípulos dificultaram o aparecimento da célebre *Rochdale Equitable Pioneer's Society Limited*, fazendo a cooperação servir na Inglaterra a ideais socialistas", assim como na Itália, na Bélgica, na Alemanha e na França, diversos agentes, por diferentes ideologias e motivações, teriam retardado o surgimento do cooperativismo. C. A. de Sarandy Raposo, *op. cit.*, pp. VIII e 3-16, respectivamente.
Em outubro de 1920, Raposo fundaria a Federação Sindicalista Cooperativista Brasileira, a qual se tornaria em março de 1921, Confederação Sindicalista Cooperativista Brasileira. Foi fundada em reunião da Associação Geral de Auxílios Mútuos da EFCB, por 820 delegados representando 74 associações profissionais e cooperativas. Cláudio H. M. Batalha, *op. cit*, pp. 134 e 218.

[129]. Astrojildo Pereira, "Relatório Geral Sobre as Condições Econômicas, Políticas e Sociaes do Brasil e Sobre a Situação do P.C. Brasileiro" dirigido ao Comitê Executivo da I.C., Rio de Janeiro, 1º de out. de 1923. AEL-Unicamp.

essas seções, as quais ficavam sempre a cargo de um líder trabalhista. Assim, o responsável pela seção operária de *A Pátria* era o anarquista José Oiticica, o de *O Brasil* era o reformista Paulo Rosal. Quando *O País* reabriu sua seção operária (que já existira nos anos 1910), "No Meio Operário", já em fins de fevereiro de 1923, convidou Sarandy Raposo para dirigi-la[130]. Os comunistas publicaram em seções operárias dos mais variados jornais burgueses, mas foi em *O País* que possuíram espaço fixo de propaganda. Em 27 de fevereiro de 1923, o jornal conclama as associações operárias de todas as colorações a contribuir em suas colunas:

Aqui acolheremos todas as teses, todos os programas dos indivíduos e das associações que desejarem elucidar, com superioridade moral e mental, as doutrinas que perfilharem e as fórmulas executoras que preconizarem.

Não nos tolherão as dificuldades de qualquer seleção filosófica: sociais-democratas, sindicalista-revolucionários, burgueses e sindicalistas cooperativistas, encontrarão acolhimento igual, desde que se não percam em mesquinhas discussões pessoais[131].

130. Edgard Carone, *Classes Sociais e Movimento Operário*, São Paulo, Editora Ática, 1989, p. 122. *O País* foi diário de grande circulação lançado em 1º de outubro de 1884, no Rio de Janeiro, por João José Reis Júnior, conde de São Salvador de Matozinhos. Seu primeiro redator-chefe foi Rui Barbosa, logo substituído por Quintino Bocaiúva. Da tiragem inicial de onze mil exemplares, em 1884, Bocaiúva alavancou o diário para tiragens de dezesseis mil em meados de 1885, 22 mil no início de 1886 e 26 mil em 1889. Nos primeiros anos da República chegou a tirar sessenta mil exemplares de alguns números especiais. Com o surgimento da República, *O País* se tornou uma das maiores influências na vida política do país e uma das folhas mais vendidas. A saída de Quintino Bocaiúva em 1901, ao se tornar presidente do estado do Rio de Janeiro, abriu caminho para João de Souza Laje. Uma série de polêmicas e acusações levou o jornal a ser alcunhado um "balcão de negócios", caracterizado pela constante troca de favores com os diversos governos, buscando a obtenção de vantagens.
Os momentos difíceis do jornal começaram com a presidência de Artur Bernardes. O jornal, como de costume, apoiava o presidente em todos os seus atos, inclusive na instauração do estado de sítio e perseguição à imprensa oposicionista, o que levou a folha a perder em grande parte sua credibilidade. *O País* sentiu os efeitos indiretos do estado de sítio. É que sua existência se baseava na contraposição aos jornais de oposição. Sem o seu antagonista principal, o *Correio da Manhã*, e os demais jornais de oposicionistas, a existência do diário governista era posta em xeque. Por fim, submerso na estrutura de poder da Primeira República, questionada pelo movimento político de 1930, *O País* teve sua circulação suspensa entre 24 de outubro de 1930 e 22 de novembro de 1933. Ressurgindo ainda em 1933, sob nova direção, não sobreviveu senão mais um ano, sendo suspenso definitivamente em 18 de novembro de 1934. Bruno Brasil, "O Paiz". Artigo disponível em: http://bndigital.bn.br/artigos/o-paiz/. Último acesso em 9.1.2017.
131. *O Paiz*, "Programmas Trabalhistas e as Grandes Associações de Classe", 27 de fev. de 1923, Ano XXXIX, n. 14009, p. 7. Seção "No Meio Operário". O texto é assinado por Cláudio Severo. Todos os exemplares do jornal *O País* citados são constantes do acervo da Hemeroteca Digital da Biblioteca Nacional, disponível em: <http://memoria.bn.br/DocReader/DocReader.aspx?bib=178691_05&PagFis=15072>. Último acesso em 9.1.2017.

É justamente dessa miscelânea ideológica que virá certo incômodo com tais seções operárias por parte dos comunistas. No entanto, optando por ocupar todos os espaços possíveis e, principalmente, cientes da precariedade de sua própria imprensa, em especial no momento das perseguições em que o partido mergulhava na clandestinidade, decidem aproveitar a oportunidade. Assim, afirma o secretário-geral do partido no relatório de outubro de 1923:

> É de notar que tais seções operárias em alguns jornais são dirigidas por militantes anarquistas e todas elas são abertas a colaboração operária em geral, acolhendo em suas colunas, com igual indiferença, a verbiagem anarquista a mais vermelha e o tímido comentário do trabalhador mais inconsciente, religioso, patriota e "ordeiro". Resulta daí uma verdadeira salada, uma inacreditável sementeira de confusionismos, cuja nefasta influência bem fácil é de calcular. Por vezes, no entanto, nós comunistas nos vimos forçados a servir--nos dessas "seções operárias" para fazer ouvida nossa voz.
>
> É por exemplo o caso presente, quando não possuímos publicação própria e quando o estado de sítio nos amordaça. Fazemo-lo, todavia, debaixo de certa medida e nas condições que nos parecem mais favoráveis[132].

Segundo Edgard Carone, o período coberto pela propaganda comunista em *O País* vai de março de 1923 a agosto de 1924[133]. A propaganda veiculada seguirá os mesmos parâmetros da publicação *Movimento Comunista*: transcrições de textos relacionados à Rússia revolucionária e ao movimento comunista internacional. Assim, ler-se-á, em um diário de ampla circulação da Primeira República, textos de Lenin, Trotsky, Boris Souvarine, Andrés Nin entre outros.

No entanto, por ser seção de tribuna aberta, os comunistas acabaram por se envolver em alguns debates. É o caso da polêmica que se desenrola entre João Garroeira, pseudônimo de Octávio Brandão neste jornal, e O.A.L., de Pelotas. O anônimo O.A.L., por meio de tradicional argumentação antissocialista, busca demonstrar a inviabilidade econômica e falta de lógica nas proposições comunistas. Garroeira, por sua vez, desenvolve sua argumentação por vezes apelando a discussões econômicas, mas, principalmente, argumentando com base no tema das lutas de classes e de aspectos propagandísticos da doutrina comunista. Tratava-se muito mais da propagação de um marxismo dou-

---

132. Astrojildo Pereira, "Relatório Geral Sobre as Condições Econômicas, Políticas e Sociaes do Brasil e Sobre a Situação do P.C. Brasileiro" dirigido ao Comitê Executivo da I.C., Rio de Janeiro, 1º de out. de 1923.
133. Edgard Carone, *Classes Sociais e Movimento Operário*, p. 123.

trinário do que de uma discussão puramente intelectual. O debate toma vários meses da folha, em artigos publicados esparsamente, entre outubro de 1923 e junho de 1924 sob a rubrica "colaboração e controvérsia"[134].

No entanto, a aliança com a CSCB (e, por conseguinte, a contribuição nas páginas de *O País*) chegaria ao fim após o levante de 5 de julho de 1924[135]. A própria CSCB provavelmente deixa de existir no mesmo ano[136] e a seção "No Meio Operário" da folha governista foi igualmente encerrada.

As duas empreitadas de divulgação ideológica comunista, a revista *Movimento Comunista* e a contribuição em *O País*, encerram, destarte, uma fase da história da divulgação ideológica do partido, cuja característica é a insistência na divulgação das ideias e fatos emanados da Rússia soviética, com caráter documental e doutrinário. Acossado na perseguição de março-agosto de 1923 e, mais uma vez, após o levante militar de 5 de julho de 1924, o PCB preparar-se-á para a grande empreitada que será o lançamento do hebdomadário *A Classe Operária*, cumprindo finalmente a tarefa de publicação de um jornal que falasse sobre os interesses imediatos da classe trabalhadora. Atuava, portanto, e mais uma vez, sob o signo da precedência da agitação.

Octávio Brandão narra em suas memórias o processo de constituição do primeiro jornal do PCB. Em fevereiro de 1925, na sede de um centro cultural israelita, aconteceu a Conferência dos Delegados de Células e Núcleos do Rio de Janeiro e Niterói em conjunto com a CCE do partido, espécie de atividade pré-congressual para o II Congresso do PCB, que se realizaria em maio. Octávio Brandão, contando com a ajuda do operário gráfico José Alfredo dos Santos, trabalhador das oficinas de *O País*, apresentou à Conferência um relatório especial com vistas à fundação do jornal.

A lei de imprensa da época obrigava o registro da redação do periódico. Assim, os advogados Roberto Lyra e Carlos Sussekind de Mendonça, próximos ao partido e que desempenhariam papel importante a partir de então, foram recebidos em audiência pelo Ministro da Justiça, Afonso Pena Júnior. O ministro exigiu que a folha tratasse unicamente de questões operárias (isto é, corporativas) e os encarregou de fazer a censura ao jornal. Como os advogados

---

134. *O Paiz*, esp. números 14.250, 14.266, 14.269, 14.273, 14.285, 14.286, 14.290, 14.291, 14.292 e 14.482 entre 26 de out. de 1923 e 14 de jun. de 1924. Hemeroteca Digital da Fundação Biblioteca Nacional.
135. Marcos Del Roio, "A Gênese do Partido Comunista (1919-1929)", em Jorge Ferreira & Daniel Aarão Reis (orgs.), *A Formação das Tradições (1889-1945)*, p. 233.
136. Cláudio H. M. Batalha, *Dicionário do Movimento Operário*, p. 218.

nunca fizeram tal coisa, o semanário foi lançado sem censura prévia oficial e policial.

A redação legal ficava à Rua Marechal Floriano, 172, 1º andar, junto à sede da Light. Mas era apenas fachada, sendo todo o trabalho realizado em outros locais. O diretor oficial do jornal era A. A. Brasil de Mattos, alfaiate cearense e militante sindical. Alcides Adett (A.A.) havia cedido apenas o nome, pois, como era conhecido unicamente pelos dois primeiros nomes, dificilmente a polícia conseguiria identificá-lo. A direção seria de Octávio Brandão e a redação de Astrojildo Pereira.

O jornal *A Classe Operária* teve seu primeiro número em 1º de maio de 1925. Saía aos sábados, com quatro páginas[137]. A tiragem do primeiro número foi de cinco mil exemplares, logo esgotados, o que fez com que fosse aumentada nos números posteriores[138]. O preço era de cem réis o exemplar avulso, 2$000 a assinatura trimestral, 4$000 a semestral e 8$000 a anual. Quando alguns militantes quiseram vender o jornal a duzentos réis, a redação se contrapôs veementemente, pois "o preço de 200 réis dificulta a penetração". O déficit devia ser coberto pelas subscrições[139]. O jornal, em doze números, teve tiragem total de 98.613 exemplares, média de mais de oito mil exemplares por número, e um custo de 14:580$900[140]. Arredondando os números, o custo era de cerca de $140 o exemplar. O intuito da direção do jornal era chegar a publicar vinte mil exemplares[141].

Ainda segundo o relato de Octávio Brandão, à tarde de 30 de abril, véspera do lançamento do número de estreia, a folha estava a ser composta numa gráfica da Rua Frei Caneca, quando a máquina de impressão parou de funcionar. Brandão teria corrido à procura de outra gráfica que imprimisse o jornal, con-

---

137. *A Classe Operária*, n. 6, Rio de Janeiro, 6 de jun. de 1925. Hemeroteca Digital da Fundação Biblioteca Nacional. Não resistiram muitos números de *A Classe Operária* à sanha repressora. Da primeira fase, ano de 1925, pode-se encontrar os números 5, 6, 7, 9 e 10, disponíveis *online* na Hemeroteca Digital da Fundação Biblioteca Nacional. Da segunda fase, a partir de 1928, o acervo do Cedem-Unesp possui os números 1, 2, 3 e 4 (1928), 63 e 65 (1929). A Hemeroteca Digital disponibiliza ainda o número 18, de 1928.
138. Astrojildo Pereira, *Ensaios Históricos e Políticos*, p. 97.
139. *A Classe Operária*, n. 10, Rio de Janeiro, 4 de jul. de 1925. Hemeroteca Digital da Fundação Biblioteca Nacional.
140. Lincoln Secco, "Leituras Comunistas no Brasil (1919-1943)" em Marisa Midori Deaecto & Jean-Yves Mollier, *Edição e Revolução*, p. 36. Brandão aludiu a valor bastante próximo de 14 contos e 588 mi-réis. Octávio Brandão, *Combates e Batalhas*, p. 314.
141. "Administração – XIII – A Propaganda", *A Classe Operária*, n. 6, Rio de Janeiro, 6 de jun. de 1925, p. 4. Hemeroteca Digital da Fundação Biblioteca Nacional.

seguindo uma à Rua Luís de Camões. Em seguida, operários do jornal *O País*, onde o PCB havia publicado sua propaganda até o ano anterior, solicitaram à direção a permissão de compor e imprimir *A Classe Operária* nas oficinas do jornal, o que foi consentido. Dessa forma, o aspecto técnico do jornal melhorou muito a partir do número 2[142].

O jornal, em sua primeira fase (que perfaz os doze números publicados em 1925) tinha feição bastante simples. O título possuía uma figura da foice e martelo entre as palavras "classe" e "operária", trazendo logo abaixo a frase: "Jornal de trabalhadores, feito por trabalhadores, para trabalhadores". Como aconselhado por O. W. Kuusinen, a primeira página tratava sempre de uma demanda imediata da classe. O número 6 tinha o editorial à esquerda; no centro, a matéria "A Classe Operária Visita os Pescadores do Nordeste". A primeira página falava ainda dos trabalhadores da fábrica Cantareira, dos estaleiros, dos operários marítimos e do "Martírio das Crianças Proletárias"[143]. A estrutura do jornal seguia com as rubricas "Dos Nossos Correspondentes" na segunda página, "Atividade Proletária nos Sindicatos" na terceira e a "Correspondência Internacional" na quarta e última página. Os anúncios eram poucos: as Pílulas Virtuosas e a Alfaiataria e Tinturaria Fortaleza[144].

A seção "Dos Nossos Correspondentes" era importante, pois permitia o contato direto do leitor ou leitora com o jornal. O objetivo era que os correspondentes, direto do chão de fábrica, fizessem denúncias e formulassem suas reivindicações por meio da coluna. Segundo nota da redação:

> Não basta que se ocupem das questões fundamentais, imediatas, da massa trabalhadora, como sejam os salários, as horas de trabalho, as multas, as suspensões, as moléstias, as humilhações, a juventude e as mulheres operárias. É imprescindível que os correspondentes, interpretando o sentir da massa, formulem as reivindicações econômicas, políticas, econômico-políticas, higiênicas, morais e intelectuais de cada local de trabalho, afim de, posteriormente, resumirmos todas essas reivindicações num programa único de combate[145].

---

142. Octávio Brandão, *Combates e Batalhas*, p. 309.
143. *A Classe Operária*, n. 6, Rio de Janeiro, 6 de jun. de 1925. Hemeroteca Digital da Fundação Biblioteca Nacional.
144. Curioso é que no balancete, publicado número a número, não aparece qualquer receita relativa a anúncios. Pode-se conjecturar que o anúncio ocorresse em troca de algum favor, como a venda do jornal nesses pontos, ou apenas por passar listas de subscrição.
145. *A Classe Operária*, n. 6, Rio de Janeiro, 6 de jun. de 1925. Hemeroteca Digital da Fundação Biblioteca Nacional.

Era Laura Brandão quem passava a limpo as cartas dos correspondentes, além de outras tarefas que realizava no jornal[146]. Além da poeta, Octávio Brandão se recorda de vários dos colaboradores do semanário: os tecelões Júlio Kengen e Hermenegildo Figueira; o tecelão e, mais tarde, metalúrgico João Borges Mendes; os gráficos Dalla Déa e José Alfredo dos Santos; o gráfico, mais tarde ferroviário e estudante em Moscou, Carlos Silva (Lúnin); Abelardo Nogueira; o garçom José Lago Morales; o trabalhador em padaria José Maria Carvalho; o estudante Hersch Schechter[147].

Mas, ao fim, se o jornal fora posto em circulação sem censura prévia, isso não significava que tivesse liberdade de opinião, o que se mostrou fatal ao criticar o representante de órgão da Sociedade das Nações, o Bureau International du Travail (BIT). Em julho de 1925, Albert Thomas vem ao Brasil representando este órgão e, como reação, anarquistas e comunistas fazem campanha de denúncia. Após ataques a Thomas no número doze de *A Classe Operária*, o governo decide fechar o jornal[148]. Quando Octávio Brandão estava na tipografia de *O País* paginando o número treze do semanário, a polícia invadiu o local e deu ordem de proibição do mesmo. O partido fez ainda tentativas para que o periódico reaparecesse clandestinamente, mas foram em vão: nenhuma tipografia quis publicá-lo ilegalmente[149].

Não desistindo de voltar um dia a publicar seu órgão, a administração do jornal nunca deixou de existir formalmente e, até o reaparecimento em 1º de maio de 1928, os comunistas publicaram alguns materiais sob a assinatura de *A Classe Operária*. O principal deles foi a *Carta aos Amigos, Assinantes e Leitores de* A Classe Operária, com oito páginas, em formato de revista[150], vendida ao preço de cem réis[151]. Nela, explica-se o motivo do fechamento do jornal, a tentativa de voltar a publicá-lo em Juiz de Fora, divulgam-se os abaixo-assinados que reivindicavam o seu reaparecimento e, por fim, apresenta o balanço financeiro de julho a setembro de 1925.

---

146. Octávio Brandão, *Combates de Batalhas*, p. 303.
147. *Ibidem*.
148. Edgard Carone, *Classes Sociais e Movimento Operário*, pp. 132-135.
149. Octávio Brandão, *Combates e Batalhas*, p. 314.
150. "O Serviço de Agitprop em 1925", sem data [provavelmente 1925], assinada pelo "Encarregado do Serviço de Organização". AEL-Unicamp.
151. *Carta aos Amigos, Assinantes e Leitores de* A Classe Operária, assinada pela redação e administração da *A Classe Operária*, Rio, out. de 1925. AEL-Unicamp

Mas, até 1928, o partido não conseguiria voltar a publicar seu órgão, o que, mais uma vez, não significou que o PCB ficasse sem qualquer publicação. Em 1926, a conjuntura política, um golpe de sorte e a prática de aliança com a classe média urbana foram fatores para o surgimento de importante novidade que levaria à publicação do primeiro diário do partido, *A Nação*.

O estado de sítio decretado após o movimento de 5 de julho de 1922 durou até dezembro de 1926, com apenas uma interrupção de seis meses em 1924[152]. Portanto, durante quase todo o governo de Artur Bernardes. Em 1926, quando se avizinhava o fim de sua gestão, o núcleo dirigente comunista se preparava para o fim do sítio, prevendo os meses de legalidade que se seguiriam. Os comunistas antecipavam que a imprensa de oposição, amordaçada por quatro anos, romperia com grau extremo de violência e que os primeiros meses de 1927 seriam de completa liberdade. O partido pretendia, dessa forma, embarcar na onda oposicionista e, para tanto, traçou tarefas a realizar em 1927 com a palavra de ordem: "ampla agitação de massas!"[153]

Foi quando surgiu a novidade. Em carta de 2 de setembro de 1926, dirigida a Victorio Codovilla, Astrojildo Pereira informa um fato importante ocorrido havia pouco:

> Temos agora aqui um fato de grande importância. Um jornalista burguês da oposição, que esteve preso e foragido durante estes quatro últimos anos, desde a revolta de 1922, declara-se comunista e disposto a trabalhar de comum acordo com o Partido. É homem moço (40 anos no máximo), culto, especialista em assuntos financeiros e chegou ao comunismo – diz ele – através de estudos sistemáticos da questão social, que fez durante os ócios forçados destes 4 anos[154].

Segundo Astrojildo, o jornalista Leônidas de Rezende possuiria cinco linotipos e uma grande e moderna rotativa. Ele pretendia montar um diário da tarde intitulado *A Nação*, o qual já fora publicado antes da revolta[155]. O

---

152. Informe Presentado al Secretariado Sud-Americano de la I.C. por el Delegado del Partido Comunista Brasilero, Buenos Aires, 5 de jul. de 1928. AEL-Unicamp.
153. *Ibidem*.
154. Carta de Astrojildo Pereira a "Codo" [Victorio Codovilla], Rio, 2.9.26. Manuscrito. AEL-Unicamp.
155. *A Nação* havia sido dirigido anteriormente, em 1922, por Rezende em parceria com Maurício de Lacerda, conforme Everardo Dias, *História das Lutas Sociais no Brasil*, São Paulo, Edaglit, 1962, p. 152. Nelson Werneck Sodré cita esse trecho da obra de Everardo Dias em sua *História da Imprensa no Brasil*. No entanto, copia erroneamente o trecho, apontando o ano em que *A Nação* foi publicada sob a direção de Rezende e Lacerda como 1912 e não 1922. Erra também o ano de aparição da segunda

diretor do jornal havia procurado a direção comunista e proposto organizar a redação com elementos fornecidos pelo PC. O diário não apareceria como jornal comunista oficialmente, mas, mesmo que continuando como propriedade de Rezende[156] e obedecendo a direção de seu proprietário, seria um jornal substancialmente comunista, politicamente controlado pelo partido. Além de tudo, as oficinas ficariam à disposição do PCB, que poderia imprimir nelas o seu órgão oficial como semanário ou diário da manhã. Por mais de um ano sem ver um órgão do partido sair da rotativa, a proposta era tentadora e Astrojildo estava disposto a aceitá-la:

> Estamos em negociações. Mas em princípio aceitamos as propostas feitas. Sem ilusões que nos possam prejudicar, entendemos que este fato contribuirá em grandíssima parte para resolver o nosso problema da imprensa. Temos, assim, a possibilidade de publicar 2 diários: *A Classe Operária*, órgão oficial do PCB, pela manhã, e *A Nação*, pela tarde, controlado pelo PC. E teremos ainda as máquinas para o resto! Converse sobre isto com Nin e Ercoli e escreva-me a respeito. Brevemente enviaremos ao Comintern uma comunicação oficial sobre o que tivermos decidido[157].

A Nação foi importante empreendimento de comunicação entre a primeira e a segunda fases de *A Classe Operária*. O diário vespertino teve seu primeiro número a 3 de janeiro de 1927 e o último a 11 de agosto do mesmo ano. O jornal reaparecia, segundo as memórias de Octávio Brandão, com três redatores: Astrojildo Pereira, Paulo de Lacerda e o próprio Brandão[158]. A administração do jornal (ao menos publicamente) era constituída por outros nomes. É provável que os redatores comunistas não fossem os únicos responsáveis pelo diário, mas compartilhassem as tarefas com outros, não comunistas, ligados a Leônidas de Rezende.

---

fase de *A Nação*, apontando que teria surgido em 3 de janeiro de 1926 e não de 1927. Nelson Werneck Sodré, *História da Imprensa no Brasil*, 4. ed., Rio de Janeiro, Mauad, 1999, p. 322.

156. Quanto à propriedade do jornal, é preciso notar que, em artigo de *A Nação*, anuncia-se que teria sido doado por Leônidas de Rezende ao partido, num imenso capital avaliado em 700 contos de réis. Mas a informação deve ser enganosa. É bastante provável que a divulgação dessa informação objetivasse unicamente convencer os detratores (e os leitores em geral) de que *A Nação* era órgão do PCB, como prova de força.

157. Carta de Astrojildo Pereira a "Codo" [Victorio Codovilla], Rio, 2.9.26. Manuscrito. AEL-Unicamp. Contra as expectativas, *A Classe Operária* não voltou a circular senão em 1º de maio de 1928, quando *A Nação* já havia desaparecido havia vários meses.

158. Octávio Brandão, *Combates e Batalhas*, p. 331.

Entre 3 de janeiro e 14 de fevereiro, o diretor foi Leônidas de Rezende, o secretário, Adalberto Coelho e o gerente, Januário Pigliasco. Seguindo sempre o mesmo diretor, em 15 de fevereiro o gerente é trocado, aparecendo então Rodolfo Coutinho, membro da CCE desde a fundação do partido e seu representante em Moscou, em 1924. Ficou menos de um mês, pois a 8 de março o nome que aparece como gerente é João F. de Oliveira, o qual permanece até o fim da publicação. Haveria ainda outra modificação. Em 6 de abril, o secretário é substituído por Paulo Motta Lima. Portanto, até o fim da publicação do jornal, ficou assim constituído seu expediente: Leônidas de Rezende (diretor), Paulo Motta Lima (secretário), João F. de Oliveira (gerente).

Paulo Motta Lima trabalhara no jornal oposicionista *O Imparcial*. Seu irmão, Pedro Motta Lima, autor do único romance comunista da década de 1920, *Bruhaha*[159], passaria a editar *A Esquerda*, órgão tenentista[160]. Junto a Maurício de Lacerda e Leônidas de Rezende, Pedro Motta Lima já havia composto a redação de *A Nação*, em sua primeira fase. Compartilhara a redação com Reis Perdigão e Amarílio de Matos, que, após fugirem da perseguição resultante do fracasso do 5 julho de 1924, compuseram as fileiras tenentistas. Segundo artigo de *A Nação*, "Reis Perdigão, que era o secretário deste jornal, transportava-se para S. Paulo e ia servir ao estado-maior do general Isidoro, tendo nessa qualidade, redigido os primeiros números do *Libertador*"[161].

Nota-se que os jornais de oposição noticiavam o reaparecimento de *A Nação*: "Noticiaram nosso reaparecimento – e somos muito reconhecidos a essa cativante amabilidade – os seguintes colegas: *O Globo, A Manhã, O Brasil, Jornal do Brasil, A Pátria, O Jornal, Gazeta de Notícias*"[162]. No mesmo dia, noticiava o jornal que haviam visitado sua redação os políticos de oposição Irineu Machado e Azevedo Lima.

Dessa forma, com a aliança forjada por *A Nação* e toda uma nova estratégia, aquele pequeno partido da revista *Movimento Comunista*, do punhado de antigos militantes sindicais, dos cursos nas organizações operárias, era jogado nos braços da imprensa oposicionista da classe média urbana carioca, e seria

---

159. Luís Bueno, *Uma História do Romance de 30*, São Paulo; Campinas, Edusp; Editora da Unicamp, 2006, p. 104.
160. Nelson Werneck Sodré, *História da Imprensa no Brasil*, 4. ed., Rio de Janeiro, Mauad, 1999, p. 323.
161. "A Nação na Clevelândia ou o Império da Morte", *A Nação*, ano II, 4 de jan. de 1927, n. 271, p. 1. Cedem-Unesp.
162. *A Nação*, ano II, 4 de jan. de 1927, n. 271, p. 2.

nesse meio que seu diário se desenvolveria. Essa característica da folha comunista viveria, bem entendido, em constante tensão com a sua outra função, a de organizador e agitador da classe trabalhadora.

Como órgão do Partido Comunista, as páginas de *A Nação* serviram à divulgação do Bloco Operário e propaganda de seu candidato, Azevedo Lima, o que concorreu para a primeira vitória eleitoral comunista no Brasil. Publicou simultaneamente a propaganda tenentista da Coluna Prestes. Ao lado dessa temática, apareciam trechos de Lenin e notícias do movimento comunista internacional.

Apesar de trazer iconografia comunista, *A Nação* era meio termo entre um cotidiano ordinário e um órgão político. Junto às notícias comunistas e tenentistas, apareciam rubricas que pouco harmonizavam com a temática política e social. A segunda página trazia, à esquerda, a coluna "Hoje", que publicava temas diversos relacionados à vida cultural da cidade do Rio de Janeiro: filmes e peças em cartaz, bailes e outros festejos. Trazia, igualmente, os nascimentos e os noivados. Noticiava os leilões, os horários dos trens e o câmbio. Além disso, publicava o "Prato do Jantar", como propaganda indireta de restaurantes e interessante seção "O Livro do Dia", que acabava por fazer também a divulgação de livrarias. Havia a rubrica "Vai Quebrar!...", que anunciava as festas do dia e "Vida Íntima", falando mais detidamente dos noivados, casamentos e viajantes ilustres que passavam pela cidade. Na última página costumavam constar notícias sensacionalistas de crimes e acidentes: brigas de bar, acidentes de bonde, tentativas de suicídios.

Após o fim do diário, essa miscelânea daria ensejo a debates e críticas entre os comunistas. Como lembrou Astrojildo Pereira, em relatório ao Secretariado Sul-Americano da IC, em 1928, o jornal "sem dúvida, aparecia cheio de defeitos, erros, deficiências inevitáveis. Politicamente, mercê de causas diversas, complexas, invencíveis, o diário era caótico, desordenado, confuso". Apesar dos defeitos, teria realizado a tarefa que haviam traçado: "levar a palavra comunista, forte e intensamente, ao seio das massas"[163].

O jornal *A Nação* vivia, no entanto, em constante crise financeira. Dia após dia, a redação lembrava o leitor da necessidade de sustentar o jornal do partido. Em decorrência das dificuldades, o diário diminuiu o tamanho e con-

---

163. Informe Presentado al Secretariado Sud-Americano de la I.C. por el Delegado del Partido Comunista Brasilero", Buenos Aires, 5 de jul. de 1928. AEL-Unicamp.

seguiu se manter por alguns meses. O primeiro número da nova fase (nº 270) foi lançado com oito páginas. No seguinte (271), o vespertino passou a ser publicado com seis páginas. Já na primeira ou segunda semana de fevereiro, o partido percebeu que mesmo reduzindo o número de páginas, a situação era insustentável. No dia 14 de fevereiro o jornal começa a aparecer com quatro páginas. A mudança coincide com a alteração do gerente: de Januário Pigliasco para Rodolfo Coutinho.

Ainda assim, a situação não se ajeitou. Rodolfo Coutinho ficou apenas três semanas no cargo, logo assumido por João F. de Oliveira. Segundo as memórias de Octávio Brandão, Coutinho foi tesoureiro de *A Nação*. Teria proposto o fechamento do jornal, por conta das dificuldades financeiras. Tendo sido vencido na discussão, demitiu-se e deixou o posto[164].

Junto aos problemas financeiros vieram os de ordem policial. O assalto a uma agência comercial em Londres, que realizava operações com a União Soviética, gerou aclamação reacionária no Brasil, pois no local foi encontrado um "livro branco" que trazia endereços da América do Sul. No escândalo, envolveu-se o nome de Laura Brandão, pois era um endereço seu que se encontrava no livro[165]. Falava-se em "espiões russos" no Brasil. Havia, desse modo, pretexto para perseguição:

> O assalto a "Arcos" em Londres, no mês de maio, com a revelação dos endereços da América do Sul, produziu uma enorme sensação e foi pretexto para desencadear a reação. Foi, primeiro, a campanha da imprensa burguesa, cheia de ódio, torva, sensacionalista contra o Partido Comunista. Em seguida, surgiu no Parlamento o projeto de lei infame contra os comunistas[166].

Durante cerca de dois meses *A Nação* sustentou intensa batalha, por meio de seu advogado Castro Rebello, até a aprovação final da lei, em 11 de agosto. Nessas condições, o partido resolveu fazer um recuo. A direção comunista decidia pela supressão de *A Nação*, antes que a polícia invadisse a redação e causasse prejuízos maiores, como era o costume.

---

164. Octávio Brandão, *Combates e Batalhas*, p. 338.
165. Na documentação kominterniana relativa ao PCB é possível verificar profícua correspondência que chegava em nome de Laura da Fonseca e Silva, destinada mesmo à sua residência à Rua do Curvelo.
166. Informe Presentado al Secretariado Sud-Americano de la I.C. por el Delegado del Partido Comunista Brasilero, Buenos Aires, 5 de jul. de 1928. Cedem-Unesp.

Mirando, no entanto, os bastidores da política do PCB, pode-se concluir que a perseguição política prevista não era o único motivo para a supressão do jornal. Os déficits se tornaram insuportáveis e o fim se avizinhava. O momento permitiu uma saída de cena mais digna. Assim o relatou o secretário-geral do partido, em prestação de contas ao Secretariado Sul-Americano:

> Ademais, no caso de *A Nação*, razões de ordem econômica pesavam decididamente em sua supressão. A verdade é que o Partido havia realizado esforços econômicos desesperados para manter o diário, que nos deixaram em dívida para toda a vida. Cobrimos esta situação econômica insolvável com a declaração de natureza puramente política firmada pelo C. Central[167].

Chegava ao fim o primeiro diário comunista. Em seguida, em 1º de maio de 1928, voltou a aparecer *A Classe Operária* com continuidade intermitente até 1945, apesar de sua redação ter sido invadida e depredada em meados de 1929[168]. Novamente possuindo o partido um semanário, a nova fase do jornal expressava uma síntese entre a sua primeira aparição, em 1925, e a experiência de *A Nação*, melhorando sua qualidade técnica. A tarefa política principal do momento foi a eleição dos intendentes municipais, Minervino de Oliveira e Octávio Brandão.

Além dessas quatro experiências principais da publicação partidária (*Movimento Comunista*, seção operária de *O País*, *A Classe Operária* e *A Nação*) o PC brasileiro utilizou uma diversidade de outros órgãos de divulgação. Em certos momentos, foram essas publicações mesmo a única forma de propaganda ideológica. Referimo-nos, especialmente, aos órgãos sindicais. O PCB controlou ao longo dos anos 1920 alguns jornais de sindicatos, além de ter feito publicações esparsas em vários outros. Os principais foram: no Rio de Janeiro, *Voz Cosmopolita*, jornal do Centro Cosmopolita (sindicato dos trabalhadores de hotéis e restaurantes); *O Alfaiate*, sob a direção de Heitor Ferreira Lima; *O Panificador*, em São Paulo; *O Internacional* (órgão do sindicato correlato ao Centro Cosmopolita, em São Paulo); em Santos, *O Solidário*.

Além disso, houve algumas poucas tentativas de se lançar jornais do comitê regional. A experiência conhecida é de *Mês Operário*, jornal mimeografado do comitê regional do Recife, publicado esparsamente entre 1924 e 1925. Outro

---

167. *Ibidem*.
168. Astrojildo Pereira, *Ensaios Históricos e Políticos*, p. 98.

jornal mimeografado foi *O Jovem Proletário*, órgão da Juventude Comunista (JC). Teve poucos números e, segundo relatório de Astrojildo Pereira, deixou de existir ao ganhar uma grande seção na segunda fase de *A Classe Operária*[169]. O PCB não tinha fôlego para sustentar essa diversidade de jornais e precisava que todo esforço fosse feito em torno do órgão central do partido.

Houve ainda algumas publicações esporádicas, mas sob a forma de jornais, como o *7 de Novembro*, comemorando esta data em 1925. As celebrações do 1º de Maio, do 7 de novembro, da Comuna de Paris e aniversário do falecimento de Lenin eram sempre pretexto para publicações esporádicas, mas também distribuição de periódicos em estoque.

Quanto a revistas culturais, houve notícia apenas de *O Maracajá*, do Recife, que continha artigos, em geral traduzidos, tratando de questões literárias do socialismo. Apareceram só três números, publicados mensalmente, entre junho e agosto de 1926. Publicava trechos do livro, recém-editado, *Agrarismo e Industrialismo*, de Octávio Brandão, resenhas literárias, traduções de escritores estrangeiros. Mas, principalmente, polemizava com o político Joaquim Pimenta. Ao fim do terceiro número, apontava-se que ela deixaria de existir, dando lugar a uma nova publicação, *Renovação*, mas não há notícias sobre seu aparecimento de fato[170]. Em São Paulo, Mário Pedrosa publicou uma pequena revista marxista, intitulada *Revista Proletária*. Lançada em 1926, teve apenas um número[171].

Como apontou Marcos Del Roio, apesar do sectarismo no campo sindical, o PCB mostrava tolerância em relação a amigos e simpatizantes do comunismo e, dessa forma, "esse comportamento permitia que fossem mantidas boas relações com órgãos de imprensa da oposição, como *A Manhã* e *A Esquerda* – este dirigido por Pedro Motta Lima, irmão de Paulo – que abriram espaço para a palavra dos comunistas"[172]. Dessa forma, no avançar da década de 1920, com a aproximação da imprensa oposicionista, especialmente após a

---

169. Informe Presentado al Secretariado Sud-Americano de la I.C. por el Delegado del Partido Comunista Brasilero, Buenos Aires, 5 de jul. de 1928. Cedem-Unesp.
170. Michel Zaidan Filho; Gisele Naslavsky & Maria Cristina Fernandes Costa, "Um Ensaio de Política Cultural Comunista: *O Maracajá* (1926)", em Michel Zaidan Filho, *Comunistas em Céu Aberto. 1922--1929*, Belo Horizonte, Oficina de Livros, 1989, pp. 123-129.
171. Carta de Astrojildo Pereira ao reitor da ELI [Escola Leninista Internacional], Rio de Janeiro, 7 de nov. de 1927. AEL-Unicamp.
172. Marcos Del Roio, *A Classe Operária na Revolução Burguesa. A Política de Alianças do PCB: 1928-1935*, Belo Horizonte, Oficina de Livros, 1990, p. 38.

aparição de *A Nação*, e com a tática de aliança com a oposição de classe média, o PCB passa a publicar em órgãos como *A Esquerda*. Na segunda fase de *A Classe Operária*, o partido divulga outros órgãos, como *Muralha* – órgão da Liga Anti-imperialista e *Cultura*[173].

Portanto, pode-se perceber que a tendência geral das publicações periódicas comunistas seguiu caminho semelhante ao das publicações editoriais. A evolução que é própria dos periódicos é a aproximação, no avançar da década de 1920, da imprensa oposicionista, fruto tanto da necessidade material, quanto da formulação estratégica adotada pelo PCB. Mas a tarefa central percebida pela direção do partido era a de agitação para as massas, o que configurou fator determinante, em forma e conteúdo, das publicações comunistas dessa década.

---

173. *A Classe Operária*, segunda fase, n. 65, 20 de jul. de 1929. Cedem-Unesp.

Capítulo 2
Lede e Fazei Ler:
A Formação Militante

Contre une définition purement sémantique du texte, il faut tenir que les formes produisent du sens, et qu'un texte stable dans sa lettre est investi d'une signification et d'un statut inédits lorsque changent les dispositifs de l'objet typographique qui le propose à la lecture.
Roger Chartier, *"Le Monde Comme Représentation"*.

Como assinala Lincoln Secco, "a II Internacional era uma associação de partidos independentes, apesar da ascendência teórica da Social-Democracia Alemã. Já a III Internacional foi movimento pedagógico, missionário, doutrinário, centralizador, unificador e 'editorial'"[1]. Serge Wolikow afirma que, ao menos no início, a política editorial do Komintern é tributária de herança inscrita na tradição das Luzes, a qual associa o saber com a tradição do movimento operário. No entanto, o surgimento do comunismo, a partir de 1917, comporta uma novidade essencial: há uma associação entre o livro e uma concepção de combate político que coloca em seu centro a ação organizada do partido e de seus militantes. O livro é simultaneamente uma arma política e um instrumento de educação popular. Ainda segundo o autor, "a ligação entre os dois aspectos desabrocha no projeto de revolução cultural que dá ênfase à dimensão pedagógica da leitura, reduzindo ao mesmo tempo a diversidade possível dos usos do livro"[2].

O processo de recepção da literatura comunista no Brasil tem, é certo, suas especificidades. Ao analisar a circulação e a recepção das ideias, Horacio Tarcus aponta que o momento da recepção "é um processo ativo pelo qual

---

[1]. Lincoln Secco, "Leituras Comunistas no Brasil (1919-1943)", em Marisa Midori Deaecto & Jean-Yves Mollier (orgs), *Edição e Revolução*, p. 30.
[2]. Serge Wolikow, "História do Livro e da Edição no Mundo Comunista Europeu", em Marisa Midori Deaecto & Jean-Yves Mollier (orgs.), *Edição e Revolução*, p. 314.

determinados grupos sociais se sentem interpelados por uma teoria produzida em outro campo de produção, tentando adaptá-la ao ("recepcioná-la" no) seu próprio campo"[3]. A análise do fenômeno deve, portanto, realizar-se com a atenção voltada aos sujeitos da recepção, seus contextos e atitudes nesse processo. Apropriar-se da literatura comunista não tem igual resultado se a leitura for realizada sob o peso de culturas milenares, como a confucionista ou a incaica, sob a tradição da social-democracia da II Internacional, ou sob a formação do naturalismo anarquista. Também não oferece resultados idênticos se a leitura é silenciosamente realizada no gabinete acadêmico dentro de um sistema universitário cerrado como o alemão ou se é leitura coletiva, nas sedes de sindicatos operários, sob a pressão do iminente assalto policial, num grupo de "leitores" semi ou completamente analfabetos. Ao mesmo tempo, no entanto, a difusão do marxismo ao redor do globo se baseou em um *corpus*, uma mesma fonte, ou, mais precisamente, num conjunto mais ou menos limitado delas. Da teoria à doutrina, o ideal comunista formou, portanto, um conjunto e, simultaneamente, múltiplos conjuntos de ideias.

Tais premissas nos direcionam à investigação em torno da formação militante: as formas e usos do livro comunista no Brasil, a constituição do público leitor e o discurso sobre a divulgação ideológica que se cristalizou, no jargão comunista, no termo *agitprop*. São esses temas que veremos no presente capítulo.

Manuais, Coleções e "Bibliotecas"

A opção pela edição de brochuras de introdução didática ao marxismo decorre, por um lado, da tendência demonstrada pelo PCB em direcionar sua propaganda ideológica preferencialmente para as massas, acentuada, sobretudo, a partir do II Congresso, de 1925. Mas, por outro lado, é reprodução de uma cultura korminterniana. Alguns títulos fizeram a formação política de membros de Partidos Comunistas ao redor do globo. São livros que prezam pelo didatismo na forma e no conteúdo. Segundo Marie-Cécile Bouju, um quarto dos ensaios publicados pela Librairie de l'Humanité eram direcionados à formação da militância. Em primeiro lugar, o *Précis du Communisme*, de Charles Rappoport, que teve uma primeira edição em 1921 e depois uma reedição por ano até 1924. Logo depois, em 1923, aparece o *ABC du Communisme*,

---

3. Horacio Tarcus, *Marx en la Argentina*, p. 31.

de Bukhárin e, em 1924, *Léninisme Théorique et Pratique* de Stálin. São livros pensados como "manuais"[4]. Não é à toa que, afora o título de Stálin, o núcleo dirigente do PCB tenha optado pela publicação desses livros. Ainda que fuja ao período aqui estudado, é esclarecedora a nota à segunda edição brasileira do *ABC do Comunismo*, assinalando que

> [...] entre os livros de vulgarização da doutrina comunista, esta obra de N. Bukharin se destaca pela clareza de uma exposição tão profunda quanto completa. A sua redação eminentemente popular torna-a acessível precisamente aos que se iniciam nos estudos sociológicos[5].

A Comissão de Educação e Cultura do partido surgiu em abril de 1923[6] e, mais tarde, provavelmente após o II Congresso do PCB (1925), tornou-se Serviço de Agitação e Propaganda. Como responsável da Comissão, uma das tarefas principais que perpassou a obra de Octávio Brandão nos anos 1920 foi a publicação de textos para a formação política da base do partido. O *Abecedário dos Trabalhadores*, datado de 7 de dezembro de 1923, mas certamente publicado em 1924, fará parte de uma série de três folhetos assinados pela Comissão de Educação e Cultura do Partido Comunista do Brasil, completada por *Abre Teus Olhos, Trabalhador!* e *O País e o Governo dos Trabalhadores*, todos de 1924 e escritos por Octávio Brandão. Os folhetos dessa série iniciam pelo chamado "És pobre? És um trabalhador?", convocando o leitor ou leitora que ainda não conhece ou não aderiu ao comunismo. Os três folhetos são uma introdução de notável simplicidade à luta das classes exploradas. Nesses pequenos escritos encontram-se as formulações que o núcleo dirigente comunista buscava imprimir à doutrina marxista a ser aprendida pelas bases do partido.

O *Abecedário dos Trabalhadores* busca, em primeiro lugar, explicar que o mundo se divide entre ricos e pobres e, em seguida, ensina os passos que deve

---

4. Marie-Cécile Bouju, *Lire en Communiste*, p. 24.
5. N. Bukharin, *ABC do Comunismo*, 2. ed. bras. revista e anotada por Aristides Lôbo, São Paulo, Unitas, [1933], orelha. É bastante provável que a tradução da primeira edição (1927) tenha sido feita a partir da publicação de 1925 da Librairie de l'Humanité, pois a primeira edição de 1923 ainda trazia a forma original do texto, cuja autoria era compartilhada por Bukhárin e Preobrajensky. As informações são do prefácio de Aristides Lôbo. Não tivemos acesso ao original de 1927, por isso consultamos o livro nesta segunda edição. Ver também o catálogo de Marie-Cécile Bouju que traz a informação, na referência da edição de 1923, de que se trata de "edição resumida de uma edição de 1919". Marie-Cécile Bouju, *Catalogue de la Production des Maisons d'Édition du Parti Communiste Français 1921-1956*, p. 7.
6. Carta ao secretariado de cultura do C.E. da I.C., Rio de Janeiro, 13 de abr. de 1923. AEL-Unicamp.

tomar o leitor ou leitora para modificar essa situação: entrar no sindicato, estudar o comunismo, entrar no Partido Comunista e, por fim:

prepararem-se através de anos de lutas, para, aproveitando a fraqueza dos ricos, derrubar o governo dos ricos, e implantar o governo dos pobres. Isto quer dizer, por outras palavras, que a classe dos pobres deve implantar a sua ditadura, a ditadura dos pobres contra os ricos[7].

Abre Teus Olhos, Trabalhador!, que traz o número 2 indicando pertencer à mesma série, segue a lógica do *Abecedário*. Busca explicar que o pobre é explorado pelo rico; que deve, portanto, entrar no sindicato da categoria ou, caso ele não exista, criá-lo; fazer greves para a defesa de seus direitos (mas com prudência); entrar no Partido Comunista. Se longa e dolorosa é a estrada, "no fim, porém, nos espera a sombra amiga de uma grande árvore cheia de frutos, árvore cujos ramos cobrirão a terra inteira. É a árvore do comunismo!"[8]

O último folheto da série, *O País e o Governo dos Trabalhadores*, possui formato diferente dos demais, com apenas duas páginas, caracterizando-se, na forma, mais como uma folha volante do que como folheto. No entanto, trata-se claramente da continuação da série, trazendo o número 3. Além disso, diferente da maioria das folhas volantes, distribuídas gratuitamente, este "folheto" é vendido ao preço de cem réis. *O País e o Governo dos Trabalhadores* busca explicar, seguindo o mesmo estilo didático, as transformações havidas na Rússia e as vantagens de existir neste país um governo dos trabalhadores. Procura simultaneamente apontar a necessidade de se adentrar o Partido Comunista. Afinal, "porque é que os pobres, pela primeira vez no mundo conseguiram vencer os ricos? Porque, entre outras razões, à frente dos pobres havia um partido: O Partido Comunista [...] e também porque à frente do Partido Comunista havia um chefe inteligente: Lenine"[9]. Traz ao fim uma lista de materiais a serem adquiridos: os três **números** da série a cem réis cada, *O Manifesto Comunista*, a quinhentos réis e *Rússia Proletária* a três mil réis.

---

7. A Commissão de Educação e Cultura do Partido Communista do Brazil, *Abecedário dos Trabalhadores*, 1924 (possui datação de 7 de dez. de 1923), p. 5. AEL-Unicamp.
8. *Abre Teus Olhos, Trabalhador!*, 1924 (possui datação de 30 de maio de 1924). AEL-Unicamp. O folheto teve ainda mais duas edições no decênio (1925 e 1929). A edição de 1929 foi publicada já sem a lista de folhetos anunciados ao fim e trazendo o nome do autor. Octávio Brandão, *Abre Teus Olhos, Trabalhador!*, 3. ed., 1929 [Biblioteca Edgard Carone].
9. A Commissão de Educação e Cultura do Partido Communista do Brazil, *O Paiz e o Governo dos Trabalhadores*, 1924 [Possui datação de 9 de jun. de 1924]. AEL-Unicamp.

Houve ainda outras brochuras do PCB publicadas sob a forma de coleção. Em 1923, foi publicado um pequeno folheto de oito páginas, *O Cidadão e o Produtor*, entrevista de Lenin para o coronel Raymundo Robnis (na grafia da época), da Cruz Vermelha norte-americana publicada no *Metropolitain* (também na grafia que aparece na brochura). A entrevista trata da superioridade do sistema comunista em relação ao capitalista. Edição de má qualidade, apesar de a impressão ser boa, tudo indica serem trechos desencontrados da entrevista de Lenin, traduzidos com dificuldades (o tradutor não está indicado). Tem como característica mais interessante ostentar uma foto de Lenin numa capa bem elaborada. Foi o número 1 da Pequena Biblioteca de Cultura Proletária, publicado no "ano VII da Revolução Social", coleção iniciada pelo Comitê Regional de Pernambuco[10].

Noções do Comunismo, de Charles Rappoport, é o número 2 da Pequena Biblioteca de Cultura Proletária. Como de costume no período, não apresenta o responsável pela tradução, mas é provável que seu original seja o *Précis du Communisme*, editado pela Librairie de l'Humanité. Como na França houve cinco edições entre 1921 e 1924, torna-se difícil localizar a edição exata utilizada. A que se encontra na biblioteca de Edgard Carone data de 1924. Desde a edição francesa de 1923, o livro aparece como o número 1 da coleção Les Cahiers Communistes[11]. Possui 29 páginas divididas em onze capítulos e explica que o texto apareceu pela primeira vez no jornal *l'Humanité*, em 1921, e já fora traduzido para dez línguas diferentes[12]. É um dos grandes manuais do marxismo nos anos 1920. A edição brasileira conforma 36 páginas de um pequeno volume de dezessete por onze centímetros, vendido a trezentos réis, o mesmo preço que um número de *Movimento Comunista* ou três de *A Classe Operária*. A capa estampa a mesma foice e martelo contornados por raios de sol e coroa de trigo de *Movimento Comunista* e a datação de "ano VIII da revolução social"[13]. O livro já era usado como manual para os cursos antes de ser traduzido, sendo citado na correspondência como "*cours de Rappoport*"[14].

---

10. *O Cidadão e o Produtor*, Recife, s/n, 1923 (Pequena Biblioteca de Cultura Proletária, n. 1) [Biblioteca Edgard Carone].
11. Marie-Cécile Bouju, *Catalogue de la Production des Maisons d'Éditions du Parti Communiste Français (1921-1956)*, p. 8.
12. Charles Rappoport, *Précis du Communisme*, Paris, Librairie de l'Humanité, 1924, p.2 (Les Cahiers Communistes, n. 1) [Biblioteca Edgard Carone].
13. Charles Rappoport, *Noções do Communismo*, Recife, s/n, 1924 (Pequena Biblioteca de Cultura Proletária, n. 2) [Biblioteca Edgard Carone].
14. Carta ao secretariado de cultura do C.E. da I.C., Rio de Janeiro, 13 de abr. de 1923. AEL-Unicamp; Carta de Octávio Brandão ao Camarada Bela Kun, Seção de Agitação e Propaganda da I.C. datada de 18 de nov. de 1924. AEL-Unicamp.

Noções do Comunismo, de Charles Rappoport publicado pela Pequena Biblioteca de Cultura Proletária, de Recife. Acima, a terceira edição de *Abre Teus Olhos, Trabalhador*, com a autoria de Octávio Brandão. Acervo da Biblioteca Edgard Carone.

Conforme Marie-Cécile Bouju, tratando do catálogo da Librairie de l'Humanité, "as edições são estruturadas quase pela metade por coleções, o que permite ao editor orientar os leitores"[15]. Como se pode notar, na cultura comunista orientar a leitura será algo fundamental. Existe, portanto, uma tendência entre os comunistas brasileiros a publicar seus textos por meio de "bibliotecas" ou coleções. Por um lado, faz parte da tradição do movimento operário brasileiro a publicação nesse formato. Os periódicos anarquistas, *Spartacus* e *A Plebe*, por exemplo, possuíam suas "bibliotecas". Assim como outros grupos libertários, tal qual o Grupo Editor Livre Pensamento[16]. Por outro lado, este é o formato sob o qual chegou a literatura bolchevique ao Brasil, de origem russa (Éditions de L'Internationale Communiste), francesa (Les Cahiers Communistes) ou argentina (Biblioteca Documentos del Progreso e Editorial La Internacional).

O Leitor Comunista dos Anos 1920

O esforço comunista foi único em termos de publicações, o que denota a centralidade da teoria marxista e seu aspecto doutrinador para os comunistas. Apenas entre 1922 e 1925, o PCB produziu 38.800 exemplares de opúsculos e livros, 163.113 de jornais e revistas e 41.100 de folhas volantes distribuídas gratuitamente, faltando mesmo alguns títulos nesse levantamento. Um dos métodos adotados por Lincoln Secco para buscar dimensionar o público leitor das obras de esquerda é a evolução do número de membros e simpatizantes do partido. Na década de 1920, o crescimento do PCB foi lento, mas contínuo. Em 1924, o partido possuía 273 aderentes. No ano seguinte, 476. Segundo relatório de 1928, o PCB possuía setecentos membros nesse ano[17].

Podemos, dessa forma, perguntar-nos a quem se destinavam as edições comunistas. O Partido Comunista do Brasil foi formado por um grupo de mili-

---

15. Marie-Cécile Bouju, *Lire en Communiste*, p. 24. Tradição vinda do século XIX, inventada em 1838 pelo editor Gervais Charpentier, a coleção, dita "biblioteca", é um dos meios de se definir o que merecia ser lido, o que era mais útil e ainda propor ao público uma série uniforme em termos materiais e de conteúdo. Foi amplamente utilizada por republicanos e socialistas no século XIX. Marie-Cécile Bouju, *Lire en Communiste*, p. 12.
16. O Grupo Editor Livre Pensamento distribuía um folheto mensal de 32 a 64 páginas mediante quota anual de dois mil réis. O PCB irá distribuir algumas das brochuras de temática anticlerical desse grupo, provavelmente pelo intermédio de Everardo Dias. Um Pai de Família, *O Baptismo*, São Paulo, Grupo Editor Livre Pensamento, s/d [Biblioteca Edgard Carone].
17. Lincoln Secco, *A Batalha dos Livros*, p. 64.

tantes provindos do movimento anarquista, onde, segundo Leôncio Martins Rodrigues, predominavam os trabalhadores manuais de formação artesanal. Dos fundadores do PCB, apenas dois eram intelectuais. Mais tarde haverá a entrada de trabalhadores industriais e de serviços. Rodrigues apontou a origem dos participantes do III Congresso do PCB, entre 1928 e 1929: dezesseis operários, seis empregados, seis "intelectuais" e três de profissão não especificada. Nas memórias de Leôncio Basbaum consta que 90% dos integrantes da Juventude Comunista na década de 1920 eram operários, ao passo que em 1946 eram todos estudantes. Portanto, os dados disponíveis indicam grande predominância de trabalhadores entre os militantes do PC nos anos 1920. No entanto, Rodrigues nota que os principais dirigentes, mesmo antes da mudança na composição social do partido, que ocorre na década de 1930 com a entrada dos "tenentes" e classes médias, eram, em geral, "intelectuais". Tratar-se-ia, assim, de um partido que, na década de 1920, era composto amplamente por trabalhadores (ainda que não dos setores mais dinâmicos da indústria incipiente), mas com predominância de intelectuais na direção e no setor de propaganda.

Lincoln Secco, ao procurar compreender quem eram os leitores das obras comunistas, também enfatiza a forte predominância de trabalhadores até o fim da década de 1920[18]. Conforme o autor, a base comunista, nessa década, era composta por marmoristas, ferroviários, gráficos, mecânicos, padeiros, alfaiates, garçons, sapateiros etc. Sua base regional era a cidade do Rio de Janeiro, onde havia uma estrutura social mais complexa, com ampla classe média profissional e burocrática, militares de carreira, alunos da escola militar e estudantes de escolas superiores. O partido tinha importância escassa entre as massas, não abrangendo os trabalhadores rurais (que, em 1925, eram 68% da população economicamente ativa) e o setor manufatureiro (12% da PEA), com predominância dos setores têxtil e de alimentos. No entanto, importa notar que o partido possuía alguns poucos intelectuais mais ou menos reconhecidos[19].

Em carta de Astrojildo Pereira dirigida à Seção de *Agitprop* do Komintern, datada de 16 de setembro de 1926, o secretário-geral aponta a participação incipiente de intelectuais no partido:

---

18. Lincoln Secco, "Leituras Comunistas no Brasil (1919-1943)", em Marisa Midori Deaecto & Jean-Yves Mollier (orgs.), *Edição e Revolução*, p. 39.
19. *Idem*, pp. 39-40.

Caros camaradas,

Nós recebemos a sua circular n. 7.127 sobre o tema da constituição da Associação Literária Internacional de Escritores Revolucionários. Aqui nossa resposta ao seu questionário:
1. Nós temos poucos escritores membros do Partido: Octávio Brandão (do C.C. chefe da seção de Agit-Prop), publicista, poeta; Affonso Schmidt, poeta, contista, jornalista; Raymundo Reis, poeta; Laura da Fonseca e Silva, poetisa; V. de Miranda Reis, poeta, professor; são todos escritores jovens de origem pequeno-burguesa[20].

No documento, Astrojildo deixa clara a pouca importância numérica dos homens e mulheres de letras na composição do partido. Além disso, ao chamar os escritores de "jovens", subentende-se que não eram figuras consagradas no mundo das letras. Por fim, Astrojildo não deixa dúvidas sobre as origens dos jovens escritores: são todos pequeno-burgueses. No entanto, Secco busca caracterizar de maneira mais precisa a condição desses intelectuais "pequeno-burgueses":

> Era diferente o caso de intelectuais militantes com origem numa baixa classe média, como Astrojildo Pereira, Antonio Bernardo Canellas e Octávio Brandão. É que a origem modesta destes quadros se combinou com outra formação típica dos meios anarquistas e os três já haviam publicado artigos e folhetos[21].

Há, assim, um fator específico a ser considerado: uma ênfase do movimento anarquista, origem da maioria dos militantes comunistas, na formação educacional e intelectual do militante como meio necessário de sua libertação[22].

Pode-se dizer que houve basicamente dois grupos de leitores que giraram ao redor da área de influência dos comunistas nos anos 1920. O primeiro integra tanto o estudante ou intelectual de classe média (frequentador, mesmo que marginalmente, dos espaços de sociabilidade intelectual, como as livrarias, cafés e mesmo faculdades de Direito) quanto o operário intelectualizado. Esse grupo é, de maneira geral, mais afeito às leituras e debates da *intelligentsia* tradicional e pode ser conhecedor da sociologia e da literatura brasileira e es-

---

20. Carta de Astrojildo Pereira à Seção de *Agitprop* do Komintern, Rio de Janeiro, 16 de set. de 1926. AEL--Unicamp.
21. Lincoln Secco, "Leituras Comunistas no Brasil (1919-1943)", em Marisa Midori Deaecto & Jean-Yves Mollier, *Edição e Revolução*, p. 40.
22. Sobre o tema: Yara Aun Khoury, "Edgard Leuenroth, Anarquismo e as Esquerdas no Brasil", em Jorge Ferreira & Daniel Aarão Reis (orgs.), *A Formação das Tradições (1889-1945)*, pp. 127-128.

trangeira. De maneira geral, é capaz de ler em outras línguas, como o espanhol e o francês. Este é o setor que recebeu o primeiro afluxo de livros estrangeiros e os traduziu (literal ou metaforicamente) para a língua nacional. É também o setor que compôs a direção partidária comunista.

Mas é ao segundo grupo que o PCB buscará dedicar a sua produção impressa. Ele é formado por operários não propriamente intelectualizados, mesmo que com espírito curioso. Grande parte é pouco ou nada alfabetizada. Quem podia ler acompanhava a imprensa partidária, frequentava os cursos de formação e palestras e tinha acesso aos livros e folhetos de pequeno volume publicados pelo partido. Os que não liam podiam participar das leituras coletivas do curso de Charles Rappoport e do *Manifesto Comunista*, entre outras.

Assim, nota-se que, ao se observar a herança anarquista do primeiro núcleo dirigente comunista, esta não se restringe à ideologia, mas igualmente ao meio de sociabilidade dessa militância proletária. O comunismo vai se incrustar no meio típico do sindicalismo revolucionário e do anarcossindicalismo brasileiros, o meio sindical, e abrirá uma nova vereda de uma cultura operária que se desenvolvia desde a primeira década do século XX. Esse é também um dos fatores que explica as preferências nos títulos e mesmo nos tipos de impressos do primeiro núcleo dirigente comunista.

Discurso Sobre a Leitura

No discurso comunista, a leitura possuía em si um caráter doutrinador. No número de 30 de maio d'*A Classe Operária*, a redação do jornal ensinava um método para que o operário pudesse aprender a escrever:

> Um dos meios de o trabalhador aprender a escrever e, assim, colaborar na *A Classe Operária* sem nos dar o trabalho de passar a limpo os artigos que ele nos envia, é empregar as horas vagas em copiar colunas inteiras deste jornal.
>
> Além disto, por este processo, as ideias entrarão mais facilmente na cabeça[23].

O olhar do partido comunista sobre a leitura está intrinsecamente conectado à sua concepção de militância e ação política. Como apontou Marie-Cécile Bouju, no discurso comunista "o ato de ler não é neutro: ele pode tanto servir à causa do proletariado (formar revolucionários profissionais) quanto

---

[23]. *A Classe Operária*, ano I, n. 5, Rio de Janeiro, 30 de maio de 1925, p. 2. Cedem-Unesp.

ameaçá-la". A leitura é menos um ato de lazer e autoformação do que uma obrigação militante[24]. A direção comunista se dirige em tom imperativo à sua base. O número 7 de *A Classe Operária*, de 13 de junho de 1925, aponta as recentes edições comunistas:

> *A Classe Operária* acaba de editar dois folhetos de propaganda.
> Um é *O Canto Imortal dos Trabalhadores*. Contém os versos, a música, a história, os retratos, e as biografias do autor da letra, do autor da música e do tradutor da *Internacional*. Custa 400 réis cada exemplar.
> O outro é *Abre Teus Olhos, Trabalhador!*, para propaganda no seio das grandes massas. Custa 100 réis cada exemplar.
> É de interesse e é um dever para todo trabalhador – ler e propagar os livros que lhe falam a verdade.
> Trabalhadores! Esgotai as edições da *A Classe Operária!*[25]

O caráter pedagógico e doutrinário da leitura comunista eram aspectos conscientes para os responsáveis pela divulgação ideológica do partido, como Astrojildo Pereira e Octávio Brandão. No número de julho de 1922, a redação do *Movimento Comunista* apontava as tarefas das publicações do partido. Para os comunistas:

> Nossa livraria, com as obras de fundo que possui e com as edições que vamos fazendo, deverá multiplicar-se e subdividir-se. Cada centro, cada grupo, cada jornal nosso deve ser uma espécie de sucursal da livraria central, com um camarada diligente encarregado do serviço. Com uma direção centralizada capaz, constituirá a venda de livros não só uma apreciável fonte de renda do partido, *como um dos mais poderosos meios de propaganda e difusão das doutrinas comunistas*[26].

Por meio do paratexto, os editores ensinavam o operário a usar o livro em benefício da causa comunista. A brochura *Noções do Comunismo*, de Charles Rappoport, traz na contracapa as tarefas do leitor: "lêde e fazei ler este folheto. Estudai o comunismo. Fora dele não há solução possível para os grandes problemas da atualidade. Ingressai no Partido Comunista"[27]. A terceira edição

---

24. Marie-Cécile Bouju, *Lire en Communiste*, p. 74.
25. *A Classe Operária*, ano 1, n. 7, Rio de Janeiro, 13 de jun. de 1925. Cedem-Unesp.
26. **Apud:** Astrojildo Pereira, *Construindo o PCB (1922-1924)*, São Paulo, Livraria Editora Ciências Humanas, 1980, p. 16. Grifo nosso.
27. Charles Rappoport, *Noções do Communismo* [Biblioteca Edgard Carone].

de *Abre Teus Olhos, Trabalhador!* recomendava: "Lê e relê em comum. Depois, passa adiante"[28]. Já a nota de Octávio Brandão ao fim da primeira edição do *Manifesto Comunista* roga a todos os comunistas e simpatizantes, a todas as associações e trabalhadores em geral:

> 1º que leiam três, quatro vezes essa obra de Marx, pedra fundamental do comunismo, procurando compreendê-la o mais possível;
>
> 2º que os proletários travem discussões em torno delas, nos sindicatos, nas fábricas, nas usinas, nos engenhos, no alto mar;
>
> 3º que transcrevam essas páginas imortais no maior número possível de jornais, revistas, etc.
>
> 4º que façam palestras, conferências em torno dos trechos mais importantes[29].

Leitura quase técnica (ler, reler e reler...) de obras fundamentais do marxismo e do bolchevismo. Discussões nos sindicatos e locais de trabalho. Transcrição em jornais e revistas. Palestras e conferências. Estão aí os elementos fundamentais da prática cultural comunista nos anos 1920.

A edição e o oferecimento de cursos para a militância estavam intrinsecamente ligados. Pode-se mesmo dizer que a função de alguns dos livros publicados pelo partido era, em primeiro lugar, a de servir como material de base para a formação política do militante. Segundo relatório de 1924, o *Programa Comunista* e o ABC *do Comunismo*, de Bukhárin, o *Manifesto Comunista*, de Marx e Engels e *Rússia Proletária* de Octávio Brandão eram utilizados nos cursos do partido[30].

Octávio Brandão foi o principal responsável pela formação comunista no decênio de 1920. Conforme relatório de 1926, desde a fundação do partido até aquele ano havia ocorrido três tentativas de iniciar cursos para a militância. Mas a repressão era um fator impeditivo. Na primeira tentativa, após algumas explicações sobre a Revolução Russa, o curso terminou em várias prisões, inclusive a de seu encarregado. Na segunda tentativa, logo na aula inaugural um provocador iniciou a briga que resultou em vários comunistas presos. A

---

28. Octávio Brandão, *Abre Teus olhos, Trabalhador!*, 3. ed., 1929, p. 8 [Biblioteca Edgard Carone].
29. Karl Marx & Friedrich Engels, *Manifesto Communista*, Porto Alegre, Sul-Brasil, 1924, p. 40 [Biblioteca Edgard Carone]. Esse trecho foi originalmente publicado no jornal *Voz Cosmopolita*, na edição em que se iniciava a publicar a tradução do *Manifesto Comunista* realizada por Octávio Brandão. *Voz Cosmopolita*, ano II, n. 29, Rio de Janeiro, 1 de set. de 1923, p. 3. RGASPI. F. 495. Op. 29. D. 12
30. Carta de Octávio Brandão ao Camarada Bela Kun, Seção de Agitação e Propaganda da I.C. datada de 18 de nov. de 1924. AEL-Unicamp.

terceira tentativa foi a mais frutífera. Durou sete meses, de 16 de outubro de 1925 a 16 de maio de 1926[31].

Segundo se depreende das afirmações dos líderes comunistas, eles foram obrigados a escolher entre um ou outro método de formação e divulgação política. Isso decorreria, por um lado, do número diminuto de militantes que se encarregavam de tarefas práticas e de direção e, por outro, dos obstáculos da repressão. Assim, segundo Octávio Brandão, "batidos momentaneamente em luta assim tão desigual, largamos a agitação e iniciamos o trabalho de propaganda, segundo a definição Plekhanof-Lenine"[32]. Os comunistas abandonaram, destarte, as tentativas infrutíferas de voltar a publicar clandestinamente o jornal *A Classe Operária* e partiram para nova empreitada de cursos para militantes.

Brandão chegou a organizar onze turmas semanais: uma da juventude, uma de marinheiros, uma de trabalhadores em padarias, uma de avulsos, uma de metalúrgicos e operários em construção civil, duas de garçons e cozinheiros e quatro de operários das grandes fábricas de tecido. Ao todo, cerca de 1440 alunos. Em algumas turmas a repressão impediu o término do curso. Além destes, realizaram-se um curso sobre as religiões e outro sobre questões de tática. Neste, trabalhou-se a *Moléstia Infantil do Comunismo*, de Lenin. Mas as aulas foram interrompidas pela perseguição policial.

Houve um curso proposto pela Internacional Comunista, cujo programa foi publicado em *A Nação*[33]. Muito provavelmente constituía apenas propaganda da formação comunista: o tamanho do curso, os diversos assuntos, todos os livros necessários... Não havia material nem pessoal capacitado para torná-lo realidade.

Os cursos que efetivamente ocorreram eram ministrados por Leôncio Basbaum, Fernando Lacerda, Pedro, Paulo, Vargas, Ogal, Odilon entre outros ministrantes. A divisão era por turmas: elementares e médias. Em *A Nação*, convidava-se "todos os operários e todas as operárias com suas famílias a comparecer aos cursos sobre a teoria e a tática do proletariado, o que constituirá um excelente meio de educação marxista-leninista". Os alunos elementares estudavam por meio do ABC *do Comunismo*. Os alunos de nível médio, liam

---

31. *Ibidem*.
32. "A Propaganda Comunista no Brasil", carta de Octávio Brandão, datada de 10 de jun. de 1926. AEL--Unicamp.
33. *A Nação*, ano II, n. 379, 12 de maio de 1927, Rio de Janeiro, p. 2. Cedem-Unesp. Ver anexo 5.

Contracapas das brochuras *Noções do Communismo*, de Charles Rappoport, trazendo a tarefa do leitor: "Lede e fazei ler este folheto"; de *Abre Teus Olhos, Trabalhador*; e de *Situação da Classe Trabalhadora em Pernambuco*, de Souza Barros. Acervo Biblioteca Edgard Carone.

Agrarismo e Industrialismo e a *História do* PC *Russo*. A redação do jornal dava ainda suas dicas aos ministrantes dos cursos:

> É preciso que os encarregados dos cursos sejam pontuais. Trabalhem com método. Tornem a lição interessante para os alunos. Façam perguntas constantes aos mesmos. Façam-nos repetir com as próprias palavras o que acabaram de ouvir. Transformem a lição numa espécie de sabatina. É preciso que cada aluno se transforme num expositor metódico. As lições não devem ter um caráter abstrato: devem estar ligadas às questões do momento nacional e internacional; para isto, quando houver oportunidade, o encarregado, como uma aranha hábil, tirará um fio da questão que estiver lecionando e ligá-lo-á às grandes questões gerais, concretas, de atualidade.

Começariam mesmo com dois alunos e o final da aula deveria ser dedicado ao jornal *A Nação*[34]. O aprendizado no curso, assim como o hábito de ler, não deveria ser abstrato, mas prático[35].

A leitura de periódicos comunistas era também uma forma de educação política da militância de base. Conforme as memórias de Heitor Ferreira Lima, Astrojildo Pereira aparecia por vezes na União dos Alfaiates e traduzia aos presentes artigos de *La Correspondance Internationale* a respeito da situação política mundial, das atividades dos partidos comunistas e outros assuntos[36].

Agitprop

Como apontou Serge Wolikow, "a imprensa e a edição de livros são desde o nascimento do Komintern um instrumento essencial de sua ação, *mas também de sua organização*"[37]. A cultura política comunista inauguraria um novo papel e uma nova centralidade para a propaganda ideológica. Praticamente todas as instâncias e níveis do PCB tinham como uma de suas atividades fundamentais a agitação e a divulgação dos ideais comunistas. A partir da diretiva bolchevique, a estrutura editorial deveria ser centralizada e servir à tarefa da *agitprop*. A "agitação e propaganda" designava a tarefa essencial que os partidos

---

34. *A Nação*, ano II, n. 382, 16 de maio de 1927, Rio de Janeiro, p. 3. Cedem-Unesp.
35. Marie-Cécile Bouju, *Lire en Communiste*, pp. 74-75.
36. Heitor Ferreira Lima, *Caminhos Percorridos*, p. 36.
37. Serge Wolikow, *L'Internationale Communiste (1919-1943). Le Komintern ou le Rêve Déchu du Parti Mondial de la Révolution*, Paris, Les Éditions de l'Atelier, 2010, p. 151. Grifo nosso.

comunistas deveriam exercer de promover a formação dos quadros dirigentes (propaganda) e a educação política das massas (agitação)[38]. Ao longo dos anos 1920 foi se desenvolvendo o conceito sob o qual os comunistas de todo o mundo entenderiam a sua prática de divulgação ideológica.

O termo "agitação e propaganda" ainda não havia surgido no primeiro *Estatuto* do PCB, aprovado no congresso de 1922. Nesse primeiro momento, as tarefas gerais de propaganda estavam a cargo do encarregado da secretaria geral e a parte de divulgação impressa sob os auspícios do responsável pelo serviço de imprensa e publicidade. Segundo o *Estatuto*, este último serviço:

> Dirige as publicações centrais do Partido e controla todas as demais publicações comunistas do país, sejam de iniciativa coletiva ou individual, não se admitindo, de maneira alguma que a pretexto de autonomia se possam fazer quaisquer publicações contrárias à orientação política geral do Partido.
>
> Tem a responsabilidade, perante a Comissão Central Executiva, das doutrinas sustentadas nas publicações centrais do Partido.
>
> Faz publicar no órgão central do Partido, ou em boletim especial, os atos e resoluções da Comissão Central Executiva, os balanços da tesouraria e das diversas empresas do Partido.
>
> Dá à publicidade, no órgão central do Partido, todas as resoluções das assembleias dos centros, bem como admite as observações que sobre assuntos internos ou de interesse geral sejam feitas pelos filiados[39].

Como se observa, o serviço de imprensa e publicidade já possuía caráter *centralizado* e *centralizador* no quadro mental comunista. Além de ser o responsável por difundir as decisões, doutrinárias ou práticas, emanadas da Comissão Central Executiva, ele aponta para o fato de que o militante comunista não pode alegar autonomia de pensamento, sendo vedada a publicação de ideias contrárias à orientação do partido, mesmo que sejam publicações autônomas e individuais. Antonio Bernardo Canellas conheceria os efeitos dessa disposição[40].

---

38. Marie-Cécile Bouju, "O Livro na Política: As Editoras do Partido Comunista Francês (1920-1958)", em Marisa Midori Deaecto & Jean-Yves Mollier (orgs.), *Edição e Revolução*, pp. 267-269.
39. Partido Communista (S.B.I.C.), *Estatutos Approvados no Congresso Communista Reunido no Rio de Janeiro a 25, 26 e 27 de março de 1922*, p. 8. AEL-Unicamp.
40. É claro que, segundo o autor anônimo de *O Processo de um Traidor*, que sabemos ter sido Astrojildo Pereira, formalmente não se negava o direito de Canellas ter publicado seu relatório da delegacia à Rússia, mas certamente esse foi um dos aspectos que mais pesou para a expulsão do militante. Ainda

Mas o II Congresso do partido será realizado em meio às discussões da diretiva conhecida pelo nome de bolchevização, cujo processo transformou a fisionomia dos partidos comunistas. Propõe-se, a partir de então, uma nova estrutura aos PC, fundada sobre os grupos de base, as células, que devem agrupar os aderentes no local de trabalho e não mais no local de residência. Reestruturação orientada pela direção kominterniana, "os novos estatutos tipo, elaborados pela Internacional Comunista, definem nos menores detalhes o funcionamento dos partidos comunistas"[41]. O II Congresso do PCB tratará de observar esses estatutos tipo e adaptá-los parcialmente ao ambiente brasileiro. Foi no curso desse processo que se desenvolveu o conceito de agitprop.

Em 1925, as *Teses e Resoluções* do II Congresso do PCB possuíam uma seção intitulada "Teses sobre Agitação e Propaganda", onde se definiria a tríade "agitação, propaganda e educação cultural". Cada membro do partido deveria tomar parte no trabalho político diário. Um dos meios principais para isso era atuar como propagandista da causa. Para tanto, "é necessário que cada membro comunique à Seção de Agitação e Propaganda ou às outras seções do PC quais as suas tendências: agitador? propagandista? teórico? organizador? administrador? tradutor?"[42] O trabalho do comunista como agitador devia ser o do infatigável militante de base, que penetra o ambiente proletário, buscando ao mesmo tempo esclarecer as massas e conquistar novos adeptos:

> O comunista é o homem que mergulha no coração dos sindicatos, cooperativas, cais, trapiches, usinas, fábricas, oficinas, campos, navios, minas, estradas de ferro, bairros pobres. Penetra em todos os locais de trabalho. Coloca-se às 11 horas ou às 4 da tarde nos portões da fábrica ou nas portas das oficinas, para conquistar adeptos, distribuir folhetos e boletins. Procura novos e novos cavouqueiros para auxiliá-lo na obra, minando, aluindo, perfurando, como a pua, como a verruma, todo o edifício social, edifício construído pela burguesia com os ossos e argamassado com o sangue dos trabalhadores[43].

---

mais que, em carta de Moscou de dezembro de 1923 (sem assinatura), recomenda-se que, "quanto ao caso Canellas: se estiver de acordo em trabalhar como soldado disciplinado no partido creio que será melhor se não o suspendeis definitivamente". Canellas seria suspenso definitivamente no mesmo mês. Partido Communista (S.B.I.C.), *O Processo de um Traidor*, p. 27 [Biblioteca Edgard Carone]; Carta "al CE del PC del Brasil" datada de Moscou, 10 de dez. de 1923. AEL-Unicamp.

41. Serge Wolikow, *L'Internationale Communiste (1919-1943)*, pp. 76-77.
42. *II Congresso do P.C.B. (Secção Brasileira da Internacional Communista). Theses e Resoluções*, Rio de Janeiro, 1925, p. 13. AEL-Unicamp.
43. *Ibidem*.

Dessa forma, vai se constituindo a definição da agitprop que guiará a obra do primeiro núcleo dirigente comunista. Nessa acepção, a agitação seria "a influência de uma ou de algumas ideias sobre grandes agrupamentos humanos"[44]. Conforme as "Teses sobre Agitação e Propaganda":

> A agitação é, pois, o trabalho nas massas. Resumindo o parágrafo 4º das teses do 3º Congresso sobre a estrutura dos Partidos Comunistas, temos a dizer que a agitação deve basear-se nas camadas profundas do proletariado, deve ser inspirada pela vida concreta dos trabalhadores, por seus interesses comuns, por suas lutas e seus esforços.
>
> Formas de agitação: "meetings" nas fábricas à hora do almoço, discussões pessoais, participação nos movimentos sindicais, ação pela imprensa, visita aos bairros operários[45].

Já a propaganda seria "a influência de várias ideias sobre um pequeno agrupamento humano"[46]. A propaganda pode envolver contato mais direto de um militante com um interessado no que ele tem a dizer. Ao definir esta forma de divulgação ideológica, oferece-se praticamente um guia ou uma técnica, de como transmitir o ideal comunista. O texto apresentado nas "Teses sobre Agitação e Propaganda" constituiu, aliás, efetivamente um guia, pois foi publicado como panfleto pela Comissão de Educação e Cultura com o título *Para Fazer Propaganda Individual (Sugestões para Comunistas)*, sendo datado de 1º de junho de 1924 e, muito provavelmente, escrito pelo encarregado da Comissão, Octávio Brandão[47].

Era preciso, em primeiro lugar, escolher acuradamente o interlocutor. A seguir, faz-se necessário observar a forma de se manejar as ideias e garantir a eficiência da discussão:

> A discussão é como um campo de batalha: o comunista alinha os argumentos como se fossem batalhões – primeiro os mais fracos, depois cada vez mais fortes, até a carga final, definitiva. Na discussão, como na batalha, é preciso vencer. Força e habilidade! A luta com argumentos é o prenúncio da luta pelas armas. O comunista vencendo o adversário no terreno da discussão, vencê-lo-á no terreno das armas.

44. *Ibidem*.
45. *Idem*, p. 14.
46. *Idem*, p. 13.
47. A Comissão de Educação e Cultura do Partido Communista do Brazil, *Para Fazer Propaganda Individual (Sugestões para Communistas)*, 1925. Há datação de 1º de junho de 1924. AEL-Unicamp. A tiragem foi de quatrocentos exemplares.

[...]
A propaganda deve ser metódica. Sem método, o comunista dará com os burros n'água. Não deve cair no erro dos anarquistas que iam explicar coisas profundas à massa ainda atrasada; a massa não digeria e, em lugar de conquistar simpatias, o anarquista ou não era compreendido, ou conquistava ódio[48].

Uma ordem da temática devia ser seguida pelos argumentos do comunista em sua batalha das ideias: 1º econômicos; 2º políticos; 3º econômico-políticos; 4º comunistas (meios e fins); 5º antirreligiosos; 6º filosóficos. Quanto ao vocabulário, "deve ser pobre", e quando não se puder evitar o uso de um termo mais complexo, deve-se de pronto explicar o significado da palavra[49].

Não se pode ignorar, como fator de propaganda, o papel da iconografia comunista. A propaganda também deve ser visual, recorrendo-se "a fotografias da Rússia ou objetos vindos de lá", pois "uma fotografia de trabalhadores bem alimentados, vestidos decentemente, instalados com um certo conforto, penetra mais profundamente do que a mais bela descrição da sociedade futura"[50].

Em *A Nação*, com a melhoria da qualidade técnica, as artes gráficas comunistas se desenvolveram. O título do jornal aparecia centralizado. Na imagem seminal proveniente da heráldica soviética, cuja primeira aparição deve ter sido por volta de 1917[51], à esquerda, encontram-se a foice e o martelo, à frente dos raios de sol e circundada por ramos de trigo, com os dizeres: "Proletários

48. *II Congresso do P.C.B. (Secção Brasileira da Internacional Communista). Theses e Resoluções*, Rio de Janeiro, 1925, p. 14. AEL-Unicamp.
49. *Idem*, p. 15.
50. *Ibidem*. Quanto à questão das fotos, certamente eram consideradas bastante importantes para a divulgação ideológica, mas os comunistas brasileiros tiveram alguma dificuldade para consegui-las. Em setembro de 1926, Astrojildo Pereira fazia pedido a Codovilla, estando este em Moscou, de envio de um serviço de fotografia: "Precisamos ter aqui um serviço de fotografias da Rússia. Eu havia encomendado a Paulo [de Lacerda], e este transmitiu a encomenda a Ercoli [Palmiro Togliatti], que tomasse uma assinatura, em meu nome, do *Projector*. Com esta teríamos o serviço fotográfico necessário. Como não recebi nenhum número, insisto para que seja tomada a assinatura (o preço desta, anual, pode ser descontado no pagamento das publicações que tenho mandado para aí). Direção para o *Projector*: Astrojildo Pereira, Rua do Senado 215". Carta de Astrojildo Pereira a "Codo" [Victorio Codovilla], Rio, 2.9.26. Manuscrito. AEL-Unicamp.
51. R. R. Tavares, *Desenhando a Revolução: A Luta de Imagens na Imprensa Comunista (1945-1964)*. Tese (Doutorado), Faculdade de Filosofia, Letras e Ciências Humanas, Universidade de São Paulo, São Paulo, 2009, p. 25.

de todos os países, uni-vos!" Acima do título, a frase da canção *A Internacional*: "Não há direitos para o pobre, ao rico tudo é permitido". À direita, lia-se num quadro a data e uma frase, modificada número a número, de um líder soviético ou clássico do marxismo: Gorki, Lenin, Bukhárin, Stálin, Marx, Engels. Fato interessante, nos 187 números a frase deve ter se repetido uma ou duas vezes. Afora pensadores diretamente ligados ao marxismo, apareceu uma única vez citação vinda de outra fonte, Luís de Camões: "Leis a favor do Rei se estabelecem. As em favor do povo só perecem"[52]. A sacralização de livros e autores na cultura comunista permitia que se ampliasse o universo de referências, mesmo sem a leitura direta dos autores citados[53].

No discurso comunista, haveria ainda a "educação cultural". Apontava-se, assim, a necessidade de que "a cultura marxista tenha um fim prático, proletário. O comunista não pode ser um intelectualista, que vise a cultura pela cultura. A teoria marxista é inseparável da prática – da luta do proletariado internacional. Não tem sentido a cultura marxista exclusivamente teórica"[54]. Trata-se, é certo, da grande controvérsia sobre o papel do intelectual e da teoria no processo de emancipação social, presença constante nas discussões do movimento operário e revolucionário. Conforme Adriana Petra:

> Já que para Lenin a "revolução cultural", tal como ele a compreendia, constituía um elemento essencial do projeto de transformação socialista da Rússia, esta não podia desenvolver-se autonomamente do poder político, mas, pelo contrário, o partido devia exercer um controle total também neste terreno.

Mais tarde, a política cultural de Stálin seria uma síntese entre o dirigismo leninista e uma leitura particular do "proletarismo" de Bogdanov[55]. Mas o que se põe em relevo é o aspecto prático dessa "educação cultural". As "Teses sobre

---

52. *A Nação*, ano II, n. 326, de 11 de mar. de 1927. Cedem-Unesp.
53. Lincoln Secco, *A Batalha dos Livros*, p. 70.
54. *II Congresso do P.C.B. (Secção Brasileira da Internacional Communista). Theses e Resoluções*, Rio de Janeiro, 1925, p. 16. AEL-Unicamp.
55. Adriana Carmen Petra, *Intelectuales Comunistas en la Argentina (1945-1963)*. Tesis de posgrado. Universidad Nacional de La Plata. Facultad de Humanidades y Ciencias de la Educación, 2013, p. 41. Sobre a relação entre o marxismo, os intelectuais e a cultura, Adriana Petra faz importante balanço na introdução de sua tese. A tese da historiadora foi recentemente publicada pela Fondo de Cultura Económica, Adriana Petra, *Intelectuales y Cultura Comunista. Itinerarios, Problemas y Debates en la Argentina del Posguerra*, Buenos Aires, Fondo de Cultura Económica, 2017.

Agitação e Propaganda" apontam que, na conjuntura em que se encontrava, o partido podia fazer muito pouco pela educação marxista da vanguarda:

> A educação propriamente cultural terá de fazer-se, neste momento, de um modo imperfeito. O único meio é o autodidatismo. Cada comunista transformar-se-á em professor de si próprio. Quando muito, o Serviço de Agitação e Propaganda poderá indicar os livros e a sua sucessibilidade [sic] na leitura, o que, aliás, já está feito no fim do *Rússia Proletária*[56].

Notam-se, nessa passagem, dois pontos fundamentais. O primeiro diz respeito ao posicionamento dos comunistas com referência à formação ideológica de seus correligionários. Havia uma divisão estabelecida claramente entre "massa" e "vanguarda" e isso se refletia em suas formas de divulgação cultural e ideológica. Em relatório de novembro de 1924, o encarregado da então Comissão de Educação e Cultura, Octávio Brandão, explicava a Bela Kun, responsável pela Seção de Agitação e Propaganda da IC, o trabalho de educação desenvolvido até o momento:

> No trabalho de educação temos dois tipos: para a minoria do Partido; para a massa. Para a minoria, temos publicado livros, folhetos, etc. Nas reuniões temos examinado a revolução russa, a revolução mundial, o marxismo, o leninismo, a economia, a política, a filosofia capitalista e comunista, o materialismo dialético, o modo de fazer propaganda (metódica), os problemas religiosos, etc. Para as massas, temos feito conferências. Estávamos imprimindo uma série de folhetos muito acessíveis – já tínhamos prontos, impressos – quando rebentou a revolta. Ficou tudo interrompido[57].

A linha que separava a formação da massa da que se destinava à vanguarda instruía igualmente a propaganda das edições distribuídas pelo partido. Na primeira fase de *A Classe Operária*, anunciavam-se os livros destinados à massa e à vanguarda:

Leituras para trabalhadores

PARA AS MASSAS:
Evangelho dos Livres..................................$200
Programa da I.S.V. (em espanhol).......................1$200
Três Anos de Luta da I.S.V.............................$300

---

56. *II Congresso do P.C.B. (Secção Brasileira da Internacional Communista). Theses e Resoluções*, Rio de Janeiro, 1925, p. 16. AEL-Unicamp.
57. Carta de Octávio Brandão ao Camarada Bela Kun, Seção de Agitação e Propaganda da IC datada de 18 de nov. de 1924. AEL-Unicamp. A "revolta" de que fala o missivista foi a revolução de 5 de julho de 1924 em São Paulo.

PARA A VANGUARDA:

Anarquismo e Comunismo – Bukharine $200
Manifesto de Marx – Engels $500
Rússia Proletária .... 3$000
Revista do PC – cada n. .... $300 e $500[58]

O segundo ponto notório no discurso comunista sobre a difusão ideológica é a impossibilidade de se efetuar uma "educação cultural" (isto é, formação da vanguarda) de maneira adequada em razão das impossibilidades do momento. Por isso, a agitação para as massas tinha precedência. Para ilustrar a diferença entre os elementos da tríade, as "Teses sobre Agitação e Propaganda" apontam suas distinções em três formas de divulgação do ideário comunista que já haviam sido levadas a cabo pelo partido:

> Falando concretamente, podemos citar *A Classe Operária*, como um exemplo do trabalho de agitação, o *Movimento Comunista*, como um exemplo do trabalho de propaganda, e os cursos para a leitura do *Anti-Dühring* e de obras semelhantes, como um exemplo do trabalho de educação cultural[59].

Analisando a situação em que se encontrava o partido e o movimento operário brasileiro e incorporando as diretivas do Executivo da Internacional Comunista, o partido aponta quais serão as atividades que terão preferência em termos de divulgação ideológica:

> Desejando nós ser um partido de massas e não uma seita, é claro que temos de concentrar as energias, em primeiro lugar, sobre a agitação; e em segundo lugar, sobre a propaganda. Só em terceiro lugar é que poderemos nos ocupar das questões profundas do marxismo.

As três formas de divulgação cultural comunista, "agitação, propaganda e educação cultural", relacionam-se com o tamanho do público envolvido e o grau de detalhe e profundidade das ideias, sendo um inversamente proporcional ao outro. No fundo, o ideal marxista-leninista (o termo marxismo-

---

58. *A Classe Operária*, n. 6, Rio de Janeiro, 6 de jun. de 1925, p. 4. Hemeroteca Digital da Fundação Biblioteca Nacional.

59. *II Congresso do P.C.B. (Secção Brazileira da Internacional Communista). Theses e Resoluções*, Rio de Janeiro, 1925, p. 13.

-leninismo já aparece nas *Teses e Resoluções* do II Congresso do PCB)[60], é um mesmo conjunto doutrinário que deve, no entanto, apresentar-se em formas diferentes de acordo com o público a que se quer atingir. Com esse conceito em mente, o grupo dirigente comunista definirá, dentro de suas possibilidades, aquilo que será editado e distribuído como forma de divulgação ideológica.

60. Tratando da "educação cultural", aponta-se que "com referência à propaganda do materialismo, disse a IC no 5º congresso: 'em nenhum grau de educação comunista se deve perder de vista a filosofia geral do marxismo-leninismo" e "ainda mais: 'a propaganda do marxismo-leninismo não pode ser olhada como completa sem a propaganda do materialismo militante". *II Congresso do P.C.B. (Secção Brazileira da Internacional Communista). Theses e Resoluções*, Rio de Janeiro, 1925, p. 13. Leandro Konder aponta que Octávio Brandão teria usado o termo "marxismo-leninismo" pela primeira vez em artigo publicado no jornal *Correio da Manhã* sob o pseudônimo de Fackel. Leandro Konder, *A Derrota da Dialética*, p. 143. A fonte de Konder são as memórias de Brandão, que aponta ter publicado esse artigo de jornal pouco depois da morte de Lenin (janeiro de 1924). João Quartim de Moraes analisou o uso do termo para demonstrar um provável uso pioneiro por Octávio Brandão, o que, entre outras coisas, poderia demonstrar uma convergência (talvez inconsciente) com o marxismo de Stálin. João Quartim de Moraes, "A Influência do Leninismo de Stálin no Comunismo Brasileiro", em João Quartim de Moraes & Daniel Aarão Reis (orgs.), *História do Marxismo no Brasil*. vol. 1: *O Impacto das Revoluções*, Campinas, Editora da Unicamp, 2007, esp. pp. 139-143.

Capítulo 3
Visões do Brasil: Itinerário Intelectual de Octávio Brandão

> *A formação de uma "cultura proletária" resulta não só da sensibilidade do militante, mas da leitura que faz desses diversos mananciais literários, o que lhe dá o instrumento crítico para que complete sua "visão de mundo". É assim que Marx e Engels, Trotsky e Lênine, fornecem ao leitor o seu conhecimento teórico, sua linha ideológica; os livros de viagem, medicina e direito dão ao leitor o quadro concreto das novas realizações materiais, da criação de uma nova realidade comunista; os romances, afinal, representam a transfiguração imaginativa do real. E todos juntos indicaram a vereda ao militante de esquerda no Brasil.*
>
> EDGARD CARONE, *O Marxismo no Brasil*.

Octávio Brandão nasceu na cidade de Viçosa, Alagoas, em 12 de setembro de 1896. Órfão de pai e de mãe passou a ser tutorado pelo tio Alfredo Brandão. Por influência em parte do pai, que fora ele mesmo farmacêutico, em parte do tio Manoel Brandão, Octávio decide encetar o estudo de farmácia. Farmacêutico em Maceió, proprietário da Farmácia O Globo, é do estabelecimento de Manoel Brandão um dos raros anúncios no jornal operário de Antonio Bernardo Canellas, *A Semana Social* – "órgão político, literário e noticioso"[1].

Entre 1915 e 1919, mesmo momento em que realizava a escrita da obra *Canais e Lagoas*, Octávio Brandão viveu em Maceió, capital de Alagoas, e nesta cidade travou contato com o movimento operário anarquista. O viçosense conheceu o tipógrafo Canellas e começou, ainda muito jovem, a escrever artigos para *A Semana Social*. Por sua atividade política, **Brandão foi preso pela primeira vez em março de 1919** e teve de retornar à cidade natal para fugir da perseguição. Mas seria ameaçado de morte, o que o levaria a abandonar Alagoas e seguir rumo à capital federal[2].

---

1. *A Semana Social*, ano I, n. 1, Maceió, 30 de mar. de 1917. Cedem-Unesp.
2. João Quartim de Moraes, "Octávio Brandão", em Luiz Bernardo Pericás & Lincoln Secco (orgs.), *Intérpretes do Brasil. Clássicos, Rebeldes e Renegados*, São Paulo, Boitempo, 2014, pp. 14-15.

Retrato de Octávio Brandão publicado em seu livro de estreia, *Canais e Lagoas*, de 1919. Acervo Biblioteca Florestan Fernandes da FFLCH-USP.

O alagoano chegou ao Rio de Janeiro, portanto, já com alguma experiência no movimento operário. Para prover seu sustento, montou uma farmácia, a qual se deslocou de um endereço a outro. Como os ganhos não eram suficientes, Brandão trabalhou como linotipista e revisor de jornal. Na pensão onde morava, conheceu aquela que se tornaria a sua companheira por vinte anos, a poeta Laura da Fonseca e Silva. Participou do movimento operário, publicando artigos em jornais anarquistas importantes, como o *Spartacus*, do próprio Rio de Janeiro e *A Plebe* de São Paulo. Afastou-se do anarquismo na segunda metade de 1922 e aderiu ao recém-criado Partido Comunista do Brasil em outubro do mesmo ano.

Apesar de não ter feito parte da fundação do PCB, em março de 1922, Brandão se tornou logo um dos principais dirigentes do partido. Como encarregado da Comissão de Educação e Cultura, entre 1923 e 1925, e de Agitprop, de 1925 até o fim do decênio, teve papel central na recepção da literatura comunista e na formação política da militância. Além da atividade prática exercida pelo alagoano, seus livros *Rússia Proletária*, *Agrarismo e Industrialismo*, uma diversidade de folhetos, e seu papel no grupo editor da imprensa partidária marcaram as primeiras leituras comunistas no Brasil.

Nesse capítulo abordaremos o itinerário intelectual de Octávio Brandão na primeira década de existência do PCB. Iniciamos com a formação profissional e características de seu pensamento na obra *Canais e Lagoas*. Passamos pelos aspectos de sua crítica libertária durante a militância anarquista no Rio de Janeiro. Chegamos, por fim, aos conceitos formulados no momento de transição ao marxismo, às características dessa transição e às rupturas e continuidades em seu pensamento.

Buscamos, outrossim, relacionar esse itinerário intelectual com as transformações sociais e culturais relacionadas à intelectualidade e ao movimento operário. Dessa forma, atenta-se, na definição de Roger Chartier, às "condições e aos processos que, muito concretamente, portam as operações de construção de sentido", visando uma "história social dos usos e interpretações, referidos às suas determinações fundamentais e inscritos nas práticas específicas que os produzem"[3].

---

3. Roger Chartier, "Le Monde Comme Représentation", *Annales. Économies, Sociétés, Civilisations*, 44. Année, n. 6, 1989, 1511. Disponível em: <http://www.persee.fr/doc/ahess_0395-2649_1989_num_44_6_283667>. Último acesso em 13 de janeiro de 2017.

Primeiros Escritos: A Herança Euclidiana no Consórcio entre Ciência e Arte

Octávio Brandão entra na Escola de Farmácia do Recife em 1912. Longe de ser a formação de um bacharel, na tradicional Faculdade de Direito, Brandão se graduou em uma escola de fundação recente. Criada em 1903, ofertando um curso de dois anos de duração, a Escola de Farmácia do Recife formou oito farmacêuticos em 1904 e seis em 1905. Entretanto, por uma querela institucional, a escola é dissolvida no terceiro ano de funcionamento. Ligada à Sociedade Propagadora de Instrução Pública, alguns alunos haviam encaminhado a seu Conselho Superior, em setembro de 1905, solicitação de desligamento da escola em relação àquela instituição. Alegavam falta de interesse na captação de recursos e inaptidão, pois a sociedade era responsável apenas pelos ensinos primário e secundário. Os alunos foram suspensos. Antecipando-se a isso, os professores haviam se desligado da instituição, em apoio aos estudantes, e formado uma associação denominada Escola de Farmácia do Recife, com o fim de manter o curso. Mas, sem condições financeiras, a instituição é fechada em 1905.

Seu ressurgimento se dá apenas em abril de 1910. No entanto, as dificuldades financeiras seriam grandes. O orçamento da Escola de Farmácia naquele ano foi de um conto de réis, proveniente da arrecadação da matrícula entre os alunos, em um total de nove matriculados e seis ouvintes. A situação melhorou ano a ano, mas a direção repassava a renda da arrecadação ascendente mais à gratificação dos professores do que à compra do material necessário, instrumentos para os laboratórios, material didático etc.

Em 31 de maio de 1911 é aprovado novo currículo. A partir de então, o curso passa a durar três anos. Com a nova configuração, no primeiro ano, cursavam-se as disciplinas de Física, Química Mineral e Orgânica e História Natural Médica; no segundo ano, Química Analítica, Bromatologia, Farmacologia Galênica e Higiene; no terceiro ano, Farmacologia Química, Microbiologia, Química Industrial e Toxicologia. Essas foram, portanto, as disciplinas cursadas por Octávio Brandão.

Poucos alunos concluíam seus cursos. Em 1912, havia doze matriculados e um prestou exame de segunda época, recebendo o diploma. No ano de 1914, foram dezoito matriculados e, junto a Octávio Brandão, mais nove formandos. A Escola de Farmácia passaria adiante por altos e baixos, crescendo até 1919 e logo decaindo o número de matriculados, principalmente pela criação da Faculdade de Medicina do Recife. Em 1925, a escola foi incorporada a esta faculdade[4]. Segundo as memórias de Octávio Brandão, ele apresentou uma longa tese sobre aspectos da botânica brasileira. "Sobre a família das labiadas em geral e a erva-cidreira em particular"[5].

Com o curso de Farmácia, Brandão se interessou pela História Natural. Já os estudos de geologia e mineralogia teve que realizar de maneira autodidata. Em abril de 1915, Octávio Brandão iniciou investigação no Instituto Arqueológico. Em abril do ano seguinte realizou sua primeira excursão pela região dos canais e lagoas, em seu estado natal. O pesquisador proferiu três conferências que apresentavam as bases de seus estudos: a primeira em 24 de fevereiro de 1917; a segunda em 12 de outubro do mesmo ano e a terceira em 31 de março de 1918. Como, após finalizar o curso superior, Brandão abrira um estabelecimento farmacêutico, a escrita de sua obra se fez atrás do balcão. A parte fundamental de *Canais e Lagoas* foi terminada, segundo o autor, em outubro de 1917, em Maceió[6].

Parte da obra foi publicada, pela primeira vez, em folhetim entre os números dois e onze do jornal *A Semana Social*, de Antonio Bernardo Canellas. Após nove números do periódico, o autor conclui a publicação afirmando: "tenho abusado da vossa boa vontade e por isso sou obrigado a passar em silêncio os minerais, os vegetais e os animais da região das lagoas"[7]. A última parte que apareceu foi o "sexto ciclo", "as ilhas". A obra ficaria sempre assim, publicada em fragmentos, inacabada.

Em 1918, Octávio Brandão teria finalizado o que chamou o "plano geral da obra" e o segundo volume. No entanto, apenas o primeiro seria publicado. Brandão procurou um editor no Rio de Janeiro, mas não obteve sucesso. Com 1 conto e 750 mil reis, poupança carregada de Alagoas, o autor pagou a publicação do livro. As economias foram suficientes para a tiragem de quinhentos exemplares. O livreiro-editor Jacinto Ribeiro dos Santos publicou o livro e a impressão se fez nas oficinas do *Jornal do Comércio*, vindo a lume no Rio de Janeiro em outubro de 1919[8].

4. As informações sobre a Escola de Farmácia do Recife são todas de Miracy Muniz de Albuquerque & Elba Lúcia Cavalcanti de Amorim, *Formação Farmacêutica em Pernambuco: Cem Anos de História*, Recife, Editora Universitária da UFPE, 2006, pp. 42-50.
5. Octávio Brandão, *Combates e Batalhas*, p. 79.
6. Octávio Brandão, *Canaes e Lagôas*, vol. 1, Rio de Janeiro, Jacintho Ribeiro dos Santos, 1919, pp. 268--273 [Biblioteca Florestan Fernandes – FFLCH/USP].
7. *A Semana Social*, ano 1, n. 11, Maceió, 3 de jul. de 1917, p. 3. Cedem-Unesp.
8. Octávio Brandão, *Combates e Batalhas*, p. 141.

Nas memórias cariocas de Luís Edmundo, *O Rio de Janeiro do Meu Tempo*, há uma pequena lembrança da livraria de Jacinto Ribeiro, na virada do século XIX para o XX. À Rua São José, fora fundada a livraria em 1850: "É de aspecto modesto, porém, é a que edita as melhores obras jurídicas do país, [...] Livraria dos desembargadores, dos juízes, dos advogados e dos estudantes de Direito"[9].

O livreiro-editor se especializou na publicação de obras de Direito, mas editou também livros de outras áreas, como obras didáticas no campo da história e da geografia[10]. Em meio a uma literatura técnica, a livraria deve ter garantido boa distribuição à obra.

Não obstante, mais do que a circulação do livro em si, essa experiência parece ter sido o mais próximo que Octávio Brandão chegou dos espaços de sociabilidade e consagração da intelectualidade brasileira até seu retorno ao Brasil, após a Segunda Guerra Mundial. Como índice, basta notar que essa foi provavelmente sua única obra que chegou a ter uma reedição em vida (ainda que às expenças do autor) e foi elogiada por intelectuais consagrados. Ao fim da segunda edição, de 1949, constam as apreciações da obra feitas por figuras como o geólogo John Casper Branner, o historiador Rocha Pombo, o intelectual e militante anarquista José Oiticica (prefaciador da primeira edição) e ainda Lima Barreto, Nestor Vitor e Monteiro Lobato[11].

A dedicatória do livro se dirige "à memória altíssima e épica de Euclides da Cunha, [...] a mais alta potencia mental que já existiu em terra brasileira..."[12] Segundo Wilson Martins, "o trabalho de Octávio Brandão é uma descrição histórica de Alagoas, denunciando maciça influência de Euclides da Cunha, *cujo estilo se esfalfa por reproduzir* [...]"[13]. A herança euclidiana pode ser considerada a marca principal da obra de estreia do anarquista alagoano.

Sob a apropriação de Euclides, o livro *Canais e Lagoas* aborda aspectos geológicos, mineralógicos, botânicos, climatológicos, além de caracteres antropológicos e sociais. A organização do texto é caótica, ziguezagueante e desencontrada. A explicação desse caráter da obra pode se direcionar a duas

9. Luís Edmundo, *O Rio de Janeiro do Meu Tempo*, vol. 4, Rio de Janeiro, Conquista, 1957, p. 759.
10. Laurence Hallewell, *O Livro no Brasil: Sua História*, 2. ed. rev. e ampl., São Paulo, Edusp, 2005, p. 273.
11. Octávio Brandão, *Canais e Lagoas*, Rio de Janeiro, s/n, 1949, pp. 191-193 [Biblioteca AEL-Unicamp]. O autor não indica as fontes de onde se originam essas apreciações, apenas o ano em que teriam sido proferidas, todas entre 1918 e 1919.
12. Octávio Brandão, *Canaes e Lagôas*.
13. Wilson Martins, *História da Inteligência Brasileira*. vol. VI: *(1915-1933)*, São Paulo, Cultrix; Edusp, 1978, pp. 157-158. Grifo nosso.

causas de esferas distintas. Poder-se-ia considerar, num primeiro momento, tal regime narrativo um aspecto da herança euclidiana. Uma característica largamente reconhecida nos estudos de Euclides é que sua *magnun opus* é perpassada por um amplo arsenal de gêneros e formas literárias que se adequam ao conteúdo metarmofoseante de uma obra que percorre um conjunto de temporalidades distintas. Conforme Valentim Facioli, a mistura de gêneros e formas da arte literária com as ciências físicas, naturais e humanidades, além da mistura de raças que aparece na narrativa d'*Os Sertões*, gera toda uma imagem que aponta para as contradições da (não) formação da sociedade brasileira[14]. Pode-se conjecturar que essa interpretação se coadune com a leitura realizada por Octávio Brandão, em fins dos anos 1910, na sua apropriação do estilo de Euclides. Dessa forma, vemos o autor de *Canais e Lagoas* afirmar que o estilo confuso é uma adaptação à natureza labiríntica que por meio dele é retratada:

A terra é nova, ainda menina, incerta, confusa, revolta, desordenada.
Terra Indecisa. Terra Menina...
E o meu estilo ao querer exprimi-la, só pode ser confuso, indeciso, desordenado.
Tal terra, tal estilo. O estilo subordina-se ao homem, isto é, ao gênio do autor, e subordina-se ao assunto.
Daí, eu me perder no seio daquele labirinto, de modo que o resultado é cansar o cérebro do leitor[15].

No entanto, outro aspecto que explica igualmente a inconstância narrativa no texto do militante alagoano demanda uma análise externa à obra. Existe uma clara cisão no estilo narrativo de *Canais e Lagoas* que o divide ao meio. Na primeira metade, pode-se observar o abuso do estilo floreado. A partir de então, vê-se uma narrativa mais austera e descritiva. Vemos que, em nota de pé de página, no início do "sétimo ciclo", o autor explica que "este capítulo, como os outros sobre geologia, não era destinado ao lugar que ocupa; motivos particulares, porém, me obrigaram a modificar o esquema nesta parte. Entretanto, se eu tiver de tirar novas edições, a definitiva, procurarei segui-lo"[16].

14. Valentim Facioli, "*Os Sertões*: Consórcio de Ciência e Arte (a In/De-formação do Brasil)", em Leopoldo M. Bernucci (org.), *Discurso, Ciência e Controvérsia em Euclides da Cunha*, São Paulo, Edusp, 2008, p. 12.
15. Octávio Brandão, *Canaes e Lagôas*, p. 62.
16. Octávio Brandão, *Canaes e Lagôas*, p. 97. Na segunda edição, de 1949, a distribuição dos capítulos segue a mesma ordem da primeira edição.

Octávio Brandão não explica quais seriam os "motivos particulares". Por um lado, pelo que se apreende de seu livro de memórias, pode-se imaginar que eles perpassem a impossibilidade financeira para a edição de um volume de maiores dimensões. Por outro lado, no entanto, nota-se o fato de que as duas partes foram provavelmente escritas, ou ao menos finalizadas, em momentos distintos e houve alguma dificuldade para que o autor criasse a devida unidade da narrativa. Devemos recordar que foi exatamente até o "sexto ciclo" que a obra foi publicada em 1917, no jornal *A Semana Social*.

Os primeiros capítulos demonstram a tentativa de acrescentar um tom lírico e romântico ao estudo de História Natural, imprimindo à descrição geográfica um tom epopeico. O autor aposta na atribuição de características humanas aos elementos da natureza:

> E na verdade quem, pelos estios enervantes, atravessar o Paraíba em terras do Engenho Novo no Pilar, e lhe vir as águas mansas, fatigadas, tranquilas, silenciosas, sob um céu impassível e entre árvores torcidas, horrendas, espectrais, quase agônicas, como no Paúl de Ruysdael, e lhe vir as baronesas lilasantes, as bordas lameirentas e os rastros bovinos, julgará que o meu rio luminoso vem fugido de alguma batalha, cheio da imensa agonia e da tristeza horrível dos vencidos[17].

Em suas memórias, Octávio Brandão aponta que o livro "inspira-se na ciência unida à poesia"[18]. Este se configura como mais um aspecto da herança euclidiana. É célebre a defesa que Euclides da Cunha fez do que chamou o "consórcio da ciência e da arte", em especial como resposta à crítica de José Veríssimo. O crítico havia apontado as grandes qualidades da obra de Euclides, "livro de um homem de ciência, um geógrafo, um geólogo, um etnógrafo; de um homem de pensamento, um filósofo, um sociólogo, um historiador; e de um homem de sentimento, um poeta, um romancista, um artista"[19]. No entanto, Euclides teria forçado demasiado no estilo, especialmente "sobrecarregando a sua linguagem de termos técnicos, de um boleio de frase como quer que seja arrevesado, de arcaísmos e sobretudo de neologismos, de expressões

---

17. Octávio Brandão, *Canaes e Lagôas*, p. 42.
18. Octávio Brandão, *Combates e Batalhas*, p. 141.
19. José Veríssimo, "Uma História dos Sertões e da Campanha de Canudos (*Os Sertões*, Campanha de Canudos por Euclides da Cunha, Laemmert & C., editores)", *Correio da Manhã*, 3 de dez. de 1902 *apud* José Leonardo Nascimento & Valentim Facioli (orgs.), *Juízos Críticos. Os Sertões e os Olhares de Sua Época*, São Paulo, Nankin Editorial/Editora Unesp, 2003, p. 46.

obsoletas ou raras", entre outros fatores. Segundo o crítico "este defeito é de quase todos os nossos cientistas que fazem literatura"[20]. Em carta a Veríssimo, Euclides da Cunha defenderia que o consórcio da ciência e da arte seriam a tendência mais elevada do pensamento humano[21].

A prática intelectual que lança mão simultaneamente da ciência e da literatura não foi exclusividade de Euclides. Conforme Valentim Facioli, diversos outros autores do século XIX e início do século XX escreveram obras de análise com cuidados artísticos, entre os quais Joaquim Nabuco, Capistrano de Abreu, Araripe Júnior, Silvio Romero entre outros. Recordamos ainda que Manoel Bonfim, em seu livro de 1905, *A América Latina*, utilizava conceitos biológicos para explicar a característica dependente do subcontinente. Conforme Antonio Candido, o "pré-titulo" do livro de Bonfim, "o parasitismo social e a evolução":

[...] corresponde aos pressupostos teóricos: trata-se de um estudo sobre a exploração econômica sufocante das metrópoles sobre as colônias e, nestas, das classes dominantes sobre as classes dominadas, processos sociais que Manoel Bomfim denomina "parasitismo", por concebê-los como algo análogo ao que ocorre no mundo animal e vegetal[22].

Valentim Facioli aventa a hipótese de que o uso simultâneo das linguagens científica e artística, levando a um caráter ornamental das ciências físicas e naturais, poderiam derivar de um atraso relativo das investigações científicas no Brasil e da fragilidade das instituições pesquisadoras[23]. No caso de Octávio Brandão, podemos notar que sua formação se desenvolveu em uma instituição nova, sem a tradição das faculdades de Direito, e boa parte de seus estudos para elaboração da obra seminal foi autodidata.

Por seu lado, José Carlos Barreto de Santana observou que, na realidade, dos anos 1870 até o início do século seguinte, houve um processo de reconfiguração de instituições e criação de novos espaços de prática científica. Nesse

---

20. *Idem*, p. 47, para as duas últimas citações.
21. José Carlos Barreto de Santana, *Ciência & Arte. Euclides da Cunha e as Ciências Naturais*, São Paulo; Feira de Santana, Hucitec; Universidade Estadual de Feira de Santana, 2001, p. 22.
22. Antônio Candido, "Radicalismos", *Estudos Avançados*, São Paulo, vol. 4, n. 8, p. 4-18, abr. 1990. Disponível em: <http://www.scielo.br/scielo.php?script=sci_arttext&pid=S0103-40141990000100002&lng=en&nrm=iso>. Acessado em 28.7.2016.
23. Valentim Facioli, "*Os Sertões*: Consórcio de Ciência e Arte (a In/De-formação do Brasil)", em Leopoldo M. Bernucci (org.), *Discurso, Ciência e Controvérsia em Euclides da Cunha*, p. 110.

cenário, e considerando o ambiente político de crítica às instituições da monarquia, deu-se a entrada de um arsenal de novas ideias. Conforme Barreto,

> Era a "reação científica", na expressão de Clóvis Bevilácqua, que se verificava por meio do positivismo, darwinismo, materialismo, spencerismo, determinismo e tudo o mais que, podendo ser reconhecido como base científica, pudesse ser agitado como contribuição à arraigada proposta de condução ao "porto da civilização"[24].

Na medida em que esse pensamento se apresentava como crítica das tradições dominantes e se coadunava, outrossim, com as perspectivas cientificistas de muitos dos clássicos anarquistas (Kropotkin, Elisée Reclus), o pensamento de um militante como Octávio Brandão deve ter em grande medida se apoiado na tradição de alguns "intelectuais progressistas" (título de uma obra de 1956, de Brandão)[25], como Euclides da Cunha.

Destarte, para além do estilo narrativo, o autor apresenta visão de mundo caracterizada pela interpretação cientificista da sociedade, demonstrando englobar em um mesmo esquema explicativo características naturais e sociais. Em passagem do início da obra, na qual Octávio Brandão narra uma lenda da chegada dos primeiros homens à região, conclui que "a evolução das coisas e dos seres se faz segundo as leis determinadas"[26].

DIVISÃO DO LIVRO *CANAIS E LAGOAS*

Ciclos	Subciclos
1 – Um voo pelo alto	–
2 – Os panoramas	–
3	Os rios; Os sub-rios; Os riachos
4 – Os canais	–
5 – As lagoas	–
6	As ilhas; As sub-ilhas; As coroas
7 – Os minerais	

24. José Carlos Barreto de Santana, *Ciência & Arte. Euclides da Cunha e as Ciências Naturais*, pp. 31-32.
25. Octávio Brandão, *Os Intelectuais Progressistas*, Rio de Janeiro, Organização Simões Editora, 1956 (Coleção "Rex"). Trata-se de um estudo de vida e obra dos literatos Tavares Bastos, Tobias Barreto, Silvio Romero, Euclides da Cunha e Lima Barreto.
26. Octávio Brandão, *Combates e Batalhas*, p. 16.

8 – A história da terra	A natividade; A evolução; A fase atual; As cheias; Os fenômenos sísmicos; Uma síntese
9 – O calor	–
10 – A humidade	–
11 – Os meteoros	–
12 – O clima	–

Fonte: Octávio Brandão, *Canaes e Lagôas*, vol. 1, Rio de Janeiro, Jacintho Ribeiro dos Santos, 1919.

O livro não é divido em capítulos, mas em "ciclos", de um a doze. Mais importante ainda é a teoria explicativa proposta no plano geral da obra e que pode ser observada em um quadro que se pretende uma abordagem total dos aspectos geográficos, antropológicos e históricos da região[27]. Na apresentação do quadro, percebe-se que o volume que temos em mãos não segue o plano proposto, pois a divisão das partes do estudo diverge da que se apresenta na edição de 1919. No "plano geral da obra" se encontra a visão formalista a partir da qual o autor observa a realidade. O estudo pretende ser realizado em três partes: A Região; A Gens; A História[28]. A primeira parte possui vinte ciclos; a segunda, dezoito; a terceira 27. A divisão rescende novamente à apropriação d'*Os Sertões,* com sua divisão A Terra, O Homem, A Luta.

O plano proposto por Brandão carrega características do naturalismo social de inspiração positivista. Ao citar trecho em que Auguste Comte explicita determinados pressupostos de sua "física social", Michael Löwy conclui que:

O positivismo comtiano está, portanto, fundamentado sobre duas premissas essenciais, estreitamente ligadas:
1. A sociedade pode ser epistemologicamente assimilada à natureza (o que nós chamaremos de "naturalismo positivista"); na vida social reina uma harmonia natural.
2. A sociedade é regida por leis naturais, quer dizer, leis invariáveis, independentes da vontade e da ação humana[29].

Pelo método formalista de Octávio Brandão, nota-se a característica exposta por Löwy de um "naturalismo positivista": a possibilidade de assimilar a

---

27. Ver quadro anexo em Octávio Brandão, *Canaes e Lagôas*.
28. O volume que foi efetivamente editado em 1919 possui apenas uma pequena parcela desse plano: uma fração da primeira parte, "A Região".
29. Michael Löwy, *Método Dialético e Teoria Política*, Rio de Janeiro, Paz e Terra, 1978, p. 10.

sociedade à natureza. Por outro lado, em *Canais e Lagoas* aparece um conteúdo de crítica social. Dessa forma, não se pode concluir que, para o alagoano, a sociedade, sendo regida por leis naturais, seja imune às transformações propiciadas pela ação e vontade humanas.

No sétimo ciclo, encontra-se o núcleo da crítica elaborada pelo autor. Octávio Brandão defende a existência de indícios de petróleo na região. As denúncias apresentadas giram em torno de um patriotismo que visa ao desenvolvimento nacional e que combate a perpetuação da dependência externa: "Já é tempo de abrirmos os olhos para as nossas riquezas e confiarmos antes nelas, do que nos clássicos empréstimos indecentes ou nas promessas falazes dos nossos pretendidos irmãos latinos ou amigos britânicos, que afinal não passam de sanguessugas insaciáveis"[30]. E ainda: "Acabemos com a nossa inércia; desistamos do amor exagerado ao estrangeiro em troca de um desprezo generalizado às coisas nacionais"[31]. A demanda do olhar mais atento às "coisas nacionais" se desdobra não apenas em temas ligados ao desenvolvimento econômico e social, mas também intelectual. Para Octávio Brandão, a intelectua-

30. Octávio Brandão, *Canaes e Lagôas*, p. 133.
31. *Idem*, p. 137. Esse trecho de *Canais e Lagoas* foi citado na homenagem que abre *O Escândalo do Petróleo e Ferro*, de Monteiro Lobato. A homenagem recorda que "há mais de um quarto de século, um menino de 20 anos, filho do Norte, lançou um livro de gênio – caótico, meio ciência, meio hino divinatório, o mais profundo grito d'alma do seu tempo e o menos ouvido e compreendido. Considerado 'louco', foi perseguido, difamado, escorraçado da sua terra. Mas suas palavras ficaram – e quero que na entrada deste livro figurem algumas, que cito com profunda emoção". Depois de o trecho ser citado, lamenta-se: "o livro de Octávio Brandão foi publicado em 1919, há 37 anos, portanto, e os petróleos de Alagoas – e do Brasil inteiro – continuam sabotados..." Monteiro Lobato, *O Escândalo do Petróleo e Ferro*, 3. ed., São Paulo, Brasiliense, 1948, pp. 1-2. Uma série de questões torna difícil estabelecer a autoria dessa homenagem. O prefácio é assinado por Caio Prado Júnior, mas o texto que se segue, intitulado "homenagem", não traz assinatura alguma. Poderíamos assim, considerá-lo responsabilidade do editor? O chefe da editora Brasiliense, onde se publicou o livro (uma versão anterior, intitulada *O Escândalo do Petróleo*, fora publicada em 1936 pela Companhia Editora Nacional, tendo ao menos cinco edições apenas entre 1936 e 1937) era, segundo Laurence Hallewell, Artur Neves, sendo a "base da nova companhia", além de Neves, o historiador Caio Prado Júnior, o próprio Monteiro Lobato e a escritora Maria José Dupré. Os três primeiros haviam criado, em 1943, uma revista intitulada *Hoje: O Mundo em Letra de Forma*. Laurence Hallewell, *O Livro no Brasil: Sua História*, p. 369. Mas o inusitado é a periodização inscrita no próprio texto. Aponta-se (corretamente) que o livro de Octávio Brandão foi publicado em 1919, "há 37 anos", o que nos levaria a supor que o texto é de 1956. Há uma edição de 1956, a oitava, mas não é a primeira que publicou tais linhas. Elas já se encontram, no mínimo, desde a 3ª edição (que foi a mais antiga a que tivemos acesso), que é de 1948, portanto, apenas 29 anos (pouco mais de um quarto de século, como se aponta no início da homenagem) após lançamento do livro de Octávio Brandão. Seria um erro de datação? E quem seria o efetivo autor do texto? De qualquer forma, o trabalho de Octávio Brandão era lembrado na obra de Monteiro Lobato (as edições mais recentes mantiveram o prefácio de Caio Prado Júnior, mas suprimiram a homenagem).

lidade seria retrógrada, havendo a necessidade de se desenvolver também esse aspecto da vida nacional.

Ao fim do oitavo ciclo, "A História da Terra", no sexto subciclo intitulado "uma síntese", o autor apresenta um conjunto de 23 reivindicações. Os itens tratam de necessidades práticas, como o imperativo de exploração de determinados minérios e a proteção da natureza. Aborda, ainda, aspectos do desenvolvimento intelectual, por meio da criação de uma universidade e dos estudos da natureza e da sociedade brasileiras.

Assim, podem-se compreender os traços gerais da obra seminal de Octávio Brandão. Inspirado em certo tipo de positivismo, buscava assimilar Homem e Natureza dentro de um só recorte teórico-metodológico. Possui igualmente uma tendência à crítica social e apelo à necessidade de buscar o melhoramento da nação, passando necessariamente pelo seu conhecimento, tarefa das artes e das ciências. À sombra da herança euclidiana, o anarquista alagoano fazia sua a divisa do consórcio entre ciência e arte.

Cumpre notar que tais características da obra de Octávio Brandão, mesmo que sofrendo a enorme influência dos líderes da Internacional Comunista, permanecerão insistentemente em sua visão de mundo. Podemos pensar no esquematismo com o qual tratou a recém-descoberta dialética marxista, cujo entusiasmo, segundo João Quartim de Moraes, "levou-o a aplicá-la ingenuamente à periodização da história do proletariado brasileiro, amoldando a luta operária de maneira a fazê-la caber na famosa tríade dialética hegeliana"[32]. Cada período da história do movimento operário, e mesmo da história da humanidade, caberia, sem mediações, em um polo da tese-antítese-síntese. É forçoso notar o nome que o militante, já comunista, dará para cada unidade desse processo triádico: ciclo. Assim, a história do Brasil teria produzido dez ciclos e a de Roma (da antiguidade até os anos 1920) oito ciclos[33]. Não podemos identificar com toda certeza a origem da ideia de ciclo nos escritos de Octávio Brandão, utilizada em *Canais e Lagoas* e novamente em *Agrarismo e Industrialismo*, mas é muito provável que as fontes sejam as ciências naturais: biologia, física, álgebra ou astronomia[34].

32. João Quartim de Moraes, "Octávio Brandão", em Luiz Bernardo Pericás & Lincoln Secco (orgs.), *Intérpretes do Brasil*, p. 20.
33. Fritz Mayer [pseud. Octávio Brandão], *Agrarismo e Industrialismo*, Buenos Aires [Rio de Janeiro], s/n, 1926, pp. 62-63 [Bibliotecа AEL-Unicamp].
34. Octávio Brandão lançará mão novamente da divisão da obra em "ciclos" em seu livro de ficção, *O Caminho*, publicado em 1950.

Capa e frontispício de *Canais e Lagôas*, edição de 1919. Acervo da Biblioteca Florestan Fernandes/ FFLCH-USP.

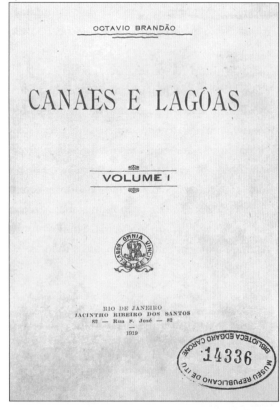

Ainda no importante texto, em grande medida evolução do pensamento de Octávio Brandão a partir de *Agrarismo e Industrialismo*, que definirá a teoria da revolução do primeiro núcleo dirigente comunista, "O Proletariado Perante a Revolução Democrática Pequeno-burguesa" (1928), o estilo que comporta referências às ciências naturais se encontra mais uma vez presente. Logo nos primeiros parágrafos, tratando da diferenciação entre a revolução democrática pequeno-burguesa e a revolução proletária, Brandão apela para a matemática e aponta que "a fim de resolver esse problema, temos de estabelecer bem claramente os termos da proporção para que possamos encontrar a significação e o valor da incógnita"[35]. Portanto, a discussão dessa questão política se daria por meio da resolução de uma equação matemática. Mais adiante, o ideólogo comunista se reporta à geometria para preconizar que "um dos nossos trabalhos fundamentais deve consistir em lutar para que a revolução democrática pequeno-burguesa seja colocada num plano inclinado que a faça rolar no sentido da profundeza da revolução proletária"[36]. Ao pensar nas rupturas e continuidades, pode-se encontrar no quadro intelectual em que Octávio Brandão escreveu *Canais e Lagoas* as raízes dessa forma de pensar em sua fase comunista.

Propaganda Anarquista: Romantismo Libertário e "Revolução Moral"

Malgrado Octávio Brandão afirmar em suas memórias que sua participação na propagação de ideais anarquistas tenha se limitado a dois anos e meio, entre 1919 e 1921[37], pode-se observar sua atuação na imprensa proletária de influência ácrata pelo menos entre 1917 e junho de 1922[38]. Conforme Marcos Del Roio, "decerto Octávio Brandão já era anarcossindicalista nessa época (com pouco mais de 20 anos de idade), período em que realizou importante pesquisa que redundaria no seu pioneiro livro *Canais e Lagoas*, anunciando a existência de petróleo em solo nordestino"[39].

35. Octávio Brandão, "O Proletariado Perante a Revolução Democrática Pequeno-burguesa", *apud* Michel Zaidan Filho, *PCB (1922-1929). Na Busca das Origens de um Marxismo Nacional*, São Paulo, Global, 1985, p. 121.
36. *Idem*, p. 131.
37. Octávio Brandão, *Combates e Batalhas*, p. 170.
38. Alice Anabuki Plancherel, *Memória & Omissão: Anarquismo & Octavio Brandão*, p. 97.
39. Marcos Del Roio, "Octávio Brandão Nas Origens do Marxismo no Brasil", *Crítica Marxista*, p. 117.

No entanto, foi no Rio de Janeiro, onde aportou em maio de 1919, que Octávio Brandão encetou esforço especial para a divulgação das ideias libertárias por meio da publicação de folhetos. Em contato estreito com o movimento operário e com os principais pensadores anarquistas, este período demarca uma fase de sua produção intelectual.

Todas as suas publicações vieram a lume mediante esforço financeiro do próprio autor, além da arrecadação junto a sindicatos operários. Brandão imprimirá grande parte de suas brochuras anarquistas na pequena tipografia do artesão português Fonseca, a Tipo-Arte, à rua Ledo, 68. O folheto *Apontamentos de um Burguês*, escrito sob o pseudônimo de Salomão, foi redigido em novembro de 1919 e publicado um mês mais tarde. Duas brochuras saíram sob o pseudônimo Brand, inspirado na obra de Henrik Ibsen: *Despertar! Verbo de Combate e de Energia* e *Os Desmoronamentos Divinos*. A primeira foi escrita em janeiro de 1920 e apareceu logo depois[40]. A segunda apareceu no mesmo ano, financiada em grande parte pelo rateio de 184 mil réis feito pelo sindicato dos sapateiros. Num custo total de 187 mil réis, imprimiram-se oitocentos exemplares[41]. *Véda do Mundo Novo* fora escrito entre setembro e outubro de 1919, mas a edição é de 1920. Com tiragem de mais de dois mil exemplares, custou 600 mil réis, fruto de rateios de operários e do bolso do próprio autor[42].

Em 1922, apareceu *Apelo à Nacionalidade Brasileira*, texto de uma conferência pronunciada no sindicato dos tecelões em 14 de julho de 1920, em memória à queda da Bastilha. Os jornais anarquistas *Voz do Povo* e *A Plebe* publicaram trechos da brochura ainda em 1920. Sua capa, caricatura de Cristo crucificado sobre o mapa do Brasil, foi desenhada pelo artista Miguel Capplonch[43]. *Apelo à Nacionalidade Brasileira* era vendido pelo livreiro-editor Jacinto Ribeiro dos Santos, a 1$500[44]. *Mundos Fragmentários* foi editado por volta de setembro de 1922, apesar de ter sido escrito em fevereiro de 1920. Por fim, a redação de *Educação* foi concluída em janeiro de 1922, mas a brochura foi publicada em 1923, quando Octávio Brandão já havia aderido ao PCB[45].

---

40. Octávio Brandão, *Combates e Batalhas*, p. 181.
41. *Idem*, p. 184.
42. *Idem*, p. 187.
43. *Idem*, p. 194.
44. Informações da lista de obras do autor publicada em *Mundos Fragmentários*.
45. Octávio Brandão, *Combates e Batalhas*, p. 206.

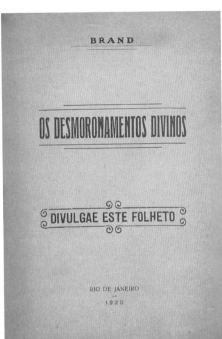

Capas das brochuras libertárias de Octávio Brandão, *Mundos Fragmentários*, *Os Desmoronamentos Divinos* e *Despartar! Verbo de Combate e de Energia*. A capa da primeira é do artista Miguel Capplonch. As demais possuem capas tipográficas. Acervo da Biblioteca Edgard Carone.

Como afirma Lincoln Secco, "é difícil dar um sentido ao anarquismo ou mesmo um denominador comum de suas várias correntes no Brasil"[46]. No entanto, poder-se-ia dizer que, menos que um conjunto de correntes (que decerto existiam, é claro), havia a articulação de uma gama ampla de temas que configuravam a doutrina anarquista no Brasil, ao menos em algumas de suas figuras. Ao observar a diversidade presente nos escritos anarquistas de Octávio Brandão, antes do debate que dividiria "plataformistas" e "sintetistas" no seio do anarquismo europeu[47], podemos dizer que havia em seu pensamento uma confluência do que Sébastian Faure chamaria, no célebre documento "A Síntese Anarquista", as três grandes correntes anarquistas: o anarcossindicalismo, o comunismo libertário e o anarcoindividualismo[48]. É claro que se trata aqui apenas de uma comparação analítica, pois Brandão certamente não pensava nesses termos.

No que concerne ao debate estratégico, do qual passa ao largo em suas brochuras de divulgação anarquista, Octávio Brandão provavelmente preconizava a doutrina anarcocomunista como ideologia e o sindicalismo revolucionário como estratégia. Assim se expressa em 1920:

> O 3º Congresso Operário Brasileiro reunido em abril de 1920, veio mostrar que em nosso país só havia no seio do proletariado consciente uma única tendência: a anarquista comunista. De modo que, quem pregar outra ideia a não ser esta, só poderá fazer uma obra condenável, nefastíssima, pois é o mesmo que preparar a cisão do proletariado, portanto, enfraquecê-lo. Isto, por um lado. Por outro, anos e anos de lutas sem trégua têm revelado que os trabalhadores só poderão resolver suas questões pela Ação Direta, pelas batalhas sindicalistas, pelas greves revolucionárias[49].

46. Lincoln Secco, *A Batalha dos Livros*, p. 45.
47. O chamado "plataformismo" tem suas origens no texto "Plataforma Organizacional dos Comunistas Libertários", publicado em 1926, por um grupo de anarquistas russos exilados na França no periódico *Dielo Truda* e influenciou grande parte do anarquismo organizacionista, inclusive o que se conhece como "especifismo" (ideia germinada pela Federação Anarquista Uruguaia que prega a necessidade de criação da organização especificamente anarquista). O que se passou a conhecer como "sintetismo anarquista" tem suas origens nos textos de Sébastian Faure e Volin, que polemizavam com a "plataforma" indicando que o anarquismo possuía três vertentes principais (anarcossindicalismo, anarcocomunismo e anarcoindividualismo) e que se deveria defender a síntese entre as diversas correntes.
48. Sébastian Faure, "A Síntese Anarquista" (1928). Acessado no órgão de informação anarquista Anarkismo.net: www.anarkismo.net/article/12392. Último acesso em 9.1.2017.
49. Octávio Brandão, "Aos Trabalhadores do Brasil", *Voz do Povo*, 22 de ago. de 1920, *apud* Edgard Carone, *Movimento Operário no Brasil (1877-1944)*, São Paulo; Rio de Janeiro, Difel, 1979, pp. 364-365.

Em *Mundos Fragmentários*, Brandão tentará definir seu anarquismo: "Quanto a mim, não admito nem aceito a menor conciliação entre o meu anarquismo (ateu, anti-militarista, anti-burguês, anti-estatista, anti-cristão, comunista e um tanto individualista, egoísta-dionisista) e outras quaisquer concepções"[50].

Silvia Lang Magnani, ao analisar as interpretações libertárias da realidade brasileira nas duas primeiras décadas do século xx, apontou que "os libertários não se detiveram em extensas e amplas análises sobre a economia brasileira, analisaram-na de maneira fragmentária, referindo-se sobretudo a São Paulo (e secundariamente ao Rio de Janeiro)"[51]. Para tentar uma visão de conjunto, a pesquisadora buscou informações em textos esparsos nos periódicos anarquistas *La Battaglia* e *Terra Livre*[52].

Podemos cunhar a hipótese de que o arco amplo de temáticas abordadas por Octávio Brandão seja fruto de uma cultura política própria do movimento libertário, algo que se modificará significativamente entre os antigos anarquistas que aderem ao comunismo. Entre os militantes libertários, como Octávio Brandão, havia um forte valor conectado à ideia de Livre Pensamento, compartilhado, aliás, por outras tendências ideológicas, como maçons e racionalistas em geral. Essa postura conectava alguns libertários a outras correntes de pensamento nas primeiras décadas do século xx. O cientificismo era um dos aspectos de uma visão de mundo que buscava se libertar dos entraves do pensamento católico e professar o avanço da civilização. Ao citar correntes de pensamento como o darwinismo e o spencerismo, José Carlos Barreto de Santana apontou como "essas correntes do pensamento integram o cientificismo que se instalou na produção cultural brasileira da segunda metade do século xix, numa sociedade que manteria a sua essência agrícola, mas veria extintos o regime escravista e a monarquia, antes que chegasse o final do século"[53]. Por esse motivo, podemos ver em libertários, como Octávio Brandão, a confluência com valores compartilhados por uma intelectualidade progressista, como

---

50. Octávio Brandão, *Mundos Fragmentários*, Rio de Janeiro, s/n, 1922, p. 27 [Biblioteca AEL-Unicamp].
51. Silvia Ingrid Lang Magnani, *O Movimento Anarquista em São Paulo (1906-1917)*, s/l, Brasiliense, 1982, p. 151.
52. Cumpre notar que *La Battaglia* foi um dos principais órgãos anarquistas anti-organizacionistas, que não acreditavam na atuação sindical, enquanto *Terra Livre* defendia a atuação dos anarquistas nos sindicatos operários.
53. José Carlos Barreto de Santana, *Ciência & Arte. Euclides da Cunha e as Ciências Naturais*, p. 32.

o Livre Pensamento. Ainda que obviamente mantendo um *corpus* próprio de doutrina anarquista (Bakunin, Kropotkin, Malatesta, Reclus) é possível observar nos catálogos de muitas brochuras anarquistas a recomendação de leitura de uma gama bastante variada de autores das mais diversas tendências.

Em um clássico da literatura ideológica anarquista, cuja segunda edição é de 1918, *O Que Querem os Anarquistas*, de Jorge Thonar, as leituras recomendadas na contracapa, para além da doutrina libertária, são de diversas tendências: Sébastian Faure, Büchner, Euclides da Cunha, Charles Darwin e outros:

> Procurem Nas Livrarias
> *História Universal* .... Jacquinel
> *Força e Matéria* .... Luiz Büchner
> *A Dor Universal*............................ Sebastião Faure
> *A Escravidão Social da Mulher* .... Victor Russomano
> *Vás Torturas*............................... D. Ribeiro Filho
> *Os Sertões*................................. Euclides da Cunha
> *O Amor Livre*.............................. Charles Albert
> *A Igreja e a Liberdade*....................... Emilio Bossi
> *Origem das Espécies* .... Carlos Darwin
> *A Sugestão e as Multidões* .... Pascoal Rossi
> *Criação e Vida*............................. Rodolfo Benuzzi
> [...]
> Obras de Pedro Kropotkine, Jean Grave, Augustinho Hamon, Emilio Zola, Otavio Mirbeau, Maximo Gorki, Fábio Luz, Leon Tolstoi[54].

Já a publicação do Grupo Teatral Cultura Social trazia entre os "livros que se devem ler" obras de Kropotkin, Sébastian Faure e Elisée Reclus, mas também do poeta Hermes Fontes e de Maximo Gorki[55]. Na obra de Octávio Brandão, a marca do ecletismo se reflete nas referências estampadas ao final de várias de suas brochuras libertárias, sendo a mais completa a de *Mundos Fragmentários*. Os livros comunistas já apareciam em sua bibliografia, mas configuravam apenas uma das treze categorias de livros recomendados, as quais perfaziam temas como anarquismo, ateísmo, anti-militarismo, meditação científica e filosófica. Apesar de, como vimos anteriormente, parte de

---

54. Jorge Thonar, *O Que Querem os Anarquistas*, Rio de Janeiro, Grupo Anarquista Jerminal, 1918 (Propaganda Libertária) [Biblioteca Edgard Carone].
55. Saint Barb, *Pequenas Coplas*, Pelotas, Grupo Teatral Cultura Social, [1]914 [Biblioteca Edgard Carone].

uma literatura preconizada pela militância libertária prosseguir entre os livros indicados pelos comunistas (provavelmente por influência de Everardo Dias), é notório que o arco de literatura recomendada por Octávio Brandão estreitar-se-á após sua adesão ao comunismo[56].

OCTÁVIO BRANDÃO, APÊNDICE DE *MUNDOS FRAGMENTÁRIOS*

Autor	Título	Idioma do título	Categoria
Fabio Luz	*Os Emancipados*	português	1ª categoria – Iniciação
Maximo Gorki	*A Mãe*	português	1ª categoria – Iniciação
Joaquin Dicenta	*Los Barbaros*	espanhol	1ª categoria – Iniciação
Emilio Zola	*Germinal*	português ou espanhol?	1ª categoria – Iniciação
Blasco Ibañez	*A Cathedral*	português	1ª categoria – Iniciação
Vargas Vila	*Los Parias*	espanhol	1ª categoria – Iniciação
Tolstoi	*Ressurreição*	português	1ª categoria – Iniciação
Kropotkine	*Em Volta de uma Vida*	português	1ª categoria – Iniciação
Stepniak	*A Russia Terrorista*	português	1ª categoria – Iniciação
N. Tasin	*Héroes y Mártires de la Revolución Rusa*	espanhol	1ª categoria – Iniciação
Clemencia Jacquinet	*Historia Universal*	português ou espanhol?	1ª categoria – Iniciação

56. Algumas décadas mais tarde, em 1942, a individualista Maria Lacerda de Moura (com quem Octávio e Laura Brandão haviam mantido relações nos anos 1920), ao atacar uma crítica de Afonso Schmidt a Max Stirner, seria taxativa em relação a Brandão (provavelmente Octávio): "Se o Schmidt lesse hoje Stirner, como artista e individualista que é (não há ninguém mais individualista!), se ainda fosse livre para ler aquele grande anarquista, ficaria encantado, maravilhado. Mas, não pode, porque os comunistas do tempo do Brandão decretaram que ser anarquista e individualista é a maior vergonha do mundo". Carta de Maria Lacerda a Rodolfo Felipe, Ilha do Governador, 16 de maio de 1942, *apud* Edgar Rodrigues, *Os Libertários*, Rio de Janeiro, VJR Editores Associados, 1993, p. 186. Cumpre notar que Maria Lacerda também se revoltava diante dos ataques que anarquistas faziam a ela.

René Chaughi	*La Femme Esclave*	francês	1ª categoria – Iniciação
Paulo Berthelot	*Evangelho da Hora*	português	2ª categoria – Anarchismo
Malatesta	*No Café*	português	2ª categoria – Anarchismo
Thonar	*O Que Querem os Anarquistas*	português	2ª categoria – Anarchismo
Eltzbacher	*As Doutrinas Anarchistas*	português	2ª categoria – Anarchismo
Sebastião Faure	*A Dôr Universal*	português	2ª categoria – Anarchismo
Kropotkine	*A Conquista do Pão*	português	2ª categoria – Anarchismo
Kropotkine	*O Estado*	português	2ª categoria – Anarchismo
Kropotkine	*A Grande Revolução*	português	2ª categoria – Anarchismo
Jean Grave	*A Sociedade Futura*	português	2ª categoria – Anarchismo
Eliseu Reclus	*Evolução, Revolução e Idéal Anarchista*	português	2ª categoria – Anarchismo
Cornelissen	*Em Marcha para a Sociedade Nova*	português	2ª categoria – Anarchismo
Carlos Dias	*A Luta Syndicalista*	português	2ª categoria – Anarchismo
Karl Marx	*Manifeste Communiste*	francês	3ª categoria – Communismo
Lenine	*L'État et la Révolution*	francês	3ª categoria – Communismo
Bukharine	*Programma Communista*	português?	3ª categoria – Communismo
Paul Louis	*La Crise du Socialisme Mondial*	francês	3ª categoria – Communismo
Radek	*El Desarrollo de la Revolución Mundial*	espanhol	3ª categoria – Communismo
Trotski	*Terrorisme et Communisme*	francês	3ª categoria – Communismo
Trotski	*Nouvelle Étape*	francês	3ª categoria – Communismo

Roger Lévy	*Trotski*	francês?	3ª categoria – Communismo
Sadoul	*Notes Sur la Révolution Bolchevique*	francês	3ª categoria – Communismo
Ossip-Lourié	*La Révolution Russe*	francês	3ª categoria – Communismo
Ransome	*Six Semaines en Russie*	francês	3ª categoria – Communismo
Lansbury	*Ce Que J'ai Vu en Russie*	francês	3ª categoria – Communismo
Ingenieros	*Tiempos Nuevos*	espanhol	3ª categoria – Communismo
André Morizet	*Chez Lénine et Trotski*	francês	3ª categoria – Communismo
Eugène Varga	*La Dictature du Prolétariat*	francês	3ª categoria – Communismo
–	*Compte Rendu du Congrés des Peuples de l'Orient à Bakou*	francês	3ª categoria – Communismo
Lenine	*La Maladie Infantile du Communisme*	francês	3ª categoria – Communismo
–	Éditions de l'Internationale Communiste	francês	3ª categoria – Communismo
J. Tissot	*Le Catholicisme et l'Instruction Publique*	francês	4ª categoria – Anti-catholicismo
Guerra Junqueiro	*A Velhice do Padre Eterno*	português	4ª categoria – Anti-catholicismo
Emilio Bossi	*A Igreja e a Liberdade*	português	4ª categoria – Anti-catholicismo
Alexandre Herculano	*Historia da Origem e Estabelecimento da Inquisão em Portugal*	português	4ª categoria – Anti-catholicismo
Henri-Charles Lea	*Histoire de l'Inquisition au Moyen Âge*	francês	4ª categoria – Anti-catholicismo
Baron de Ponnat	*Histoire de Variations et Contradictions de l'Église Romaine*	francês	4ª categoria – Anti-catholicismo
Emmanuel Roïdis	*La Papesse Jeanne*	francês	4ª categoria – Anti-catholicismo
Émile Ferrière	*Les Apôtres*	francês	4ª categoria – Anti-catholicismo
Carlo Pascal	*L'Incendie de Rome*	francês	4ª categoria – Anti-catholicismo

Carlo Pascal	*Dei e Diavoli*	italiano	4ª categoria – Anti-catholicismo
J. W. Draper	*Les Conflits de la Science et de la Religion*	francês	4ª categoria – Anti-catholicismo
A.-D. White	*Histoire de la Lutte Entre la Science et la Théologie*	francês	4ª categoria – Anti-catholicismo
Emilio Bossi	*Christo Nunca Existiu*	português	5ª categoria – Anti-christianismo
Binet Sanglé	*A Loucura de Jesus*	português	5ª categoria – Anti-christianismo
Louis Jacolliot	*La Bible dans l'Inde – Vie de Jezeus Christna*	português	5ª categoria – Anti-christianismo
Nietzsche	*Anti-Christo*	português	5ª categoria – Anti-christianismo
Th. Nöldeke	*Histoire Litteraire de l'Ancien Testament*	francês	6ª categoria – Critica da Biblia
Eugène Hins	*La Bible Expliquée*	francês	6ª categoria – Critica da Biblia
Émile Ferrière	*Les Mythes de la Bible*	francês	6ª categoria – Critica da Biblia
Émile Ferrière	*Les Erreurs Scientifique de la Bible*	francês	6ª categoria – Critica da Biblia
Philip Davis	*La Fin du Monde des Esprits – Le Spiritisme Devant la Raison et la Science*	francês	7ª categoria – Anti-espiritismo
Timótheon	*Não Creio em Deus*	português	8ª categoria – Atheismo
Sebastião Faure	*As Doze Provas da Inexistencia de Deus*	português	8ª categoria – Atheismo
Bakunine	*Dios y el Estado*	espanhol	8ª categoria – Atheismo
A. Hamon	*Psychologia do Militar Profissional*	português	9ª categoria – Anti-militarismo
Francis Delaisi	*Os Financeiros, os Politicos e a Guerra*	português	9ª categoria – Anti-militarismo
André Girar	*L'Enfer Militaire*	francês	9ª categoria – Anti-militarismo
Urbain Gohier	*Aux Femmes*	francês	9ª categoria – Anti-militarismo
Ivan Subiroff	*A Oligarchia Paulista*	português	10ª categoria – Anti-capitalismo

Léo	*Le Gouffre des Capitaux*	francês	10ª categoria – Anti-capitalismo
J. Barberet	*La Bataille des Intérêts*	francês	10ª categoria – Anti-capitalismo
Lysis	*Contre l'Oligarchie Financière en France*	francês	10ª categoria – Anti-capitalismo
José Oiticica	*Principios e Fins*	português	11ª categoria – Meditação social
Ibsen	*L'Ennemi du Peuple*	francês	11ª categoria – Meditação social
Ossip-Lourié	*La Philosophie Sociale dans le Théatre d'Ibsen*	francês	11ª categoria – Meditação social
A. Hamon	*As Lições da Guerra Mundial*	português	11ª categoria – Meditação social
Luiz Büchner	*Força e Materia*	português	12ª categoria – Meditação scientifica
Ch. Letourneau	*Science et Materialisme*	francês	12ª categoria – Meditação scientifica
Albert Lange	*Histoire du Materialisme*	francês	12ª categoria – Meditação scientifica
Darwin	*L'Origine des Spèces*	francês	12ª categoria – Meditação scientifica
Darwin	*La Descendence de l'Homme*	francês	12ª categoria – Meditação scientifica
Haeckel	*Les Preuves du Transformisme*	francês	12ª categoria – Meditação scientifica
Émile Ferrière	*Le Darwinisme*	francês	12ª categoria – Meditação scientifica
Thomas Huxley	*Du Singe à l'Homme*	francês	12ª categoria – Meditação scientifica
Kropotkine	*L'Entre-Aide*	francês	12ª categoria – Meditação scientifica

Fauvelle	*La Physico-Chimie*	francês	12ª categoria – Meditação scientifica
Ostwald	*L'Energie*	francês	12ª categoria – Meditação scientifica
Élisée Réclus	*L'Homme et la Terre*	francês	12ª categoria – Meditação scientifica
André Lefèvre	*La Religion*	francês	12ª categoria – Meditação scientifica
Ernest Lesigne	*L'irreligion de la Science*	francês	12ª categoria – Meditação scientifica
Charles Guignebert	*L'Évolution des Dogmes*	francês	12ª categoria – Meditação scientifica
A. van Gennep	*La Formation des Légendes*	francês	12ª categoria – Meditação scientifica
André Lefèvre	*La Philosophie*	francês	13ª categoria – Meditação philosophica
Émile Burnouf	*La Vie et la Pensée*	francês	13ª categoria – Meditação philosophica
Lucrèce	*De la Nature des Choses*	francês	13ª categoria – Meditação philosophica
Guyau	*Esquisse d'une Morale*	francês	13ª categoria – Meditação philosophica
Walt Whitman	*Poemas*	português?	13ª categoria – Meditação philosophica
Daniel Halévy	*La Vie de Fréderic Nietzsche*	francês	13ª categoria – Meditação philosophica
Lichtenberger	*La Filosofía de Nietzsche*	espanhol	13ª categoria – Meditação philosophica

Faguet	*En Lisant Nietzsche*	francês	13ª categoria – Meditação philosophica
Nietzsche	*Aurora*	espanhol?	13ª categoria – Meditação philosophica
Nietzsche	*La Gaya Ciencia*	espanhol	13ª categoria – Meditação philosophica
Nietzsche	*Humano, Demasiado Humano*	espanhol?	13ª categoria – Meditação philosophica
Nietzsche	*El Crepúsculo de los Ídolos*	espanhol	13ª categoria – Meditação philosophica
José Ingenieros	*Proposiciones Relativas al Porvenir de la Filosofía*	espanhol	13ª categoria – Meditação philosophica
Victor Basch	*L'Individualisme Anarchiste*	francês	13ª categoria – Meditação philosophica
Max Stirner	*El Unico y Su Propriedad*	espanhol	13ª categoria – Meditação philosophica

Fonte: Octávio Brandão, *Mundos Fragmentários*, Rio de Janeiro, s/n, 1922, pp. 69-74 [Biblioteca AEL-Unicamp].

Talvez quem tenha expressado melhor as tensões dessa passagem (decerto gradual e incompleta) de uma cultura política que recomendava um arco largo de tendências de leitura para algo mais estreito e dirigido, tenha sido justamente o militante banido, Antonio Bernardo Canellas. Em seu relatório da delegacia à Rússia, ao se referir à "técnica dialética marxista e sua respectiva terminologia", Canellas aponta em nota de pé de página:

> Essa terminologia tem-se requintado a tal ponto que hoje em dia, para se escrever qualquer coisa do agrado desses meticulosos puristas do marxismo, é mister fazer-se uma verdadeira tradução da linguagem usual para o dialeto "marxista". Todos os problemas humanos, todos os fenômenos históricos, têm as suas denominações apropriadas, já achadas, dispostas em série, catalogadas segundo um plano sistemático. Quando um fato qualquer parece querer extravasar de dentro desses moldes, lima-se um pouco a realidade, força-se a lógica e a razão, contanto que ele entre no termo sistemático que a técnica lhe designa. Não

concordo com semelhante prática. Acho preferível deixar-se o pensamento livre: depois, ver-se-á se o que ele produziu confere ou não com o que "Marx disse". Esse sistema de em tudo procurarmos achar, *a priori*, uma concordância com o pensamento de Marx pode determinar erros deploráveis e uma certa falta de perspectiva diante dos fenômenos sociais[57].

No entanto, há um outro fator que se deve notar para a compreensão da temática ampla do anarquista Octávio Brandão. As brochuras que escreveu no período de sua militância libertária, na capital federal, editadas em parte por esforço de sindicatos operários, configuravam, sobretudo, obras de divulgação e vulgarização do ideário anarquista. Portanto, obras destinadas menos à discussão teórica ou estratégica interna aos correligionários anarquistas, e mais à formação política da base sindical. Esse fator explica em parte o caráter amplo e aberto da temática abordada nos opúsculos e, igualmente, a forma que assumirá a produção intelectual de Octávio Brandão no momento de sua adesão ao comunismo.

Observemos o conteúdo desses textos mais de perto. Na maior parte deles, a forma escolhida é a dos aforismos. Mas, ao se referir especificamente a *Mundos Fragmentários* em suas memórias, o autor aponta tê-lo escrito como uma série de "aforismos e anotações"[58], fórmula que explica melhor seu estilo. Misturam-se trechos de reflexão, apontamentos sobre sua própria experiência, palavras de ordem e mesmo algumas provocações mais ingênuas ou de chalaça.

É possível identificar uma série de temas recorrentes nas brochuras publicadas por Octávio Brandão. Um dos alvos mais comuns será a religião. O anticlericalismo apontava a hipocrisia da Igreja católica, cuja ação não correspondia à moral propagada. Esta ideia é exposta na epígrafe de *Os Desmoronamentos Divinos*, citação da obra *Brand*, de Henrik Ibsen: "Para ter a fé, é preciso ter uma alma, e estes *mercadores de graças divinas* não a têm. Seu credo é a mentira..."[59]. Mas também aparece uma ideia bastante recorrente entre autores ácratas do período: a Igreja teria deturpado as ideias de Jesus Cristo, homem que possuiu falhas, mas foi anunciador de concepções superiores. Para Brandão, é "o nosso cristianismo a mais formidável falsificação do pensamen-

---

57. Moisés Vinhas, *O Partidão. A Luta por um Partido de Massas (1922-1974)*, São Paulo, Hucitec, 1982, pp. 26-27. O relatório de Antonio Bernardo Canellas aparece como anexo nesse livro de Moisés Vinhas.
58. Octávio Brandão, *Combates e Batalhas*, p. 197.
59. Brand [pseud. Octávio Brandão], *Os Desmoronamentos Divinos*, Rio de Janeiro, s/n, 1920, p. 3 [Biblioteca Edgard Carone]. Grifo do original.

to de um homem superior. [...] Certo que ele não deixou de ter sua culpa: dogmatizando-se, julgando-se de posse da verdade...Pobre Cristo!"[60]

Em consonância com a denúncia à hipocrisia católica, está a crítica aos aspectos morais de uma sociedade opressora. O casamento deve ser ato consumado exclusivamente pelo entrelaçamento moral de dois indivíduos, baseado no amor e na afinidade intelectual. Um dos importantes desdobramentos dessa posição é a crítica à condição feminina na sociedade. Mas cumpre notar que a denúncia da condição oprimida da mulher é um dos pontos ambíguos do anarquismo de Octávio Brandão. Por um lado, aparece a denúncia à opressão machista, mesmo como forma de despotismo que atravessa a condição de classe[61]. No entanto, o anarquista critica o "feminismo", pois o compreende seja como uma demanda de mulheres da elite, seja como a luta por direito a voto, por espaço no parlamento[62]. Nesse ponto, Octávio pode ter recebido a influência de sua companheira Laura. Em 1917, a poeta havia escrito um livro de humor ácido, intitulado *Meia Dúzia de Fábulas*, certamente sua obra mais crítica. A mais polêmica das fábulas teria sido "Sociedade Protetora", ironia dirigida a uma sociedade de mulheres da alta sociedade que se declarava como protetora do sexo feminino. A publicação do poema em um jornal causou alvoroço e indignação e teria levado mesmo ao fechamento da "sociedade protetora"[63]. Portanto, é provável que a crítica do anarquista ao que entendia por feminismo se originasse, por um lado, de uma visão que nega a política parlamentar como uma das formas de luta pela emancipação, e, por outro lado, da negação a um discurso proferido nos meios de sociabilidade da elite.

É preciso ainda observar, entrementes, que, no discurso libertário de Octávio Brandão, a mulher é vista, de um ponto de vista biológico, como reprodutora e, de um ponto de vista social, como educadora. Segundo Alice Anabuki Plancherel, trata-se de uma visão "rigorosamente mediada pelo naturalismo social positivista"[64]. Dessa forma, o anarquista recomenda que a mulher "se compenetre de que a sua verdadeira e grandiosa missão é a de Modeladora das Gerações Futuras"[65].

---

60. Brand [pseud. Octávio Brandão], *Os Desmoronamentos Divinos*, p. 5.
61. Octávio Brandão, *Mundos Fragmentários*, p. 25.
62. *Idem*, p. 20.
63. Vólia, Sattva e Octávio Brandão, *A Imagem de Laura Brandão*, p. 41. Trata-se de uma biografia datilografada, constante do acervo do fundo Octávio Brandão do Arquivo Edgard Leuenroth.
64. Alice Anabuki Plancherel, *Memória & Omissão. Anarquismo & Octávio Brandão*, p. 108.
65. Octavio Brandão, *Mundos Fragmentários*, p. 20.

O anarquismo de Octávio Brandão coloca ainda peso significativo no individualismo. O apelo ao prazer individual é denominado "egoísmo dionisíaco". É a constatação de que todos os atos humanos são fruto do interesse. Estranhamente, esse interesse pode mesmo vir a ser altruísta[66]. Por isso, a elevação do indivíduo deve passar simultaneamente pela elevação da sociedade: "Sou individualista porque faço questão capital do desenvolvimento do indivíduo. Mas esse desenvolvimento não deve implicar a escravização das multidões. O engrandecimento do Eu terá de fazer-se em harmonia com o engrandecimento do Todo"[67].

Os anarquistas nutriam uma visão libertária de Friedrich Nietzsche, como destruidor de ídolos e filósofo anticlerical. Octávio Brandão se considera "filho espiritual" do "poeta-filósofo" quando narra sua leitura de *Assim Falou Zaratustra*:

A 8 de dezembro de 1917, dentro da Matriz de uma das cidades mais beatas do Brasil, li algumas páginas do *Zaratustra* de Frederico Nietzsche.
As palavras destruidoras do profeta genial, seus largos remígios, suas altíssimas metáforas, suas visões do futuro, ressoaram como gritos oraculares no seio do templo católico.
[...] Derrubar os velhos deuses, que alegria suprema! Destruir as velhas ideias do passado, as velharias absurdas – que ventura para um filho espiritual do poeta-filósofo[68].

Vale ressaltar que, na transição do pensamento de Brandão ao marxismo, a inspiração nitzscheana não abandonará o militante, o que o conduz a certo ecletismo teórico. Pode-se ver essa influência em todas as fases de desenvolvimento do pensamento de Octávio no período em tela. Em *Canais e Lagoas*, além de incluir o filósofo alemão na antologia de citações que abre o livro, Brandão tece comentários enaltecedores a Friedrich Nietzsche, "cuja voz [...] repercutiu em vibrações imortais através do universo"[69]. Brandão teria composto um hino libertário, o qual cita Nietzsche como "espírito que lampeja"[70]. Em *Rússia Proletária*, primeiro livro de Octávio Brandão em sua fase comunista, o militante define a Revolução Russa como a *Umwertung aller Werte*, "trans-

---

66. *Idem*, p. 29.
67. *Idem*, p. 27.
68. *Idem*, p. 11.
69. Octávio Brandão, *Canaes e Lagôas*, p. 122.
70. Antonio Vinícius Lomeu Teixeira Barroso, "Um Nietzsche à Brasileira: Intelectuais Receptores do Pensamento Nietzscheano no Brasil (1900-1940)", *Revista de Teoria da História*, ano 5, n. 9, jul. de 2013, Universidade Federal de Goiás, p. 191.

mutação de todos os valores – no mais profundo sentido nietzscheano"[71]. Chegando a *Agrarismo e Industrialismo*, mesmo que seu autor já houvesse adotado o marxismo, ao apresentar a luta dos industriais contra os agrários, define os interesses de classe daqueles como a "vontade de dominação – vontade de potência, diria o filósofo", referindo-se ao conceito nietzscheano do *Wille zur Macht*[72].

Se tentarmos uma visão de conjunto, podemos dizer que, para Octávio Brandão, a sociedade seria caracterizada por dois fatores principais: a divisão entre "tipos superiores" e "tipos inferiores", caracterizados pelo acesso à razão e ao conhecimento; e, simultaneamente, a existência de quatro castas dominadoras (padres, políticos, militares e capitalistas). Esses dois fatores se desdobram na ideia de transformação social caracterizada por uma tensão entre: *1.* a mudança pela razão e pela elevação moral e intelectual e *2.* uma ideia de revolução.

Esses ideais humanistas se aproximam muito daqueles defendidos pelos grupos que se inspiraram no projeto da revista *Clarté*, de Henri Barbusse. Alguns dos anarquistas brasileiros (inclusive os que iriam aderir ao comunismo, como Afonso Schmidt, Everardo Dias e Christiano Cordeiro) estiveram às voltas com a fundação de um grupo Clarté no Brasil. No mínimo, compartilhavam uma mesma visão de mundo. Tratando das ideias divulgadas na publicação da *Clarté* brasileira, Paulo Sérgio Pinheiro e Michael Hall apontam que:

> Os princípios gerais que influenciaram o grupo no período 1921-1922 são similares àqueles que podem ser encontrados nos escritos de Barbusse entre 1916-1919. Os brasileiros compartilhavam da mesma confiança sem limites na razão e no aperfeiçoamento humano e no mesmo comprometimento ardente, ainda que algo crítico, com a regeneração social, que caracterizavam as ideias de Barbusse, pelo menos até *La Lueur dans l'Abîme*, de dezembro de 1919. Até mesmo o estilo floreado de muitos se parece com o de Barbusse [...][73].

---

71. Octávio Brandão, *Rússia Proletária*, p. 15. O conceito, que aparece em diversos escritos de Friedrich Nietzsche, encerra o livro *O Anticristo*. Friedrich Nietzsche, *Der Antichrist. Fluch auf das Christentum*, Hamburg, tradition, s/d, p. 138.
72. Fritz Mayer [pseud. Octávio Brandão], *Agrarismo e Industrialismo*, p. 4. Diferentes compilações de textos de Nietzsche foram feitas sob o título *Der Wille zur Macht*, mas não foi um livro concebido como tal pelo filósofo, fazendo parte de seu *Nachlass*. Mesmo assim, sua correspondência indica que Nietzsche almejava publicar uma obra com esse título e para a qual seu *Assim Falou Zaratustra* serviria de preâmbulo. Marcos Sinésio Pereia Fernandes & Francisco José Dias de Moraes, "Sobre a Tradução", em Friedrich Nietzsche, *A Vontade de Poder*, Rio de Janeiro, Contraponto, 2008, pp. 15-20.
73. Michael M. Hall & Paulo Sérgio Pinheiro, "O Grupo Clarté no Brasil: da Revolução nos Espíritos ao Ministério do Trabalho", em Antonio Arnoni Prado (org.), *Libertários no Brasil. Memória, Lutas, Cultura*, São Paulo, Brasiliense, 1986, pp. 267-268.

Os princípios gerais da confiança na razão, de matriz anticlerical, e na regeneração social, contra os hábitos mundanos da sociedade moderna capitalista, e o estilo "floreado" (e hiperbólico), unem os que aderem aos princípios da Clarté e o humanismo libertário numa conjunção que se mostrará em figuras como Afonso Schmidt e Octávio Brandão. Recordando que os anarquistas brasileiros fizeram ampla campanha antimilitarista no período da Primeira Guerra Mundial (a Confederação Operária Brasileira chegou a convocar, em 1915, um Congresso Internacional da Paz)[74], pode-se pensar que essa tendência foi fruto dos efeitos da guerra, conjugando o horror do militarismo imperialista à descrença niilista na sociedade moderna capitalista. Se deslocarmos nosso olhar para a América Latina, veremos comportamento semelhante entre os intelectuais. Como afirmou José Aricó, "a experiência da guerra mundial, embora não vivida, teve ressonância particular em povos que, por suas tradições, sua cultura e suas origens, identificavam a Europa com a humanidade e o destino europeu com o seu próprio destino"[75].

Gera-se, dessa forma, uma imersão romântica entre esses intelectuais libertários e humanistas. Michael Löwy e Robert Sayre apontam que o romantismo não configura unicamente um movimento literário do século XIX, mas uma *Weltanschauung* de reação à modernidade capitalista nascida da revolução industrial. Em trecho que trata do "socialismo utópico-humanista", Löwy e Sayre assinalam que "os autores especificamente românticos ligados a essa corrente constroem um modelo de alternativa socialista à civilização industrial burguesa, uma utopia coletivista, mas reportam-se a certos paradigmas sociais, certos valores éticos e/ou religiosos de tipo pré-capitalista"[76]. O sujeito a quem se dirigem não é uma classe social, mas todos os "homens de boa vontade".

É possível notar essas características nas obras de vulgarização anarquista de Octávio Brandão. O militante insiste em determinados aspectos de uma mística pré-capitalista, por exemplo, ao lançar o livro intitulado *Véda do Mun-*

---

74. Alexandre Samis, "O Anarquismo no Brasil", em Vários Autores, *História do Anarquismo*, p. 181.
75. José Aricó, "O Marxismo Latino-americano nos Anos da Terceira internacional", em Elmar Altvater et. al, *História do Marxismo: O Marxismo na Época da Terceira Internacional. O Novo Capitalismo, Imperialismo, o Terceiro Mundo*, Rio de Janeiro, Paz e Terra, 1987, p. 436.
76. Michael Löwy & Robert Sayre, *Revolta e Melancolia: O Romantismo na Contracorrente da Modernidade*, São Paulo, Boitempo, 2015, p. 108.

do Novo, aludindo à milenar cultura indiana da literatura védica[77]. O livro seria dividido não em aforismos, mas em sutras. O próprio anticlericalismo dos anarquistas de inspiração romântica tem traços que apontam no mesmo sentido, pois a negação do cristianismo dos libertários brasileiros esteve amplamente perpassada pela ideia da degeneração provocada pela corrupção da instituição católica. Everardo Dias publicou uma brochura intitulada *Jesus Cristo Era Anarquista*[78].

Isso não nega, por outro lado, o evolucionismo naturalista do pensamento libertário, que vê a *revolução* como um passo num longo processo de *evolução*. Nas palavras de um dos livros mais lidos pelos anarquistas brasileiros:

> Assim, a ciência não vê nenhuma oposição entre estas duas palavras – evolução e revolução – que se parecem muito, mas que, na linguagem comum, são empregadas num sentido completamente distinto de seu primeiro significado. Longe de ver nelas fatos da mesma ordem, só diferenciados pela amplitude do movimento, os homens temerosos, a quem toda mudança enche de pavor, procuram dar aos dois termos um sentido absolutamente oposto[79].

É justamente na tensão entre uma ideia de progresso e a negação à modernidade capitalista que reside a característica básica do pensamento libertário de Octávio Brandão. Ao citar os diversos naturalistas e pensadores lidos pelo militante, Marcos Del Roio assinala que "esses e mais alguns outros autores endereçaram Octávio Brandão para uma espécie de 'religião da humanidade' de extração positivista e que serve de fio condutor e de continuidade de todo

---

77. As Vedas conformam uma das partes centrais da literatura védica e são divididas basicamente em quatro: Rig-Veda, Sama-Veda, Yajur-Veda e Atharva-Veda. Cada ramo é formado por conjuntos de textos escritos em épocas diferentes, entre eles os sutras e os tantras, provavelmente depois do século XIII a.C. Os sutras teriam sido escritos entre 500 a.C. e 500 d.C., um século antes da outra vertente da literatura védica mais amplamente conhecida no ocidente, a *Mahabharata*, maior poema épico escrito na história de todas as culturas humanas, com cem mil estrofes, ou *slokas*, divididas em cem capítulos, dentre as quais a 63ª é a mais conhecida, a *Baghavad Gita*, também citada em trechos da obra de Octávio Brandão. Carlos Alberto Tinôco, *O Pensamento Védico. Uma Introdução*, São Paulo, Ibrasa, 1992, pp. 36-40; *Baghavad Gita (Canção do Divino Mestre)*, trad. Rogério Duarte, São Paulo, Companhia das Letras, 1998, p. 17.
78. Ao que tudo indica, após ter aderido ao comunismo, Everardo Dias reeditaria a brochura sob o título *Jesus Cristo era Socialista*. Everardo Dias, *Bastilhas Modernas. 1924-1926*, São Paulo, Empresa Editora de Obras Sociais e Literárias, 1926 [Biblioteca Edgard Carone].
79. Elisée Reclus, "A Evolução, a Revolução e o Ideal Anárquico", *Do Sentimento da Natureza nas Sociedades Modernas e Outros Escritos*, introd. e trad. Plínio Augusto Coêlho, São Paulo, Intermezzo; Edusp, 2015, p. 346.

o pensamento crítico do autor de *Agrarismo & Industrialismo*, do anarcossindicalista ao marxista"[80].

Portanto, há uma aparente contradição no pensamento romântico-libertário de Octávio Brandão. Sua visão de mundo conjugava: *1*. a ideia de revolução moral pela elevação espiritual e racional de tipos inferiores a tipos superiores e de caráter evolucionista; *2*. e o conceito de desigualdade social entre as quatro castas dominadoras e o conjunto dos trabalhadores e oprimidos. Tal amálgama confomará o conceito de transformação social reproduzido nas brochuras de divulgação e vulgarização da doutrina anarquista.

Transição ao Marxismo

O rompimento de Octávio Brandão com o movimento anarquista e sua adesão ao marxismo de matriz bolchevique se deu em meio a um amplo debate que tomou a militância revolucionária entre 1920 e 1922. Alguns aspectos políticos do período que levou a essa cisão merecem ser recordados.

O movimento operário brasileiro se desenvolveu sobretudo a partir da primeira década do século XX e os marcos principais foram os Congressos Operários Brasileiros em 1906, 1913 e 1920, cuja hegemonia foi sempre sindicalista revolucionária. Jornais operários e anticlericais foram publicados em profusão, no seio dos quais se forjou grande parte da liderança operária mais destacada como Benjamin Mota, Neno Vasco, Edgard Leuenroth, Everardo Dias, José Oiticica, Astrojildo Pereira e muitos outros.

Como afirmou Eric Hobsbawm, "a revolução foi filha da guerra no século XX: especificamente a Revolução Russa de 1917 [...] porém mais geralmente a revolução como uma constante global na história do século"[81]. Apesar da posição marginal ocupada pelo país no sistema-mundo e no conflito beligerante, podem-se observar os efeitos da guerra no Brasil com uma onda de ascensão do movimento operário brasileiro no período 1917-1919, diretamente afetada pela Guerra Mundial e seus corolários econômicos, políticos e sociais. Apesar da decomposição geral do movimento na década seguinte, este foi o berço onde se gestaram as condições de surgimento da seção brasileira da Internacional Comunista.

---

80. Marcos Del Roio, "Octávio Brandão nas Origens do Marxismo no Brasil", *Crítica Marxista*, p. 116.
81. Eric Hobsbawm, *Era dos Extremos. O Breve Século XX. 1914-1991*, São Paulo, Companhia das Letras, 1995, p. 61.

O desejo de laços mais sólidos que conectassem as organizações de luta – entre aqueles que acreditavam na necessidade da organização especificamente anarquista – levou à construção da Aliança Anarquista, em 1918. Em julho do ano seguinte, a Primeira Conferência Comunista do Brasil, organizada por José Oiticica e Astrojildo Pereira, com auxílio de outros militantes, levou à fundação do Partido Comunista do Brasil, "nos moldes propostos por Malatesta em seu programa anarquista"[82]. Apesar de a historiografia ter tratado o PCB de 1919 como ato falho de anarquistas equivocados ou mero antecedente do PCB de 1922, podemos afirmar, com Frederico Bartz, que "o partido de 1919 não pode ser tomado apenas como uma influência de um modelo externo ou como um engano que os libertários cometeram quando miravam o exemplo russo, mas sim como uma forma de tornar mais orgânica e coesa a ação dos militantes"[83].

Algumas publicações surgem no bojo dessas novidades táticas e ideológicas. São livros como *Princípios e Fins do Programa Comunista-Anarquista* de "um grupo do P.C.B."[84] e *O que é Maximismo ou Bolchevismo*, de Hélio Negro e Edgard Leuenroth, ambos de 1919. O livro de Negro e Leuenroth destinava-se, segundo os autores, "aos trabalhadores do Brasil, a fim de lhes dizer o que é o Bolchevismo ou Maximismo e o 'Comunismo' que, numa palavra – é o 'Socialismo'" e aponta que:

> Atualmente na Rússia, conforme a sua constituição, aprovada em janeiro de 1918 pelo 3º Congresso Pan-russo dos Soviets, está estabelecida uma organização política e econômica de transição, que dá aos trabalhadores e soldados, organizados em conselhos (soviets), todo o poder da nação[85].

A brochura de Negro e Leuenroth busca explanar ao trabalhador as mazelas sociais e a necessidade da transição para o socialismo. Mas Astrojildo Pe-

---

82. Alexandre Samis, "O Anarquismo no Brasil", em Vários Autores, *História do Anarquismo*, p. 184.
   Cumpre recordar que havia uma tendência anarquista (ainda que minoritária no Brasil) que pregava a necessidade da organização especificamente anarquista. Em Malatesta, essa organização chegou a se chamar "partido anarquista".
83. Frederico Duarte Bartz, "As Insurreições Operárias na Primeira República (1918-1919): Ideias, Articulações e Projetos Políticos", *Marx e o Marxismo 2015: Insurreições, Passado e Presente*, Universidade Federal Fluminense, Rio de Janeiro, 2015, p. 11.
84. Alexandre Samis, "O Anarquismo no Brasil", em Vários Autores, *História do Anarquismo*, p. 184.
85. Hélio Negro & Edgard Leuenroth, *O Que É Maximismo ou o Bolchevismo. Programa Comunista*, São Paulo, Editora Semente, s/d. Consultamos o original de 1919 na biblioteca anarquista Terra Livre, mas citamos a partir desta reedição.

reira já havia sido um dos primeiros a escrever, em 1917, sobre a Revolução de Fevereiro com vários textos favoráveis ao proletariado russo. No ano seguinte, os textos foram reunidos numa pequena brochura intitulada *A Revolução Russa e a Imprensa*[86].

A defesa das duas revoluções russas aparecerá numa série de periódicos espalhados pelo Brasil. No Recife, *Tribuna do Povo* (de Antonio Bernardo Canellas) e *A Hora Social*; em São Paulo, *Alba Rossa* e *A Vanguarda*; *A Razão*, em Bauru; *Spartacus*, no Rio de Janeiro; *A Semana Social*, em Maceió (este também de A. B. Canellas), *O Semeador*, em Belém; *Germinal*, na Bahia; e *Voz do Operário*, em Aracajú[87]. No relatório de 1923, Astrojildo Pereira apontaria que alguns desses periódicos – em primeiro lugar, como símbolo do período, *Spartacus* (que era publicação do grupo que formara o PCB de 1919), mas também *Voz do Povo*, *A Vanguarda*, *Tribuna do Povo* e *A Hora Social* – teria caráter anarcobolchevista, defendendo a Revolução Russa, mas sob os princípios do anarquismo[88]. Mesmo que esse movimento não tenha possuído a mesma profundidade do que ocorreu na Argentina, o anarcobolchevismo pode ser considerado uma das características do curto período que vai de 1917 a 1920, na medida em que o tomamos como conceito analítico e não descritivo. Nas brochuras de divulgação anarquista de Octávio Brandão, há menção constante à importância do processo revolucionário russo.

Ao mesmo tempo, alguns intelectuais, uns mais, outros menos diretamente ligados ao movimento operário, receberão a influência negativa do conflito mundial e positiva da Revolução de Outubro. Nesse cenário, começarão a se agrupar em torno de ideais progressistas. Formam-se grupos como Zumbi, ou o Centro de Estudos Sociais, ou ainda diversos núcleos comunistas e, particularmente, o que se centrará ao redor da versão brasileira da revista *Clarté*, em 1921[89].

---

86. Edgard Carone, *Classes Sociais e Movimento Operário*, pp. 63-64.
87. *Idem*, pp. 81-84.
88. Astrojildo Pereira, "Relatório Geral Sobre as Condições Econômicas, Políticas e Sociaes do Brasil e Sobre a Situação do P.C. Brasileiro" dirigido ao Comitê Executivo da I.C., Rio de Janeiro, 1º de out. de 1923. AEL-Unicamp.
89. Segundo John Foster Dulles, o grupo Clarté brasileiro pouca relação teve com a formação do PC do Brasil, pois, mesmo que Astrojildo Pereira não se contrapusesse ao Clarté francês e a seu líder Henri Barbusse, ele desconfiava da idoneidade moral e política de muitos dos fundadores do grupo

Como dissemos anteriormente, após a derrota dos movimentos grevistas e insurrecionais de 1919 e da intensa repressão que se lhe segue, o movimento operário entrará em profundo refluxo, do qual começará a se recuperar apenas no fim da década de 1920[90]. Mas a sua marca ficará gravada nos militantes que seguem adiante.

A simpatia inicial dos anarquistas pela Revolução Russa, seguindo a tendência do anarquismo europeu, começa a arrefecer em 1920. Em meados de 1921, teria havido uma série de reuniões dos principais militantes revolucionários do período[91]. Certa literatura já embasava as discussões desses militantes, talvez aquela que chegara às mãos de Abílio de Nequete, oriunda dos agrupamentos comunistas da Argentina e do Uruguai. Segundo Astrojildo Pereira, "inúmeros documentos – livros, revistas, jornais – foram lidos e discutidos. E após uma série de ardentes debates, as posições e atitudes se definiram". Como resultado, uma parte se inclinaria decididamente ao bolchevismo e outra parte permaneceria irredutivelmente ligada ao anarquismo[92].

No caso de Octávio Brandão, sua mudança de posicionamento ideológico foi mais lenta que a dos fundadores do PC do Brasil de 1922. Dois anos antes, Brandão fora um aguerrido militante anarquista e lutara contra a criação de um partido socialista no país[93]. A partir do primeiro semestre de 1922 suas posições começam a se modificar. Em maio, após a criação do PCB, Brandão apelava na imprensa operária à união de todos os setores do movimento, independente da adesão às doutrinas anarquista ou bolchevista. Conforme Edgar Rodrigues, em publicações do jornal carioca *Luta Social*, "Octávio Brandão, depois de uma agressiva campanha contra o 'bolchevismo russo', mostra-se indeciso, já com um pé em cada lado"[94]. Em 1º de maio, ainda reafirmando sua posição libertária, Brandão repetiria a atitude em um longo artigo publicado

---

brasileiro, especialmente Nicanor Nascimento. John W. Foster Dulles, *Anarquistas e Comunistas no Brasil (1900-1935)*, Rio de Janeiro, Nova Fronteira, 1977, pp. 141-142.

90. Edgard Carone, *O Marxismo no Brasil*, p. 63.
91. Astrojildo Pereira, "Relatório Geral Sobre as Condições Econômicas, Políticas e Sociaes do Brasil e Sobre a Situação do P.C. Brasileiro" dirigido ao Comitê Executivo da I.C., Rio de Janeiro, 1º de out. de 1923. AEL-Unicamp.
92. *Ibidem*.
93. Octávio Brandão, "Aos Trabalhadores do Brasil", *Voz do Povo*, 22 de ago. de 1920, *apud* Edgard Carone, *Movimento Operário no Brasil (1877-1944)*, São Paulo; Rio de Janeiro, Difel, 1979, p. 364.
94. Edgar Rodrigues, *Novos Rumos (História do Movimento Operário e das Lutas Sociais no Brasil – 1922--1946)*, Rio de Janeiro, Mundo Livre, s.d., p. 60.

em *A Voz do Povo* sob o título "Paz Entre Nós, Guerra aos Senhores". O autor pregava aos libertários: "Anarquistas deixai em paz os bolchevistas; fazei a vossa obra de guerra ao capitalismo; estudai todos os problemas da reconstrução social". Aos bolchevistas, apregoava a mesma atitude: "Bolchevistas, deixai em paz os anarquistas; fazei a vossa obra contra o capitalismo; preparai as forças proletárias para a Revolução Social". E concluía taxativamente: "Nem São Lenine, nem a Santa Anarquia!"[95]

Segundo a visão retrospectiva das memórias do militante alagoano, ele não teria aderido de pronto ao marxismo e ao bolchevismo por desconhecer a literatura marxista. Por intermédio de Astrojildo Pereira, em meados de 1922, teria conseguido obras de Marx, Engels e Lenin. Aderiu finalmente ao PCB em 15 outubro daquele ano, com cerimônia oficial a 7 de novembro[96]. Ainda sob o peso da visão retrospectiva, declara Brandão: "em debates e palestras no lar, recebi de Laura a impulsão definitiva"[97]. A companheira teria, assim, exercido influência para sua adesão ao marxismo e ao comunismo.

Mas no caso da transformação das ideias de Octávio Brandão, quando se observa sua obra no momento de transição do anarquismo ao marxismo, uma das perguntas que se pode colocar é a seguinte: como aquele "filósofo moral", romântico libertário, torna-se um estrategista político-militar da revolução brasileira? A resposta não é simples e encerra uma diversidade de fatores que se relacionam ao ambiente socioeconômico e político do país; ao desenvolvimento próprio do movimento operário brasileiro e ao movimento comunista internacional; à produção e distribuição editorial do movimento operário, além de outras questões. No entanto, pode-se dizer que essa transformação está diretamente relacionada com o momento político vivenciado pelo país em geral e no movimento operário especificamente, com a **literatura** bolchevista que chegava ao Brasil, com o contato entre os **adeptos** do PCB e o Komintern e com o sentido da produção intelectual comunista no período.

---

95. Octávio Brandão, "Paz Entre Nós, Guerra aos Senhores", *A Voz do Povo*, 1º de mai. de 1922, *apud* Edgar Rodrigues, *Novos Rumos*, p. 109. O artigo foi publicado em maio, mas está datado de abril de 1922, segundo a reprodução parcial feita por Edgar Rodrigues. Ao que tudo indica, trata-se de uma publicação em número único por ocasião do 1º de maio, pois *Voz do Povo* foi um diário operário publicado no Rio de Janeiro por Carlos Dias, mas apenas ao longo do ano de 1920.
96. Octávio Brandão, *Combates e Batalhas*, pp. 230-234.
97. *Idem*, p. 234.

Pode-se, de início, notar que, enquanto a reflexão romântico-libertária de Octávio Brandão era perpassada pela ideia de uma "revolução moral e intelectual", a teoria marxista coloca grande peso na análise da sociedade através do materialismo histórico e do materialismo dialético[98]. Outrossim, acredita que "a história de toda a sociedade até hoje é a história de lutas de classes"[99]. Segundo Franco Andreucci, no momento de difusão do marxismo da II Internacional ao redor do mundo, o pensamento marxista, sistematizado e vulgarizado, passou a conformar uma tríade doutrinária: luta de classes, interpretação materialista da história e teoria do valor[100]. Se o pensamento libertário de Brandão apresentava forte raiz cientificista, na cultura política comunista coloca-se um peso fundamental sobre uma interpretação científica da história. Mas o marxismo do qual se aproriou Brandão passou ainda pelo filtro do clausewitziano Lenin e do que se tornaria o leninismo, uma teoria insurrecional que aponta para a atualidade histórico-mundial da revolução. Nas palavras de György Lukács, abordando o marxismo de Lenin: "portanto, o materialismo histórico tem como pressuposto – já como teoria – a atualidade histórico-mundial da revolução proletária"[101]. Nesse sentido, em comparação com a tríade doutrinária do marxismo difundido em fins do século XIX e início do XX, pode-se dizer que a doutrina marxista agregou alguns temas: o imperialismo, a defesa do processo revolucionário russo, a atualidade histórico-mundial da revolução proletária. Como a característica principal da produção intelectual de Octávio Brandão nos anos 1920 foi a escrita de textos de caráter didático de vulgarização da teoria marxista, pode-se dizer que uma de suas motivações centrais era preparar a base do partido para a revolução em curso.

Mas a apropriação feita pelos primeiros comunistas da literatura de cariz "leninista" não se dá sobre um papel em branco. Dois aspectos apontam para uma apropriação das ideias bolchevistas num ambiente em que se respirava a estratégia insurrecional. Em primeiro lugar, nota-se que os fundadores e aderentes do PCB nos anos 1920 foram militantes forjados e/ou experimentados nas lutas operárias do período 1917-1919, momento em que parcela importante do movimento operário de inspiração anarquista se encaminhava para a estra-

---

98. Edgard Carone, "Literatura e Público", *Leituras Marxistas e Outros Estudos*, p. 118.
99. Karl Marx & Friedrich Engels, *Manifesto do Partido Comunista*, URSS, Edições Progresso, 1987, p. 35.
100. Franco Andreucci, "A Difusão e a Vulgarização do Marxismo", em Eric. J. Hobsbawm *et al.*, *História do Marxismo*. II: *O Marxismo na Época da Segunda Internacional*, Rio de Janeiro, Paz e Terra, 1982, p. 53.
101. György Lukács, *Lenin: Um Estudo Sobre a Unidade de Seu Pensamento*, São Paulo, Boitempo, 2012, p. 31.

tégia revolucionária, cujo marco será a malfadada tentativa insurrecional de novembro de 1918, em que militantes como José Oiticica, Astrojildo Pereira e José Elias acabam presos. Esse evento marcou profundamente a militância libertária. Teria sido ao tomar conhecimento, em Maceió, da derrota da insurreição, que Octávio Brandão escrevera os versos de "Gritos d'Alma": "Vós podereis soltar um grande riso largo/ Um riso universal, infinito, profundo/ Mas não deveis dormir pois o nosso ódio amargo/ Abalará a terra, abalará o mundo"[102]. Para aqueles que vão aderir ao bolchevismo, um dos aspectos fundamentais para a tomada dessa decisão foi o balanço realizado sobre as derrotas dos movimentos do período 1917-1919, quando parcela do insucesso foi atribuída à doutrina e estratégia anarquistas.

Deve-se notar, outrossim, o cenário de crise geral que se desenvolve nos anos 1920, resultando afinal na revolução de 1930 e cujo desenvolvimento passará por um quadro amplo de contradições internas à elite brasileira e descontentamento dos setores médios dessa sociedade. O ambiente conflituoso abriu espaço para o surgimento de uma fração radicalizada das classes médias que demonstrarão todo seu descontentamento por meio das tentativas revolucionárias de 5 de julho de 1922, 5 de julho de 1924 e, finalmente, pela formação da Coluna Prestes-Miguel Costa. Como apontou Marcos Del Roio, "o fato é que os sujeitos sociopolíticos que se formavam nas fissuras cada vez maiores da dominação oligárquica, no decorrer dos anos [19]20, se configuravam em torno de alguma concepção de revolução". Essa tomada de posição se desenvolvia num quadro sócio-histórico em que:

> Estavam em discussão os rumos históricos do país, sua identidade, sua institucionalidade e também o lugar das diversas forças sociais nesse momento de se defrontar com a realidade posta pela modernidade capitalista que se gestava no Brasil em meio à mais dramática crise que o Ocidente liberal jamais enfrentara[103].

Em *Revoluções do Brasil Contemporâneo*, o historiador Edgard Carone chamaria o período 1922-1927 de "a revolução ascendente"[104].

---

102. Octávio Brandão, "Gritos d'Alma", em Laura Brandão & Octávio Brandão, *Poesia*, org. de Dionysa Brandão Rocha, Rio de Janeiro, D. Brandão Rocha, 2000, p. 248.
103. Marcos Del Roio, "A Teoria da Revolução Brasileira: Tentativa de Particularização de uma Revolução Burguesa em Processo", em João Quartim de Moraes & Marcos Del Roio (orgs.), *História do Marxismo no Brasil*, vol. 4: *Visões do Brasil*, Campinas, Editora da Unicamp, 2007, p. 76.
104. Edgard Carone, *Revoluções do Brasil Contemporâneo*, São Paulo, DESA, 1965.

Deve-se recordar ainda que, no curso do movimento de 1924, militantes anarquistas teriam divulgado seu apoio ao movimento e se apresentado ao general Isidoro Dias Lopes para tomar parte nas batalhas, com a condição de que formariam uma milícia independente e autônoma. Como a condição foi recusada, receberam a negativa do general[105]. Não é algo fortuito que o livro de Octávio Brandão, *Agrarismo e Industrialismo*, considerado a primeira interpretação marxista sobre o Brasil, seja uma análise do processo revolucionário de julho de 1924.

Por meio da apropriação do ideário bolchevista conjugada ao ambiente político brasileiro, o primeiro núcleo dirigente comunista cunhará o discurso de que a Revolução Russa configurava a Revolução Mundial no setor russo e, portanto, ela deveria se espraiar para outros setores, como o brasileiro. Como apontamos no capítulo I, a primeira literatura recebida provinha, sobretudo, de autores soviéticos, ou tratava especificamente da Revolução de 1917. Dessa forma, a visão desses autores será a compreensão dos primeiros comunistas do que era o marxismo.

Para compreendermos a transformação pela qual passa o pensamento de Octávio Brandão é preciso notar ainda alguns pontos das modificações político-organizativas propostas pelo comunismo bolchevique nos anos 1920. A seção brasileira da Internacional Comunista teve seu estatuto aprovado no congresso fundacional de março de 1922, mas a estrutura partidária clássica dos partidos comunistas foi definida no segundo congresso, em 1925, em meio às discussões que envolveram a diretiva organizacional da "bolchevização", surgida na direção komintereniana em 1924. Mas do que se tratava a bolchevização? É preciso, para respondê-lo, observar as transformações políticas e organizativas do Komintern. Na visão estratégica komintereniana, a perspectiva revolucionária vai sendo progressivamente substituída pelo projeto de transformação dos partidos comunistas. Nessa evolução, a bolchevização dos PC se torna uma das principais palavras de ordem da Internacional Comunista a partir de 1924. Ela foi lançada no V Congresso (1924) e confirmada no 5º Pleno do Comitê Executivo da Internacional Comunista, em 1925, consagrado justamente a definir em suas teses o que se entendia por bolchevização[106].

---

105. Carlo Romani, "1924: O Silenciamento da Memória Operária", *Letralivre. Revista de Cultura Libertária, Arte e Literatura*, ano 10, n. 42, 2005, pp. 18-19.
106. Serge Wolikow, *L'Internationale Communiste (1919-1943)*, p. 76.

Como aponta Serge Wolikow, é preciso observar o contexto em que essa palavra de ordem é lançada. Por um lado, surge logo após a derrota da revolução alemã. Cinco anos após a formação da Internacional Comunista, nenhum partido filiado conseguira ainda a conquista do poder como fizeram os bolcheviques. Por outro lado, conjuga-se a esse contexto a polêmica entre os líderes do partido bolchevique. O grupo dirigente formado por Zinoviev, Kamenev e Stálin é criticado por Trotsky no funcionamento do Partido Comunista da União Soviética. O grupo responde às críticas reclamando o "bolchevismo", recordando, desse modo, o passado menchevique daquele dirigente.

Ao se dizer "bolchevização", invoca-se o partido bolchevique de outubro de 1917, mas, "em relação a esse ponto, é de fato o Partido Comunista (bolchevique) da União Soviética de 1924 que serve de referência, aquele onde os debates contraditórios e públicos são banidos das instâncias dirigentes, onde a unanimidade é a regra"[107]. Inicia-se, assim, um processo que transforma a fisionomia dos partidos comunistas. Propõe-se, como vimos, uma nova estrutura aos PC fundada sobre os grupos de base, as células, que devem agrupar os aderentes sobre seu local de trabalho e não mais sobre o local de residência. Reestruturação feita a partir da direção komintemiana, "os novos estatutos tipo, elaborados pela Internacional Comunista, definem nos menores detalhes o funcionamento dos partidos comunistas"[108].

O II Congresso do PCB tratará de observar esses estatutos tipo e adaptá-los parcialmente ao ambiente brasileiro. É a partir, portanto, desse congresso, realizado nos dias 16, 17 e 18 de maio de 1925, que se estabelecerá a organização clássica do partido, primeiro a título provisório, depois ratificado no III Congresso (1928-1929).

A estrutura organizativa comunista, com uma direção densamente centralizada, rígida hierarquia e ramificação na base das células só pôde se desenvolver lentamente, mas conformou parte fundamental da cultura política comunista. Conjugando-se à estrutura desses batalhões do "exército mundial da revolução", é forçoso notar, conforme assinalamos no capítulo anterior, que a leitura desfrutava de centralidade no projeto comunista. A formação de uma teoria da revolução brasileira passava pelo conhecimento da história e estrutura social dos países onde atuavam as seções nacionais do Komintern.

---

107. *Ibidem.*
108. *Idem*, pp. 76-77.

A construção de uma visão do Brasil era, assim, determinada pelo objetivo de preparar a trincheira brasileira da revolução mundial.

Portanto, dois aspectos são fundamentais para a compreensão da recepção do marxismo de matriz bolchevista no Brasil: *1*. O contato com os órgãos do Komintern (ainda que difícultado pelas distâncias e por outros fatores que afetavam a comunicação) foi determinante para a construção de uma interpretação do Brasil; *2*. A estrutura do partido comunista, mesmo que se desenvolvendo aos poucos, determinava um sentido geral para a produção de ideias entre os dirigentes.

Visões Comunistas do Brasil

Como vimos no primeiro capítulo, as fontes das quais apropriar-se-ia Octávio Brandão para a construção de sua visão da realidade brasileira e de sua teoria da revolução se originavam da rede internacional de circulação de impressos do movimento comunista. No entanto, observa-se, outrossim, a orientação direta das recomendações encaminhadas pela direção komintemiana.

Ao longo da primeira década de existência do PCB, os antigos anarquistas recém-aderentes ao bolchevismo cunharão uma interpretação da realidade brasileira que servirá de base à sua teoria da revolução brasileira. O livro *Agrarismo e Industrialismo*, escrito por Octávio Brandão e publicado sob o pseudônimo de Fritz Mayer, pode ser considerado um marco, pois foi reconhecido como primeira tentativa de interpretação da realidade brasileira à luz do marxismo (ainda que, como veremos, uma caracterização da sociedade brasileira já se encontrava em *Rússia Proletária*). A brochura, como apontou Álvaro Bianchi, "oscilava entre um ensaio de interpretação e um panfleto de agitação política"[109], o que constitui uma marca dos escritos de Brandão no período. Sua interpretação, base da ideia da "revolução democrática pequeno-burguesa" aponta que no Brasil se desenvolvia uma luta aberta entre duas frações das classes dominantes: os grandes donos de terra (agrários) e os grandes burgueses da indústria (industriais); aos primeiros estaria associado o imperialismo inglês e aos segundos o imperialismo estadunidense[110]. Buscando demonstrar que a revolta de 5 de julho de 1924 em

---

109. Álvaro Bianchi, "Octavio Brandão e o Confisco da Memória: Nota à Margem da História do Comunismo Brasileiro", *Crítica Marxista*, São Paulo, Editora Unesp, n. 34, 2012, p. 139.
110. Fritz Mayer [pseud. Octávio Brandão], *Agrarismo e Industrialismo*, pp. 62-63 [Bibliotoeca AEL-Unicamp].

São Paulo não se configurava como um raio no céu sem nuves, mas perfazia um episódio singular da luta imperialista internacional e das disputas entre frações das classes dominantes, sua interpretação se baseia profundamente nos temas do *imperialismo* e das *lutas de classes* (entre proletariado e burguesia, mas também entre frações opostas das classes dominantes).

A reflexão dos primeiros comunistas brasileiros sobre o imperialismo parece ter se originado em três fontes. Em primeiro lugar, como já vimos acima, ela foi a herança de uma intelectualidade progressista e que nutria um apelo nacional: em *Canais e Lagoas*, sob a herança euclidiana, Octávio Brandão apresenta suas primeiras críticas anti-imperialistas. Em segundo lugar, ocorreu a recepção da literatura bolchevique, como *O Imperialismo, Estágio Superior do Capitalismo*, de Lenin, e demais brochuras comunistas, que adentrou o país no início dos anos 1920, mas também da mídia impressa kominterniana. Pensemos, por exemplo, nos artigos de Eugène Varga, com seus relatórios econômicos trimestrais publicados em *La Correspondance Internationale*. Vale lembrar que um dos primeiros textos que abordaram o impacto do imperialismo entre os sul-americanos, reproduzido no Brasil, foi "O Papel da América do Sul na Crise Econômica Mundial", de autoria de Varga. Publicado em dezembro de 1922 na revista *Movimento Comunista*, o artigo aponta que, com a crise de superprodução, um dos mercados mais propícios para a expansão do capital estadunidense era o da América do Sul. Segundo Varga, "resta, pois, como campo único de expansão para o capitalismo, a América do Sul. Já antes da guerra o capital *yankee*, inglês e alemão, tentou pôr o pé aí, porém com êxito parcial". Mas o perigo maior viria da América, pois "é o grande capital *yankee* que tem maior interesse em monopolizar a América do Sul. Os Estados Unidos pretendem afastar-se da Europa, porque sua intervenção nos encravilhados negócios europeus lhes têm **custado** caro". Portanto, "é dever de nossos companheiros sul-americanos fazer fracassar essas previsões do capital americano"[III]. É difícil não conjecturar que tenha sido, em grande medida, nesses textos de Varga que Octávio Brandão se inspirou para a composição de sua análise do conflito interimperialista entre Inglaterra e Estados Unidos.

No entanto, mesmo que alguns militantes, como Octávio Brandão, já tivessem refletido sobre a sociedade brasileira anteriormente, pode-se dizer que a própria tarefa de estudar a divisão social do país a partir dos pressupostos

---

III. *Movimento Comunista*, ano I, n. 13, São Paulo, dez. de 1922, pp. 368-370. AEL-Unicamp.

das lutas de classes e de suas relações com o imperialismo foi algo amplamente incentivado pela Internacional Comunista. A adesão ao Komintern impunha a necessidade da elaboração de um programa, cuja função principal era a de interpretar a realidade onde atuava o partido e preparar um plano de ação. Essa elaboração ocorreu entre fins de 1923 e ao longo de 1924, ano em que ocorreu o v Congresso da Internacional Comunista, quando se aprovaria a adesão definitiva do PCB à organização internacional. É nesse quadro que se lançam as bases para que, aos poucos, o grupo dirigente comunista (Astrojildo Pereira, Octávio Brandão, Paulo de Lacerda) fosse cunhando sua interpretação sobre a realidade nacional. Isso nos leva à terceira fonte da reflexão de Octávio Brandão sobre o imperialismo.

Em contato com os comunistas brasileiros desde antes da fundação do partido, a direção russa já sugeria as possíveis ligações entre o imperialismo e as classes dominantes nacionais. Em carta datada de abril de 1922, direcionando-se ainda ao "Groupe Communiste du Brésil", Julio Beilich pedia informações sobre o movimento operário e as lutas sociais do país, ilustradas por cifras e fatos, para publicação na *Correspondance Internationale*. O líder comunista sugere os pontos que mais interessam à publicação:

1. Casos importantes de conflitos entre o capital e o trabalho na cidade e no campo;
2. As organizações operárias (sindicais, políticas e cooperativas) manifestações gerais de sua vida, suas ligações internacionais (Moscou, Amsterdã, Internacional 2 ½), a imprensa operária.
3. A penetração do capitalismo e do imperialismo estrangeiros no país e as relações entre estes e as classes dominantes nacionais.
4. As classes sociais do país, seus interesses, suas lutas, manifestações concretas dessas lutas nos domínios econômico e político[112].

As informações sobre o país devem ter chegado a Moscou apenas em 1922 na forma dos relatórios entregues pelo delegado brasileiro, Antonio Bernardo Canellas: "Quelques Aspects de la Vie Politique au Brésil" e "Considérations d'Ordre General Sur le Problème Agraire au Brésil". No primeiro texto, datado de 9 de outubro, Canellas apresenta três aspectos da vida política brasileira:

---

112. Carta assinada por Julio Beilich datada de 19 de abr. [de 1922] endereçada ao "Groupe Communiste du Brésil". AEL-Unicamp.

1. o quadro dominante da política institucional, apontando a predominância da política oligárquica dos Estados; *2.* o que chamou de "caciquismo" e de "messianismo"; *3.* as possibilidades de participação dos comunistas na política parlamentar. No segundo relatório, o militante brasileiro apresenta alguns aspectos da produção agrária brasileira dividida em três regiões principais: extremo norte, nordeste e sul. O segundo texto é datado de 20 de outubro, ambos tendo sido escritos na estada do delegado brasileiro em Moscou. Segundo Canellas, em seu relatório sobre a delegacia à Rússia, teriam sido quatro o total de relatórios escritos em Moscou e estas produções "já se vê, iam num estilo ligeiro, não eram desenvolvidas segundo a técnica dialética marxista e sua respectiva terminologia"[113].

Um dos fatores que teriam fundamentado a recusa à adesão do PCB ao Komintern, em 1922 – para além do "resquício de pensamento pequeno-burguês" que permitia aderentes maçons[114] – foi a ideia de que não se tinha um quadro concreto da realidade do movimento operário no Brasil. Ainda em 1923, será reclamando um relatório sobre o cenário brasileiro que a direção kominterniana escreverá aos comunistas brasileiros. Em carta de 1º de julho de 1923, o secretariado da IC afirma:

> O camarada Canellas se lembra certamente das razões que levaram a Comissão Sul-Americana nomeada pelo IV Congresso a propor a aceitação de vosso Partido, provisoriamente, como membro simpatizante da IC. Foi sobretudo impossível obter de vosso delegado um quadro claro e concreto da situação de vosso partido. Antes de sua partida, o secretariado chamou a atenção do camarada Canellas sobre a necessidade de enviar assim que chegasse ao Rio, um relatório detalhado ao Executivo. Mas até o presente nós ainda não recebemos nada, nem de Canellas nem de um outro membro de vosso Partido; seis meses após o congresso, o Executivo está tão pouco inteirado sobre vosso Partido quanto estava no momento desse congresso.

Aponta, por fim, que o único material recebido foi a revista *Movimento Comunista*[115]. O argumento deve ter configurado, tão somente, um subterfúgio para justificar a não aceitação definitiva do PCB à Internacional Comunis-

---

113. Moisés Vinhas, *O Partidão*, p. 26.
114. Südamerikanische Fragen. Resolution über die kommunistische Partei Brasiliens. RGASPI. F.495. Op. 29. D.3. Igualmente o relatório de Rodolfo Ghioldi sobre sua delegacia ao Brasil em janeiro de 1924: "Anexo nº 15 – Declaração do delegado da I.C. sobre o P.C.B." RGASPI. F.495. Op.29. D.13
115. Carta do Secretariado da I.C. datada de 1º de jul., Moscou. AEL-Unicamp.

ta, causada, de fato, pela "indisciplina" de Canellas, mas isso não diminui a exigência imperativa de que os comunistas enviassem informações detalhadas sobre seu país, movimento operário e especificamente sobre o partido. Um mês mais tarde, a direção kominterniana escreveria novamente, desta vez requerendo, além do relatório, material sobre o movimento operário brasileiro: "A carência quase completa de informação sobre vosso movimento e em geral sobre o movimento do país, nos obriga a enviá-los a presente pedindo o envio direto dela [da informação]. Assim como a imprensa socialista, anarquista, sindicalista, etc., como folhetos, livros, etc."[116]. Astrojildo Pereira e Octávio Brandão empenhar-se-ão em redigir uma das primeiras tentativas comunistas de um olhar mais atento à sociedade brasileira, o "Relatório Geral Sobre as Condições Econômicas, Políticas e Sociais do Brasil e Sobre a Situação do P.C. Brasileiro" de 1º de outubro de 1923[117]. Não é à toa que, dois meses mais tarde, Octávio Brandão desenvolveria a sua primeira caracterização do regime de classes no Brasil. O texto onde Brandão aborda o tema, parte integrante de *Rússia Proletária*, é datado de 2 de dezembro de 1923.

O relatório lavrado pelos comunistas brasileiros é dividido em seis itens e se concentra sobretudo no movimento operário e atividades do próprio partido. Mas a primeira parte, "situação geral do país", ensaia uma interpretação da realidade socioeconômica do Brasil. Ela está dividida em três itens: economia, finanças e política. As duas primeiras apontam que a economia, dominada pela agricultura e, especialmente, pelo café, era próspera, apesar de a parte financeira rumar à catástrofe, o que significava uma situação favorável para as elites e aumento do custo de vida para as "massas laboriosas".

Na seção sobre a política pode ser visto um esboço do que será a interpretação do núcleo dirigente comunista sobre a realidade brasileira. Os estados *politicamente* dominantes são Minas Gerais e São Paulo por serem dominantes *economicamente*. Estados "de segunda categoria" seriam Rio de Janeiro, Bahia, Pernambuco e Rio Grande do Sul e os de "terceira categoria" seriam todos os demais. A significação política desses embates seria que São Paulo e Minas

---

116. Carta "al Partido Comunista del Brasil", 17 de ago. de 1923, Moscou, sem assinatura. AEL-Unicamp.
117. Astrojildo Pereira, "Relatório Geral Sobre as Condições Econômicas, Políticas e Sociaes do Brasil e Sobre a Situação do P.C. Brasileiro" dirigido ao Comitê Executivo da I.C., Rio de Janeiro, 1º de out. de 1923. AEL-Unicamp. O relatório parece ter demorado bastante para chegar às mãos da direção kominterniana, pois um carimbo estampa a data de 16.1.[19]24, data em que a correspondência deve ter chegado ou, ao menos, quando foi catalogada.

Gerais representavam a política "conservadora", agrária, retrógrada e reacionária, a "política do café"; enquanto a oposição feita pelos estados seria sempre apoiada pelo pensamento "liberal" existente no país. Este representaria mais especificamente os interesses das classes médias e intelectuais e, em parte, das classes industriais e comerciais. A esse quadro somar-se-ia a questão militar, pois o exército seria tradicionalmente liberal, e sua oposição teria contribuído sobremaneira para o levante militar de julho de 1922. Dessa forma, os comunistas caracterizam a política brasileira:

> Resumindo: país de economia principalmente agrária, a política geral do Brasil é principalmente determinada pelos interesses predominantes dos grandes senhores agrários, chefiados pelos "fazendeiros" de café (S. Paulo e Minas); na oposição – efetiva, latente ou em formação – a essa política, encontram-se os representantes dos interesses da indústria e do comércio (Rio de Janeiro à frente), bem como das classes médias e intelectuais, que procuram apoiar-se nos Estados importantes não cafeeiros; as massas laboriosas, operários e camponeses, são ainda, em conjunto, orgânica e politicamente informes, nenhuma influência característica de classe exercendo na política nacional[118].

Pouco depois da elaboração desse relatório, assinado pelo secretário-geral do partido (Astrojildo Pereira), Octávio Brandão daria mais um passo na construção da visão comunista do Brasil com a caracterização do regime de classes do país. Isso se deu com o livro *Rússia Proletária*.

Aparece no livro de 1924 uma primeira tentativa de explanação da realidade brasileira à luz da leitura de Brandão do marxismo. Vê-se que o comunista, de *Canais e Lagoas* a *Rússia Proletária*, avançou da exaltação do "povo" para a categoria do "proletariado". Como afirma logo de início, "na mata virgem dos preconceitos capitalistas, o povo russo ou, para falar mais claramente, o proletariado da Rússia teve a glória de abrir a picada"[119]. A divisão social, a partir dessa recém-elaborada interpretação do marxismo, está relacionada a elementos de diferentes períodos históricos coabitantes. O elemento indígena é caracterizado como pré-histórico e representado pelo nambiquára. O momento denominado histórico é representado pelos períodos primitivo, medieval, medievo-moderno e moderno. As categorias sociais primitivas se-

---

118. Astrojildo Pereira, "Relatório Geral Sobre as Condições Econômicas, Políticas e Sociaes do Brasil e Sobre a Situação do P.C. Brasileiro" dirigido ao Comitê Executivo da I.C., Rio de Janeiro, 1º de out. de 1923. AEL-Unicamp, p. 3.
119. Octávio Brandão, *Rússia Proletária*, p. 5.

riam aquelas ligadas à exploração extrativa. As medievais, à agricultura. As medievo-modernas, a funções urbanas não industriais. Por fim, as modernas se confundem com o setor industrial.

COMPOSIÇÃO SOCIAL BRASILEIRA (*RÚSSIA PROLETÁRIA*)

PRIMEIRA PARTE **Elemento pré-histórico**	
Categoria social	*Características*
1º Selvagem *nambiquára*	Representa a *idade da pedra*. Período paleolítico com resquícios de neolítico.
SEGUNDA PARTE **Elementos históricos**	
I – Primitivos	
a) Explorados	
2º O seringueiro da Amazonia	Rapina econômica e destruição dos recursos naturais. Irmãos colaços: cautcheiro, balateiro, garimpeiro e hervateiro.
3º Vaqueiro do Piauí e de Goiás	Pastor-cavaleiro. Nomadismo. Certa independência moral e material. Irmão gêmeo: o gaúcho.
b) Exploradores	
4º Dono do seringal	Parasita do seringueiro. Falta de escrúpulos.
5º Criador	"Piolho" do vaqueiro.
II – Medievais	
a) Agrários	
EXPLORADOS	
6º Trabalhador de enxada dos engenhos nortistas	Representa a *servidão*.
7º Rendeiro	Arrendatário de lotes de terras nos engenhos. Representa a forma superior da *servidão*, a *renda*. Irmãos gêmeos: o meeiro do Norte e o colono-rendeiro do Sul.
EXPLORADORES	
8º Senhor de engenho de açúcar	Parasita do trabalhador de enxada e do rendeiro.

9º Fazendeiro de café	"Piolho" do colono-servo.
b) Operários aburguesados	
10º Artesão (das grandes e, especialmente, das pequenas cidades)	Individualismo.
c) Burgueses	
11º Pequeno-burguês	Hesitação. Sua convicção é não ter convicções.
III – Medievo-modernos	
a) Explorados	
12º Caixeiro	Sacrificar tudo em prol do vestuário.
13º Pequeno funcionário público	Esperança de subir de categoria. Meios para isso: tempo e servilismo.
b) Exploradores	
14º Médio-burguês	–
IV – Modernos	
a) Explorados	
15º Operário das fábricas do Rio e de S. Paulo	Irmãos gêmeos: Ferroviário e Marítimo.
b) Exploradores	
16º Grande burguês	O grande comerciante e, especialmente o grande industrial do Rio e de S. Paulo. Irmãos gêmeos: o banqueiro e o grande proprietário predial.
c) Raposas Sociais	
17º Todo elemento que vive de uma das artes liberais.	Vai nas pegadas do lobo capitalista para devorar-lhe as sobras. Advogado, médico dentista.
d) Espúrios	
18º Todo elemento das suburras	Jogador, rufião, prostituta.

Fonte: Octávio Brandão, *Rússia Proletária*, Rio de Janeiro, Voz Cosmopolita, 1923 [1924], pp. 144-146 [Biblioteca AEL--Unicamp].

A ruptura central na elaboração teórica de Octávio Brandão se deu na introdução da divisão de classes, na qual fica patente a relação entre exploradores e explorados. Se antes, em *Canais e Lagoas*, Brandão denunciava as mazelas do "povo" e do "Homem", em *Rússia Proletária*, o alagoano se contrapõe à exploração das categorias sociais oprimidas. Tais elementos se voltam para a tentativa de se melhor compreender a realidade social do Brasil.

Apesar de haver uma suposta divisão em períodos, não há intenção de se lançar mão efetivamente da história para a compreensão da divisão de classes. Trata-se de um desdobramento de uma percepção esquemática da realidade, na qual se busca introduzir elementos da crítica bolchevique aprendidos por meio da rede internacional de circulação de impressos comunistas. Depois de caracterizar a composição social do país, o autor definirá os passos que deve tomar o proletariado brasileiro a partir de uma "tática marxista":

> Que nos preconiza, a respeito, a tática marxista? Lutar contra os elementos parasitários primitivos e medievais (dono de seringal, criador, senhor de engenho, fazendeiro de café, afim de apressar a sua decomposição pelo capitalismo; combater o elemento burguês moderno (grande industrial) a favor do proletariado; despertar a consciência de classe, organizando e doutrinando os elementos proletários primitivos, medievais e modernos (seringueiro, vaqueiro, trabalhador de enxada, rendeiro), tomando como apoio o operário dos grandes centros industriais; neutralizar todos os elementos intermediários, indecisos (pequeno-burguês)[120].

Quando Octávio Brandão integra ao plano de análise as categorias sociais medievais e medievo-modernas, a forma de caracterizar a sociedade brasileira parece indicar a ideia da "revolução por etapas". No entanto, nota-se facilmente não ser o caso, a partir das propostas práticas do comunista. A "tática marxista" comportaria a luta simultânea: *1.* contra os elementos "parasitários primitivos e medievais" (dono de seringal, criador, senhor de engenho e fazendeiro de café) para que o capitalismo (entendido, claramente, como o capitalismo industrial) os decomponha; *2.* contra o elemento burguês moderno, ou seja, contra o capitalista industrial; *3.* em favor da neutralização dos elementos intermediários (basicamente a pequena burguesia). Apesar da interpretação da realidade por meio da adequação das diversas categorias da sociedade em temporalidades distintas e da ideia da necessidade de superar o atraso, a revolução

---

120. *Idem*, p. 147.

Capa e contracapa de *Rússia Proletária*, de Octávio Brandão, desenhadas pelo artista Miguel Capplonch como uma só imagem, contínua. Acervo da Biblioteca Edgard Carone.

socialista *imediata* se põe como tarefa, e só ela poderá levar a tal superação: "Que abismo entre o nambiquára e o operário comunista do Rio! Entre os dois, interpõe-se uma evolução de várias dezenas de milênios, evolução que, todavia, poderá ser conseguida dentro de algumas dezenas de anos de regime comunista"[121].

Mas de *Rússia Proletária* a *Agrarismo e Industrialismo*, a caracterização do regime de classes no Brasil agregaria a ideia das relações entre frações das classes dominantes e o imperialismo. Enquanto, no Brasil, Octávio Brandão elaborava sua análise da divisão de classes de seu país, em Moscou, especialmente após a chegada do delegado brasileiro que deveria representar o partido no V Congresso da Internacional Comunista, Rodolfo Coutinho, a direção kominterniana leu o relatório de outubro de 1923 e desenvolveu uma série de questões no intuito de elaborar o programa do PC brasileiro. Já em contato com Coutinho[122], em 18 de fevereiro de 1924 o Departamento da América Hispânica e do Sul endereçou uma correspondência ao Secretariado da Internacional Comunista anexa a um esboço de carta que deveria ser dirigida ao PC do Brasil. O responsável pelos latino-americanos observava que "embora a correspondência oficial se dirija ao PCB, ela foi escrita de uma forma cuja leitura pode simultaneamente ser útil a todos os PC e Grupos Comunistas das Américas Central e do Sul"[123]. Afere-se, dessa forma, o fato de que a direção russa possuía uma só interpretação da realidade e tarefas do movimento operário nos países dos subcontinentes central e sul-americano e, no regime hierárquico das relações intrakominternianas, os PC dos países menores deveriam encaixar o estudo da realidade nacional em um quadro de interpretação global proveniente da direção moscovita. Foi, no entanto, sob esse regime de relações que a direção comunista pôde aprofundar seu conhecimento e construir uma interpretação da realidade brasileira.

A carta endereçada ao PCB pelo Executivo da IC, em 21 de fevereiro de 1924, traz uma introdução e uma série de questões direcionadas aos comunistas brasileiros. Estas deveriam ser desenvolvidas para a elaboração do progra-

---

121. *Ibidem*.
122. Na correspondência kominterniana escrita em língua alemã as referências a este delegado brasileiro aparecem comumente como "Genosse Quotino" ou ainda "Genosse Q", enquanto o secretário-geral do PCB apareceria às vezes como "Genosse P".
123. Spanisch-Südamerikanisches Referat des IKKI. Brasilien. an das Sekretariat der KI., Moskau, den 18. Februar 1924, p. 2. RGASPI. F.495. Op. 29. D.13.

ma do partido e contemplavam essencialmente: *1.* uma interpretação sobre a história e a realidade presente do país; *2.* um histórico do movimento operário e da seção brasileira da Internacional Comunista; *3.* a recomendação à organização do partido na base de células e à propaganda contra o imperialismo estadunidense.

Os itens considerados importantes para a compreensão da realidade brasileira comporão claramente os temas por meio dos quais Octávio Brandão irá elaborar suas interpretações marxistas da realidade nacional:

> É necessário o conhecimento preciso sobre a condição da dominação e das classes dominantes, sobre o papel específico que as classes e os estratos da população desempenham no processo produtivo social do país; sobre as divergências que existem no campo próprio da burguesia sobre o grau de dependência do país de interesses estrangeiros e sobre a luta entre as próprias potências imperialistas para a conquista do mercado e fontes de matéria-prima brasileiros[124].

A carta do Secretariado da IC aponta que o programa do PCB deve manter as linhas gerais da interpretação sobre a relação entre o imperialismo e os países do subcontinente e desenvolver a parte das etapas do desenvolvimento histórico e das condições sociais de seu país. Sobre o desenvolvimento do capitalismo em geral, do imperialismo especificamente e ainda do papel do proletariado e dos partidos comunistas, o Executivo do Komintern iria apresentar um minucioso programa no v Congresso[125].

A interpretação kominterniana, baseada nas informações fornecidas pelos comunistas latino-americanos, passa essencialmente pelos temas que Octávio Brandão desenvolverá posteriormente. As características principais dos países da América Central e do Sul eram sua entrada na modernidade como países coloniais. Nesses países, dominava parcialmente o feudalismo, contra o qual não era a fraca burguesia nacional que lutava, mas uma das potências imperialistas. Trata-se, destarte, da luta nos principais países da América Latina (Argentina, Brasil, Chile e México) entre os Estados Unidos da América, interessados na penetração industrial e na conquista econômica e política, contra os países europeus (principalmente Inglaterra e França), interessados

---

124. An die Zentrale der Kommunistischen Partei Brasiliens, Moskau, den 21. Februar 1924, p. 4. RGASPI. F.495. Op.29. D.13.
125. An die Zentrale der Kommunistischen Partei Brasiliens, Moskau, den 21. Februar 1924, p. 4. RGASPI. F.495. Op.29. D.13, pp. 5-6.

nos mercados e fontes de matéria-prima. Parcialmente haveria ainda o interesse na manutenção do feudalismo por parte de países como a Espanha. Com essa interpretação em mente, os quadros kominternianos endereçavam uma série de questões à direção comunista brasileira, com base, é bastante provável, no relatório lavrado no segundo semestre de 1923. Os russos demandam maiores informações acerca da "intensificação da luta entre os Estados Unidos e a Inglaterra pela hegemonia [*Vorherrschaft*] no Brasil"[126], sobre as "mudanças nas condições agrárias [*Agrarverhältnisse*] durante os últimos anos. Características da dissolução do feudalismo" e ainda perguntam: "quem apoia os camponeses em sua luta contra os latifundiários? A posição do imperialismo americano nessa luta. A posição do imperialismo inglês na mesma"[127]. Podemos conjecturar que tais recomendações constituam a fonte fundamental da interpretação elaborada por Octávio Brandão e Astrojildo Pereira nas teses que comporão o programa do partido e a teoria da revolução deste primeiro núcleo dirigente comunista.

As diretrizes da direção kominterniana devem ter sido lidas com atenção e, mais tarde, logo após a revolta de julho de 1924 em São Paulo, Octávio Brandão escreverá outro relatório, enviando-o à liderança da IC. Em carta de 30 de setembro de 1924, o comunista alagoano se dirige a Alfred Stirner: "Enviamos-lhe, com a presente, um longo estudo que fizemos em torno da revolta de 5 de julho de 1924. Procuramos explicá-la debaixo do nosso ponto de vista marxista. Não sabemos se o conseguimos, em razão de sermos ainda aprendizes no assunto. Pedimos-lhe sua opinião sobre esse estudo e, ao mesmo tempo, que retifique os erros, no-los comunicando"[128]. O longo estudo intitula-se "Dois Episódios da Guerra de Classes"[129] e se trata, muito provavelmente, do datiloscrito que daria origem a *Agrarismo e Industrialismo*. O texto possui 21 páginas divididas em duas partes, "análise" e "síntese".

As bases dessa interpretação foram expostas nas *Teses e Resoluções* do II Congresso do PCB. As resoluções sobre a situação política nacional são divididas em seis pontos, dentre os quais os três primeiros abordam a análise da situação econômica e política do país como um todo. O primeiro ponto, "agrarismo *versus* industrialismo", indica que "toda a história política da Re-

---

126. *Idem*, pp. 9-10.
127. *Idem*, p. 10 para as duas últimas citações.
128. Carta de Brandão a Stirner, Rio, 30 de set. de 1924. AEL-Unicamp.
129. Texto assinado pelo secretário internacional (Octávio Brandão), datado de 21 de set. de 1924. RGASPI. F.495. Op.29. D.18

pública tem sido lastreada pela luta entre o capitalismo agrário semi-feudal e o capitalismo industrial moderno"[130], abordando esse aspecto das contradições entre as frações principais da classe dominante no Brasil. O segundo ponto, "a revolta de 5 de julho", assinala o papel do exército nas disputas políticas que fazem colidir "agrários" e "industriais": "em suma, a revolta de 5 de julho é, socialmente, um movimento da pequena burguesia militar e civil – diretamente contra o agrarismo dominante e indiretamente em pról do industrialismo que luta pelo poder"[131]. O terceiro fator a ser acrescentado nessa avaliação de conjuntura, no item "o fator imperialista", aponta que até a Guerra Mundial o predomínio inglês era inconteste. A partir de então, os estadunidenses teriam começado a fazer frente àqueles. A dependência brasileira diante do imperialismo faria com que as disputas que ocorriam nesse campo se desenvolvessem e se entrelaçassem com as disputas políticas dentro do país. Por isso, "com referência, por exemplo, à revolta de 5 de julho, não poucos indícios mostram a Inglaterra apoiando os legalistas (agrários) e os Estados Unidos apoinado os revoltosos (industriais e pequena burguesia)"[132].

Mais tarde, essas teses comporiam o livro publicado sob o pseudônimo de Fritz Mayer em abril de 1926. Palmiro Togliatti leu o relatório que resultaria em *Agrarismo e Industrialismo*, mas fez poucas observações. Acreditava que, no geral, a caracterização da sociedade brasileira, da luta entre imperialismos e entre setores da classe dominante (agrários e industriais) era justa. Faltava apenas cunhar "palavras de ordem concretas"[133]. Na interpretação do comunista italiano foi por essa carência que o PCB não pôde guiar devidamente o proletariado durante a revolta de julho de 1924. Mas as "palavras de ordem concretas" surgiriam entre fins de 1927 e o primeiro semestre de 1928, com a ideia da "revolução democrática pequeno-burguesa"[134]. Esta será elaborada no bojo das discussões que subvencionarão as teses do III Congresso do PCB, entre

130. *II Congresso do P.C.B. (Secção Brazileira da Internacional Communista). Theses e Resoluções*, Rio de Janeiro, 1925, p. 4. AEL-Unicamp.
131. *Ibidem*.
132. *Idem*, p. 5.
133. Carta de Ercoli (Palmiro Togliatti) ao "C.C. du P.C. du Brésil" pelo Secretariado da IC para os países de língua espanhola. A carta não está datada, mas há carimbo de 12 de julho de 1926. AEL-Unicamp.
134. Sobre o surgimento da teoria da revolução do PCB, a "revolução democrática pequeno-burguesa": Marcos Del Roio, "Octávio Brandão nas Origens do Marxismo no Brasil", *Crítica Marxista*, pp. 125-128; Marcos Del Roio, "A Teoria da Revolução Brasileira: Tentativa de Particularização de uma Revolução Burguesa em Processo", em João Quartim de Moraes & Marcos Del Roio (orgs.), *História do Marxismo no Brasil*, vol. 4: *Visões do Brasil*, esp. pp. 75-83.

Capa da primeira edição de *Agrarismo e Industrialismo*, de Octávio Brandão (sob o pseudônimo de Fritz Mayer e com o falso endereço de Buenos Aires). Acervo da biblioteca do ael-Unicamp.

fins de 1928 e início de 1929, e seu marco foi o texto de Octávio Brandão, "O Proletariado Perante a Revolução Democrática Pequeno-burguesa", publicado pela primeira vez no número 6 da revista *Autocrítica*, onde se desenrolavam os debates de teses para o III Congresso.

Andrés Nin também teria lido *Agrarismo e Industrialismo* e dele foi publicada uma pequena resenha em *A Nação*. O comunista catalão aponta a falta de literatura revolucionária nos países da América Latina e concorda com a ideia de que o Brasil é palco das disputas imperialistas entre Inglaterra e Estados Unidos. Interessante é a sua avaliação dos defeitos do livro: "Com efeito, o autor, apesar de certas falhas, antes de caráter formal do que de princípio, plenamente desempenhou sua tarefa"[135]. Para Nin, os defeitos do livro de Brandão eram sobretudo de caráter "formal", não fazendo qualquer reparo à ideia exposta da dialética marxista ou à caracterização das classes em luta, ou ainda à interpretação das relações entre as diferentes frações da elite brasileira e os imperialismos inglês e estadunidense.

Haverá, no entanto, transformação dos pressupostos táticos da revolução brasileira entre *Rússia Proletária* e a elaboração da "revolução democrática pequeno-burguesa". Nas *Teses e Resoluções* do II Congresso a pequena burguesia aparecia ainda como classe a ser guiada ou ao menos neutralizada[136]. No bojo da constituição da ideia de uma "revolução democrática pequeno-burguesa" o elemento pequeno-burguês tornar-se-á o fator principal, configurando-se como o grupo social com o qual a classe operária deve compor aliança. Além disso, a "revolução socialista imediata" transformar-se-á na ideia de que o Partido Comunista deveria guiar o proletariado na onda da "terceira revolta", ainda liderada pela pequena burguesia para, só então, transformá-la em revolução proletária. Ao analisar a obra principal de Octávio Brandão, *Agrarismo e Industrialismo*, Álvaro Bianchi notou um ecletismo nas teses do comunista, "nas quais a noção de etapa era articulada com uma estratégia aparentemente incompatível [...]"[137]. Ainda segundo Bianchi, há nele a defesa de uma ideia de revolução permanente[138].

---

135. *A Nação*, ano II, n. 291, 27 de jan. de 1927, Rio de Janeiro, p. 2. Cedem-Unesp. A resenha está transcrita no Anexo 5.
136. *II Congresso do P.C.B. (Secção Brasileira da Internacional Communista). Theses e Resoluções*, Rio de Janeiro, 1925, p. 6. AEL-Unicamp.
137. Álvaro Bianchi, "Octavio Brandão e o Confisco da Memória: Nota à Margem da História do Comunismo Brasileiro", *Crítica Marxista*, p. 141.
138. Cumpre lembrar que a terceira parte do livro se chama "A Revolta Permanente". Fritz Mayer [pseud. Octávio Brandão], *Agrarismo e Industrialismo*, pp. 69-85.

Em opúsculo de 1924 sobre o pensamento de Lenin, György Lukács afirmava: "*A atualidade da revolução: essa é a ideia principal de Lenin* e, ao mesmo tempo, o ponto que o liga decisivamente a Marx". E ainda: "A atualidade da revolução determina o tom de toda uma época"[139]. Serge Wolikow, ao abordar o projeto editorial da Internacional Comunista, observa que, nos primeiros anos de atividade editorial, pode-se ver a marca da proximidade da perspectiva revolucionária mundial[140]. É interessante verificar que, de fundo, o que guia o pensamento de Octávio Brandão ao longo dos anos 1920 é a convicção de se encontrar no período da revolução mundial triunfante e o seu papel como ideólogo comunista era o de preparar a base partidária e a massa proletária para o processo revolucionário. Mas, nesse momento, essa formulação está totalmente imbricada nas relações entre a direção comunista brasileira e os líderes bolcheviques em Moscou. Assim, podemos observar o processo que transforma o pensamento romântico-libertário do ideólogo anarquista na teoria insurrecional, a teoria da revolução brasileira, do dirigente comunista. É a partir dessa lógica que se pode analisar a apropriação do marxismo pelo núcleo dirigente comunista dos anos 1920.

---

139. György Lukács, *Lenin*, pp. 31-32. Grifo do original.
140. Serge Wolikow, *L'Internationale Communiste (1919-1943)*, p. 154.

Capítulo 4
Matrizes Intelectuais:
O Processo de Difusão do Marxismo

> *Aliás, as ideologias serão a "verdadeira" filosofia, já que elas serão as "vulgarizações" filosóficas que levam as massas à ação concreta, à transformação da realidade. Isto é, elas serão o aspecto de massa de toda concepção filosófica, que adquire no "filósofo" características de universalidade abstrata, fora do tempo e do espaço, características peculiares, de origem literária e anti-histórica.*
> Antonio Gramsci, *Caderno 10 dos Cadernos do Cárcere.*

> *A arma da crítica não pode, é claro, substituir a crítica das armas, o poder material tem de ser derrubado pelo poder material, mas a teoria também se torna força material quando se apodera das massas.*
> Karl Marx, *Crítica da Filosofia do Direito de Hegel.*

Horácio Tarcus observou, em seu estudo sobre a recepção de Marx na Argentina de fins do século XIX e início do XX, que "como todo estudo de recepção, o presente não se propõe a valorar se os socialistas argentinos leram 'correta' ou 'incorretamente' Marx, mas estabelecer *como* leram e *por que* leram como leram"[1]. Seguindo orientação semelhante, podemos afirmar o valor do estudo das matrizes intelectuais dos primeiros marxistas brasileiros. Observamos que o equívoco das análises que buscaram demonstrar o caráter mecanicista da leitura que Octávio Brandão fez do marxismo foi o de não colocar o devido relevo nas condições culturais e intelectuais sob as quais foram realizadas as primeiras leituras marxistas pelo núcleo dirigente comunista dos anos 1920, em geral, e por Brandão especificamente. Isto é, a especificidade do processo de difusão intelectual do marxismo.

Ainda segundo Tarcus, a recepção conforma um processo maior de produção e difusão intelectual. O historiador argentino discrimina analiticamente quatro momentos desse processo: *1.* o momento de produção de uma teoria: levado a cabo por "intelectuais conceptivos", no termo de Gramsci; *2.* o

---
1. Horacio Tarcus, *Marx en la Argentina*, p. 33.

momento de difusão de um corpo de ideias: através de sua edição em livros, folhetos, periódicos, revistas, cursos, conferências, resenhas, debates, resumos, escolas, traduções etc. Essas tarefas podem ser realizadas pelos próprios intelectuais conceptivos, mas geralmente há agentes especializados nessa função, por interesses diversos (políticos, culturais, comerciais); *3. momento de recepção*: define a difusão de um corpo de ideias em um campo diferente do original, *do ponto de vista do sujeito receptor*; configura-se como um processo ativo em que determinados grupos sociais se sentem interpelados por uma teoria e buscam adaptá-la ou recepcioná-la a seu próprio campo. Os mecanismos utilizados para tanto são também a reedição de obras na forma de livros, folhetos, artigos, tradução, anotação e introdução etc. *4. momento da apropriação*: configura-se como aquele do "consumo" de um corpo de ideias por parte de um suposto leitor "final", isto é, que está ao fim da cadeia de circulação.

A importância de se observar esse processo de difusão/recepção intelectual para podermos compreender a apropriação do marxismo por Octávio Brandão é, por um lado, anotar a *agência do sujeito receptor* e, por outro, observar os aspectos materiais e intelectuais sobre os quais se fundamenta. É nesse quadro que se caracteriza a necessidade da investigação sobre o processo de circulação editorial no quadro da rede internacional de difusão de impressos comunistas sustentada pelas diversas organizações ligadas à Internacional Comunista. Trata-se, com efeito, do que Lincoln Secco chamou, ao tratar da política do PCB, a "infraestrutura imediata, intelectual. A infraestrutura dentro da própria superestrutura"[2]. É claro que, por outro lado, o estudo dos impressos comunistas não adquire todo o seu sentido se não for acompanhado da análise de suas ideias. Como se sabe, o livro político, de modo geral (isto é, salvo exceções em períodos e lugares específicos) é bastante marginal em termos econômicos se comparado a outros ramos da produção livreira[3], o que é mais grave na história do Brasil, onde em 1920 ainda 70% da população era analfabeta. Por isso, os estudos do campo específico da edição política conformam quase sempre o estudo das ideias políticas. Como observou Secco:

> A organização ideológica das classes sociais é, de certa forma, material. Portanto, o historiador precisaria ter cautela ao estudar o desenvolvimento da indústria tipográfica, de

2. Lincoln Secco, *A Batalha dos Livros*, p. 197.
3. Marie-Cécile Bouju observou que "na França contemporânea, antes como depois de 1870, o livro político é, com efeito, absolutamente marginal economicamente. Mas fragilidade numérica não significa ausência do espaço público". Marie-Cécile Bouju, *Lire en Communiste*, p. 12.

jornais, como se eles fossem estruturais apenas porque se expressam materialmente: "Há superestruturas que têm uma estrutura material, mas o seu caráter permanece o de uma superestrutura", diz Gramsci[4].

O estudo da circulação de livros e outros impressos nos meios comunistas e a forma como estes encaram sua produção cultural e intelectual (temas dos capítulos 1 e 2) é, destarte, um meio pelo qual se adentra as ideias marxistas. O marxismo com o qual Octávio Brandão havia travado contato não apenas passara pelo filtro da experiência revolucionária dos bolcheviques, mas por todas as mediações de uma rede de difusão do movimento comunista internacional. Esse processo levou efetivamente a uma vulgarização, uma sistematização ou, como já havia ocorrido em diversos locais no momento de propagação do marxismo da II Internacional, por uma redução escolástica e uma tradução fideística[5], nas palavras de Franco Andreucci. Ao passar por uma série de meios propagandísticos de difusão, atrelados a uma organização política de caráter hierárquico e doutrinário e que buscava sua afirmação nos meios onde atuava, um *corpus* teórico amplo pode se tornar um conjunto doutrinário mais restrito. No entanto, o equívoco é observar esse processo de passagem da teoria à doutrina exclusivamente pela ação de alguns indivíduos, líderes políticos que são obrigados a deixar de lado a complexidade teórica para passar à simplicidade doutrinária. É dessa forma que, malgrado análises interessantes, elevada erudição e quantidade significativa de fontes, Leandro Konder acabou por observar apenas de um ponto de vista parcial o fenômeno da recepção do marxismo no Brasil por parte dos primeiros comunistas. Segundo a formulação de Konder:

> O modo de pensar dialético – atento à infinitude do real e à irredutibilidade do real ao saber – implica um esforço constante da consciência no sentido de ela se *abrir* para o reconhecimento do novo, do inédito, das contradições que irrompem no campo visual do sujeito e lhe revelam a existência dos problemas que ele não estava enxergando. A exigência do reconhecimento de todas as contradições pode entrar em choque (e, de fato, com frequência entra) com exigências de outro tipo, que são as exigências ligadas às tarefas práticas urgentes que a luta política apresenta aos revolucionários. Em determinadas circunstâncias, o reconhecimento da complexidade e da contraditoriedade do quadro da ação pode paralisar – ou ao menos entorpecer – a intervenção eficaz do sujeito no combate; em tais

---

4. Lincoln Secco, *A Batalha dos Livros*, p. 26.
5. Franco Andreucci, "A Difusão e a Vulgarização do Marxismo", em Eric. J. Hobsbawm *et al.*, *História do Marxismo*. II: *O Marxismo na Época da Segunda Internacional*, p. 45.

circunstâncias, os dirigentes políticos das forças pragmaticamente comprometidas com a mudança tendem a mobilizá-las através de fórmulas *não dialéticas*, cujo efeito lhes parece ser mais direto e imediato[6].

Mesmo que esse seja um fator válido de explicação, ele precisa ser completado pela observação dos pressupostos materiais e intelectuais da recepção de determinado sistema de ideias, o que permite que se elabore uma avaliação para além da comparação entre um conceito *ideal* do que é a dialética e sua conformação *real* nos textos de Octávio Brandão; entre o que *é* e o que *deveria ser*, em que este segundo não passa do que o investigador *gostaria que fosse*. Trata-se de um conceito fechado de dialética. Como afirmou Konder "esclareçamos, então, que passaríamos a lidar com o conceito no sentido que lhe conferia Marx; na esteira da trilha teórica aberta por Hegel"[7]. Ainda segundo Konder, este conceito, agora pressuposto como o correto, seria seguidamente abandonado pelos revolucionários nos momentos de incertezas. O aspecto mais problemático dessa abordagem é o de fazer uma passagem imediata (isto é, sem as devidas mediações) entre o plano da **apropriação de ideias** e o da **prática política concreta**. É por esse motivo que Konder, mesmo que busque matizar parcialmente a interpretação, acaba assumindo que foi a incapacidade dos primeiros comunistas brasileiros de compreender a noção correta da dialética que os levou a erros políticos práticos:

> No interior do marxismo, [a dialética] reduzida a uma fraqueza extrema, deixou de contribuir para o reconhecimento da dinâmica real e complexa da sociedade brasileira, em todas as suas contradições; *ficou impossibilitada de ajudar os comunistas brasileiros a evitarem os erros de avaliação política que levaram à desastrada tentativa insurrecional de novembro de 1935*.
>
> Evidentemente, não teria sentido algum procurar explicar o mau passo que os comunistas brasileiros deram no levante de 1935 em função da "derrota da dialética"; mas também seria temerário ignorar o papel desempenhado pela pobreza do instrumental conceitual dos marxistas no deficiente exame que eles fizeram da situação do Brasil, no momento em que a consideraram madura para uma revolução de tipo leninista[8].

Trata-se de uma compreensão de tipo idealista. O autor de *A Derrota da Dialética* chegaria mesmo a argumentar que "pouquíssimos intelectuais

---

6. Leandro Konder, *A Derrota da Dialética*, p. 9.
7. *Idem*, p. 195.
8. *Idem*, p. 206. Grifo nosso.

brasileiros estavam em condições de ler livros em alemão"[9], sugerindo que a capacidade de ler em língua germânica poderia levar à apreensão correta da dialética e, destarte, à avalição apropriada da realidade. Um dos fatores que teriam agravado as dificuldades para que os marxistas brasileiros assimilassem a dialética teria sido a ligação dos intelectuais do país com a cultura francesa, "já que na produção ensaística francesa dos anos [19]20 – anterior a Jean Wahl, a Alexandre Kojève, a Jean Hyppolite, a Jean-Paul Sartre e a Henri Lefebvre – a dialética era, por assim dizer, *avis rara*"[10].

Como afirmou Lincoln Secco, "também nos falta uma história da infraestrutura do partido que vá além das discussões sobre a melhor ou pior interpretação da realidade brasileira adotada em cada etapa. Nada comprova que, adotando uma teoria 'certa', um partido aumenta o seu poder"[11]. Seguindo novamente a esteira de Horacio Tarcus, este afirma que:

> Não foi meu objetivo submeter à crítica as interpretações de Marx realizadas pelos socialistas argentinos sobre a base de uma interpretação que se pressupõe a verdadeira (a do autor), mas investigar que leituras de Marx eram possíveis e se realizaram desde as coordenadas geográficas, temporais e sociais da Argentina de fins do século XIX[12].

É por estar dotado de um pensamento de fundo que busca definir a acepção correta da dialética e testar a definição em diversos militantes e pensadores, que Leandro Konder chega a apontar que a dialética para Octávio Brandão teria sido um "mal-entendido"[13]. Essa postura pode até colaborar para a tarefa filosófica da definição mais válida para o conceito, mas pouco contribui, de um ponto de vista historiográfico, para a compreensão do pensamento dos primeiros marxistas brasileiros. Horacio Tarcus apontou que todo processo de recepção implica um certo grau de adequação, pois as ideias circulam de um espaço social a outro sem seus contextos e os receptores as interpretam de acordo com as necessidades ditadas por seu próprio campo de produção. Por isso, em todo processo de recepção haveria um "mal-entendido estrutural"[14].

---

9. *Idem*, p. 204.
10. *Ibidem*.
11. Lincoln Secco, *A Batalha dos Livros*, p. 26.
12. Horacio Tarcus, *Marx en la Argentina*, p. 33.
13. Leandro Konder, *A Derrota da Dialética*, pp. 144-148.
14. Horacio Tarcus, *Marx en la Argentina*, pp. 41-44.

A sistematização e vulgarização do marxismo passou por todo um processo histórico que foi, passo a passo, transformando o pensamento à medida que as ideias atingiram campos dotados de pressupostos materiais e intelectuais distintos do campo originário de produção. O marxismo havia se enraizado muito pouco no Brasil antes da Revolução Russa de 1917 e isso se deu por uma série de fatores, entre os quais, uma rarefação de literatura marxista.

Conforme Lincoln Secco, no Oitocentos latino-americano, surgiram as mesmas correntes políticas que na Europa, geradas pela Revolução Francesa: liberalismo, anarquismo, socialismo e comunismo. Experimentos utópicos de construção de uma nova sociedade se deram na América Latina simultaneamente ao outro lado do Atlântico. São já conhecidas pela historiografia as experiências utópicas no Brasil, em especial a Colônia Cecília. A questão, entretanto, está no fato de que a simultaneidade da superestrutura não era acompanhada pelo mesmo grau de desenvolvimento da infraestrutura intelectual: os livros eram importados e sua produção interna era quase nula. Dessa forma, essa limitação entravou a circulação de ideias socialistas no seio da classe média intelectualizada. As poucas bibliotecas públicas e as bibliotecas privadas revelam que a circulação de ideais europeus ficou restrita a uma pequena elite.

A literatura socialista praticamente não existiu em livro. Além do mais, as primeiras citações socialistas não se difundiram nos meios operários, mas entre leitores de Comte ou de Victor Cousin. A tradução das formas e conteúdos socialistas no Brasil esbarrava nas condições escassas de uma base material, especialmente pública, para difusão da cultura. Ao longo da Primeira República, mesmo que se tenham expandido os grupos escolares e bibliotecas em maior quantidade que durante o Império, no plano geral, as modificações não foram surpreendentes: em 1890 havia 85,2% de analfabetos no Brasil; em 1930 ainda eram 68% os que não liam e escreviam. A classe operária não tinha muitos espaços de sociabilidade e leitura devido ao baixo poder aquisitivo e os jornais operários dependiam de constantes coletas de ajuda financeira. A consequência é que a circulação de literatura socialista era bastante escassa. Apesar do surgimento de dezenas de núcleos socialistas nas primeiras décadas do século XX, estes sempre ficaram restritos ao Distrito Federal e a São Paulo. Refletiram, é claro, a ascensão do movimento operário: atomizado, mas crescente. No entanto, nunca configuraram uma corrente de massas e raramente as iniciativas socialistas no Brasil surgiram da ação do próprio movimento operário. Assim, esse socialismo socialmente indeciso viveu o isolamento de não poder se abrigar efetivamente nas incipientes lutas operárias nem constituir um "socialismo de cátedra", obstaculizado pela inexistência de um sistema universitário que pudesse abrigar material e moralmente a reflexão socialista[15].

Destarte, as brochuras que chegam ao Brasil por meio dos partidos ligados à Internacional Comunista configuraram o primeiro afluxo constante de literatura marxista no país. Os bolcheviques no poder construíram toda uma estrutura de difusão dos ideais revolucionários a partir da fundação da Internacional Comunista em 1919. Dessa forma, a primeira recepção efetiva do ideário marxista se deu sob a forma do bolchevismo. A recepção e apropriação desse marxismo no Brasil ocorreu sob uma série de pressupostos, dos quais a investigação do itinerário intelectual de Octávio Brandão nos permitiu a aproximação. A reflexão do militante alagoano sobre o Brasil nos anos 1920 possuiu três fontes fundamentais: *1*. O cientificismo de uma intelectualidade progressista, representada pela herança euclidiana; *2*. O pensamento anarquista que se fundava em uma tensão entre o naturalismo social e um "romantismo" libertário; *3*. O marxismo vulgarizado difundido na rede de distribuição das organizações ligadas ao Komintern, especialmente os partidos comunistas da França, Argentina e Uruguai.

A rede de sociabilidade kominterniana ligava hierarquicamente a liderança moscovita à direção comunista nacional e esta à base do partido. A forma de organização preconizada pelos comunistas e a dimensão que davam à produção intelectual são aspectos fundamentais. Como apontou Lincoln Secco:

O PCB é um partido doutrinal e pedagógico. O que isso quer dizer?
Doutrinal porque ele tem uma única teoria que guia a sua ação. Assim, as divergências buscam justificativa na doutrina. Mas ele é doutrinador. Faz proselitismo e é pedagógico. A segunda característica do partido, inseparável da primeira, exige que se faça uma história de seu aparato organizativo e, nele, há que se destacar a infraestrutura intelectual[16].

A recepção da literatura comunista não ocorreu em um ambiente que propiciava o debate acadêmico das ideias e, dessa forma, as reflexões de Octávio Brandão em sua apropriação do marxismo não ocorreram como ato de erudição de um intelectual acadêmico. Ao se observar as edições comunistas dos anos 1920, logo se percebe seu sentido fundamental: a agitação política

---

15. As reflexões dos dois últimos parágrafos se apoiam em Lincoln Secco, *A Batalha dos Livros*, esp. pp. 29-45.
16. *Idem*, p. 26.

das massas. Destarte, a função elementar da produção intelectual de Brandão nessa década foi a de formar e informar a base do partido. A prática intelectual do líder comunista foi determinada por uma diversidade de fatores, entre os quais podemos citar: *1.* as tarefas ideológicas das quais a direção kominterniana incumbia os comunistas brasileiros; *2.* a área sociocultural ocupada pelos comunistas.

Uma carta manuscrita de 1921 define as "tarefas e plano de organização da seção latino-americana no Secretariado do Komintern"[17]. É definida a necessidade de se criar o Comitê de Propaganda para a América do Sul com a colaboração do PC argentino (o que logo se faria) cuja função principal era a transmissão de informação comunista para a América do Sul e informação da América do Sul para o Komintern. Nesse quadro, são definidos três tipos de partidos na América Latina. Os PC argentino e mexicano, que já faziam parte da Internacional Comunista. Os que já possuíam certo desenvolvimento, com imprensa, líderes e deputados no parlamento, mas ainda não eram membros da IC (PC chileno e uruguaio). E o terceiro tipo, conformado pelo Brasil e a maioria dos países sul-americanos da costa do Pacífico, onde as condições são de "insuficiente desenvolvimento capitalista, onde o movimento operário ainda é pouco diferenciado e as formas da luta de classes, no geral, são ainda pouco exploradas"[18]. Para esses países, como o Brasil, as tarefas do Komintern seriam majoritariamente de estudo das condições do país e das organizações proletárias ou semiproletárias. Destarte, as energias dos primeiros comunistas brasileiros, como seção brasileira da Internacional Comunista, deveriam estar voltadas fundamentalmente para o estudo da realidade do país. O que se deveria realizar sempre sob a tutela do PC argentino, na América do Sul e, em última instância, sob a direção da liderança kominterniana em Moscou.

Em sua fase de defesa dos ideais anarquistas, Brandão já havia assumido a tarefa de formar as bases do movimento com uma série de folhetos de vulgarização da doutrina libertária. Como a **estratégia** anarquista no Brasil do primeiro quartel do século XX foi predominantemente conformada pelo sindicalismo revolucionário o espaço social majoritariamente ocupado pelos

---

17. "Aufgaben u. Organisationsplan d. Lateinisch-amerikanischen Section im Secretariat d. Komintern" assinado por M. Taroschenski datado provavelmente de 25.11.1921. RGASPI. F.495. Op.79. D.1
18. "Aufgaben u. Organisationsplan d. Lateinisch-amerikanischen Section im Secretariat d. Komintern" assinado por M. Taroschenski datado provavelmente de 25.11.1921. RGASPI. F.495. Op.79. D.1.

recém-tornados comunistas foram os sindicatos operários e seu espaço de expressão intelectual o jornal ligado ou destinado a essas agremiações, mesmo que existissem igualmente os espaços especificamente de confluência de militantes libertários.

Mas o comunismo buscou inaugurar uma nova cultura política, com uma série de características, entre as quais: *1.* Toda ação do militante está voltada para a construção do partido e divulgação de seus ideais; *2.* O conjunto de leituras é limitado ao necessário para a compreensão da doutrina, a qual vai cada vez mais se cristalizando sob o nome "marxismo-leninismo" e, portanto, ocorre uma diminuição no arco de possibilidades do ato de ler; *3.* A reflexão da seção nacional da Internacional Comunista se conformava à tarefa de melhor conhecer a realidade local a partir dos pressupostos doutrinários indicados, no intuito de preparar o processo revolucionário. Portanto, a tarefa do comunista Octávio Brandão e seus camaradas da direção partidária era a de reconhecer o terreno e preparar as trincheiras por meio de suas "batalhas das ideias".

Fontes e Bibliografia

Periódicos

A CLASSE *Operária*. 1. fase (1925): 5, 6, 7, 9 e 10; 2. fase: 1, 2, 3 e 4 (1928), 63 e 65 (1929) [Cedem-Unesp], 18 (1928) [Hemeroteca Digital da Fundação Biblioteca Nacional].

A *Nação*. 270-457 (3.1.1927-11.8.1927) [Cedem-Unesp].

A SEMANA *Social*. Ano I, n. 1 (30.3.1917) ao n. 11 (3.7.1917) [Cedem-Unesp].

DOCUMENTOS *del Progreso*. Pasta 22, Año II, n. XXV, 1 Agosto 1920 al año III, n. 45, 15 Junio 1921 [Biblioteca Sindicato de la Madera de Capital Federal, Buenos Aires – Soemcf].

LA CORRESPONDANCE *Internationale*. Diversos números de 1922 a 1928 [Cedem-Unesp].

MOVIMENTO *Communista*. n. 2 (2.1922) ao n. 24 (6.1923) [Microfilme] [AEL-Unicamp].

O PAIZ. Diversos números de 1923 a 1924 [Hemeroteca Digital da Fundação Biblioteca Nacional].

Documentação da Internacional Comunista – Arquivo Edgard Leuenroth, Unicamp

"A PROPAGANDA Comunista no Brasil", Carta de Octávio Brandão, datada de 10 de junho de 1926.

CARTA "au CE de l'Internationale Communiste", Rio de janeiro, 3 de junho de 1923.

CARTA "au Comité Executif de l'I.C.", 28 septembre, 1923.

CARTA ao Secretariado de Cultura do C.E. da I.C., Rio de Janeiro, 13 de abril de 1923.

CARTA aos Amigos, Assinantes e Leitores da A Classe Operária, assinada pela redação e administração da *A Classe Operária*, Rio, outubro de 1925.

CARTA Assinada por Elias Ivanovich e Manoel Esteves aos "Camarades du Journal *Rote Fahne*", 15 de junho de 1923, Santos.

CARTA Assinada por Julio Beilich Datada de 19 de abril [de 1922] Endereçada ao "Groupe Communiste du Brésil".

CARTA de Abílio de Nequete (Secretário do Grupo Comunista de Porto Alegre) "ao Comitê Executivo da I. Comunista", Montevideo, 1º de Fevereiro do Ano v [1922].

CARTA de Abílio de Nequete a Romo Datada de 20 de fevereiro do ano v [1922].

CARTA de Astrojildo Pereira (Secretário Geral Interino) ao Secretariado do Comitê Executivo da I.C. Datada de 12 de Setembro de 1922.

CARTA de Astrojildo Pereira a "Codo" [Victorio Codovilla], Rio, 2.9.26.

CARTA de Astrojildo Pereira à Seção de Agitprop do Komintern, Rio de Janeiro, 7 de abril de 1928.

CARTA de Astrojildo Pereira à Seção de *Agitprop* do Komintern, Rio de Janeiro, 16 de setembro de 1926.

CARTA de Astrojildo Pereira ao Reitor da E.L.I.[Escola Leninista Internacional], Rio de Janeiro, 7 de novembro de 1927.

CARTA de Brandão a Stirner, Rio, 30 de setembro de 1924.

CARTA de Canellas "au C.E. de l'Internationale Communiste", Rio de Janeiro, 3 de junho de 1923.

CARTA de Ercoli [Palmiro Togliatti] ao "C.C. du P.C. du Brésil" pelo Secretariado da IC para os Países de Língua Espanhola. A Carta não Está Datada, Mas Há Carimbo de 12 de julho de 1926.

CARTA de Moscou "al CE del PC del Brasil" Datada de Moscou, 10 de dezembro de 1923.

CARTA de Octávio Brandão ao Camarada Bela Kun, Seção de Agitação e Propaganda da I.C. Datada de 18 de novembro de 1924.

CARTA do "CE de la IC al CE del PCB", Moscu, 7 de febrero de 1924.

CARTA do Secretariado da I.C. datada de 1º de Julho, Moscou (O.W. Kuusinen).

CARTA do Secretário para o Exterior-interino, Octávio Brandão ao Camarada Kuusinen, 27 de junho/ agosto de 1923.

"CONTRA a Corrente do Communismo", Octávio Brandão, 12 de julho de 1926.

"GRUPO Communista".

"INFORME Presentado al Secretariado Sud-Americano de la I.C. por el Delegado del Partido Comunista Brasilero", Buenos Aires, 5 de Julho de 1928.

O BRASIL Burguês e Revolucionário. Relatório Trimestral do P.C.B. ao C.E. da I.C. janeiro a março – 1924", Octávio Brandão (Secretário Internacional), Rio de Janeiro, 10 de abril de 1924.

"O SERVIÇO de Agitprop em 1925", Sem Data [Provavelmente 1925], Assinada pelo "Encarregado do Serviço de Organização".

PARTIDO Communista do Brazil (S.B.I.C.). Carta de Informação n. 2", Rio de Janeiro, 30 de novembro de 1926, Assinada por "Secção de Informação do C.C. do P.C.B."

PEREIRA, Astrojildo. "Relatório Geral Sobre as Condições Econômicas, Políticas e Sociaes do Brasil e Sobre a Situação do P.C. Brasileiro" Dirigido ao Comitê Executivo da I.C., Rio de Janeiro, 1º de outubro de 1923.

"RELATÓRIO Trimestral do P.C. brasileiro ao Executivo da I.C." de Astrojildo Pereira (Pela C.C.E.) de 6 de janeiro de 1924, Rio de Janeiro.

"RÉPONSE au Questionnaire de la [?]", Assinada por Astrojildo Pereira pela C.C.E., Sem Data, Mas Provavelmente de 1925.

Documentação da Internacional Comunista – Arquivo do Estado Russo de História Sociopolítica (RGASPI)

AN DIE Zentrale der Kommunistischen Partei Brasiliens, Moskau, den 21. Februar 1924
ANNEXO n. 15. Declaração do Delegado da I.C. Sobre o P.C.B.
AUFGABEN u. Organisationsplan d. Lateinisch-amerikanischen Section im Secretariat d. Komintern Assinado por M. Taroschenski Datado Provavelmente de 25.II.1921.
SPANISCH-SÜDAMERIKANISCHES Referat des IKKI. Brasilien. an das Sekretariat der KI., Moskau, den 18. Februar 1924.
SÜDAMERIKANISCHE Fragen. Resolution über die kommunistische Partei Brasiliens.
TEXTO Assinado pelo Secretário Internacional (Octávio Brandão), Datado de 21 de setembro de 1924.
Voz Cosmopolita, ano II, n. 29, Rio de Janeiro, 1º de setembro de 1923.

Bibliografia Comunista dos Anos 1910 e 1920[1]

ABRE Teus olhos, Trabalhador! 1924 (possui datação de 30 de maio de 1924).*

---

1. Não se trata de bibliografia comunista completa, mas apenas aquela citada no presente livro. Documentação constante dos seguintes acervos receberão as respectivas legendas: documentação da Internacional Comunista do AEL-Unicamp (*); Biblioteca Edgard Carone (**); Biblioteca AEL-Unicamp (***); CEDINCI (****); Biblioteca Florestan Fernandes/ FFLCH-USP (*****).

Absurdo Político, O. trad. e aum. por José Alves, São Paulo, s/n, 1924.**
Bloco Operário e Camponez, *Programma e Estatutos.* Rio de Janeiro, Edição do Comité Central, 1928.*
Brand [pseud. Octávio Brandão]. *Os Desmoronamentos Divinos.* Rio de Janeiro, s/n, 1920.**
Brandão, Octávio. *Abre Teus Olhos, Trabalhador!* 3. ed., s. l., s. n., 1929.**
_____. *Canaes e Lagôas.* vol. 1, Rio de Janeiro, Jacintho Ribeiro dos Santos, 1919.*****
_____. *Rússia Proletária.* Rio de Janeiro, Voz Cosmopolita, 1923 [1924].***
Commissão de Educação e Cultura do Partido Communista do Brazil, A. *Abecedário dos Trabalhadores.* s. l., s. n., 1924 (possui datação de 7 de dez. de 1923).*
Commissão de Educação e Cultura do Partido Communista do Brazil, A. *O Paiz e o Governo dos Trabalhadores.* s. l., s. n., 1924 (Possui datação de 9 de jun. de 1924).*
Commissão de Educação e Cultura do Partido Communista do Brazil, A. *Para Fazer Propaganda Individual* (Sugestões para Communistas). s. l., s. n., 1925.*
Cuarto Congreso Ordinario del Partido Comunista de la Argentina, *Informes del Comité Ejecutivo y Tesoreria. Proposiciones de los Centros.* Buenos Aires, s. n, enero de 1922.**
Dias, Everardo. *Bastilhas Modernas. 1924-1926.* São Paulo, Empresa Editora de Obras Sociais e Literárias, 1926.**
_____. *A Acção da Mulher na Revolução Social.* São Paulo, s. n, 1922.**
Estatutos da União dos Trabalhadores Graphicos do Rio de Janeiro s. l., s. n., s. d.**
Felix Dzerjinsky. s. l, c. r. do Rio G. do Sul do p.c.b., s. d.**
II Congresso do p.c.b. (Secção Brazileira da Internacional Communista). *Theses e Resoluções.* Rio de Janeiro, s/n, 1925.*
Lenin, Nicolás. *La Lucha por el Pan*; Trotzky, León. *Trabajo, Orden y Disciplina Salvarán la República Socialista.* Buenos Aires, Documentos del Progreso, 1920.****
Lenin, Nicolas. *La Revolución Proletária y el Renegado Kautsky,* Buenos Aires, Editorial La Internacional, 1921 (n. 1).****
Lenine, Nicolau. *A Lucta pelo Pão (A Lucta pela Existencia).* trad. de José Alves, Rio de Janeiro, s. n, 1920 (Coleção Sociocrata, n. 2).**
Lima, Pedro Motta. *O Coronel Louzada.* Rio de Janeiro, Universal, 1927.**
Marx, Carlos. *O Capital.* Resumido e acompanhado de um estudo sobre o socialismo scientifico por Gabriel Deville. Trad. Albano de Moraes, Lisboa, Edição da Typographia de Francisco Luiz Gonçalves, 1912 (xxi – Bibliotheca d'Educação Nacional).**

MARX, Karl & ENGELS, Friedrich. *Manifeste du Parti Communiste*. Édition française autorisée avec des préfaces des auteurs aux éditions allemandes. Traduction de Laura Lafargue, revue par Engels, Paris, Au siège du Conseil National, 1912 (Librairie du Parti Socialiste (S.F.I.O.)).**

MARX, Karl & ENGELS, Friedrich. *Manifesto Communista*. Porto Alegre, Sul-Brasil, 1924, p. 40.**

MAYER, Fritz [pseud. Octávio Brandão]. *Agrarismo e Industrialismo*. Buenos Aires [Rio de Janeiro], s.n, 1926.***

PAI de Família, Um. *O Baptismo*. São Paulo, Grupo Editor Livre Pensamento, s.d.**

PARTIDO Communista (S.B.I.C.). *Estatutos Approvados no Congresso Communista Reunido no Rio de Janeiro a 25, 26 e 27 de março de 1922*. Rio de Janeiro, Edição da Commissão Central Executiva, 1922.*

_____. *O Processo de um Traidor (O Caso do Ex-communista A. B. Canellas)*. Rio de Janeiro, Typographia Lincoln, 1924.**

_____. *Theses e Resoluções Adoptadas pelo III Congresso do Partido Communista do Brasil*. s.l., s.n., s.d.*

RAPPOPORT, Charles. *Noções do Comunismo*. Recife, s.n, 1924 (Pequena Biblioteca de Cultura Proletária, n. 2).**

_____. *Précis du Communisme*. Paris, Librairie de l'Humanité, 1924 (Les Cahiers Communistes, n. 1).**

ROBNIS, Raymundo (entrev.). *O Cidadão e o Produtor*. Recife, s.n, 1923 (Pequena Biblioteca de Cultura Proletária, n. 1).**

S.B. *Situação da Classe Trabalhadora em Pernambuco*. Rio de Janeiro, Edição da A Classe Operária, 1925.**

SAINT BARB. *Pequenas Coplas*. Pelotas, Grupo Teatral Cultura Social, [1]914.**

SIEGEL, Oscar. *Brasil e Rússia*. s.l, s.n, 1922.**

_____. "A Rússia Sovietista e a Política Internacional", *Revista do Brasil*, n. 110, fev. de 1925, Comp. Graphico-editora Monteiro Lobato, São Paulo.

SOUVARINE, Boris. *La Troisième Internationale*. Paris, Editions Clarté, 1919.**

THONAR, Jorge. *O Que Querem os Anarquistas*. Rio de Janeiro, Grupo Anarquista Jerminal, 1918 (Propaganda Libertária).**

ZINOWIEFF, G. & LENINE, N. *De la Revolución Rusa*, Buenos Aires, s.n, 1919.****

Bibliografia Geral

ALBUQUERQUE, Miracy Muniz de & AMORIM, Elba Lúcia Cavalcanti de. *Formação Farmacêutica em Pernambuco: Cem Anos de História*, Recife, Editora Universitária da UFPE, 2006.

AMARAL, Roberto Mansilla. *Uma Memória Silenciada – Ideias, Lutas e Desilusões na Vida do Revolucionário Octávio Brandão (1917-1980)*. Niterói, RJ, Instituto de Ciências Humanas e Filosofia, Universidade Federal Fluminense. 2003, 333p. (Dissertação de Mestrado).

_____. "Uma Voz Destoante no PCB: Octávio Brandão, Militante e Intelectual (1924-1957)". *In*: REIS FILHO, Daniel Aarão. *Intelectuais, História e Política. Séculos XIX e XX*. Rio de Janeiro, 7 Letras, 2000.

ANDREUCCI, Franco, "A Difusão e a Vulgarização do Marxismo". *In*: HOBSBAWM, Eric. J. et al. *História do Marxismo*. II: *O Marxismo na Época da Segunda Internacional*. Rio de Janeiro, Paz e Terra, 1982.

ANTUNES, Ricardo, *Classe Operária, Sindicatos e Partidos no Brasil: Um Estudo Sobre a Consciência de Classe, da Revolução de 30 até a Aliança Nacional Libertadora*, São Paulo, Cortez, 1982.

ARICÓ, José. "O Marxismo Latino-americano nos Anos da Terceira internacional". *In*: ALTVATER, Elmar *et. al.*, *História do Marxismo: O Marxismo na Época da Terceira Internacional. O Novo Capitalismo, Imperialismo, o Terceiro Mundo*. Rio de Janeiro, Paz e Terra, 1987.

BACCALINI, Virgilio. *Astrojildo Pereira. Giovane libertario. Alle Origini del Movimento Operaio Brasiliano*. Milano, Cens, 1984.

Baghavad Gita (Canção do Divino Mestre). trad. Rogério Duarte, São Paulo, Companhia das Letras, 1998.

BANDEIRA, Moniz; MELO, Clovis & ANDRADE, A. T. *O Ano Vermelho. A Revolução Russa e Seus Reflexos no Brasil*, Rio de Janeiro, Civilização Brasileira, 1967.

BARROSO, Antonio Vinícius Lomeu Teixeira. "Um Nietzsche à Brasileira: Intelectuais Receptores do Pensamento Nietzscheano no Brasil (1900-1940)". *Revista de Teoria da História*, ano 5, n. 9, julho de 2013, Universidade Federal de Goiás.

BARTZ, Frederico Duarte. "As Insurreições Operárias na Primeira República (1918--1919): Ideias, Articulações e Projetos Políticos". *Marx e o Marxismo 2015: Insurreições, Passado e Presente*. Universidade Federal Fluminense, Rio de Janeiro, 2015.

BATALHA, Claudio H. M. (org). *Dicionário do Movimento Operário. Rio de Janeiro do Século XIX aos Anos 1920. Militantes e Organizações*, São Paulo, Fundação Perseu Abramo, 2009.

BERNUCCI, Leopoldo M. (org.). *Discurso, Ciência e Controvérsia em Euclides da Cunha*. São Paulo, Edusp, 2008.

BIANCHI, Alvaro. "Octavio Brandão e o Confisco da Memória: Nota à Margem da História do Comunismo Brasileiro". *Crítica Marxista*, São Paulo, Editora Unesp, n. 34, 2012.

BOUJU, Marie-Cécile. *Catalogue de la Production des Maisons d'Édition du Parti Communiste Français 1921-1956*. [en ligne], 1999.

_____. *Les Maisons d'Édition du PCF (1920-1950)*. DEA d'Histoire, sous la dir. de J.-Y. Mollier, Université de Versailles-Saint-Quentin-en-Yvelines, 1994.

_____. *Lire en Communiste. Les Maisons d'Édition du Parti Communiste Français. 1920-1968*. Rennes, Presse Universitaires de Rennes, 2010.

BRANDÃO, Laura & BRANDÃO, Octávio. *Poesia*. org. de Dionysa Brandão Rocha, Rio de Janeiro, D. Brandão Rocha, 2000.

BRANDÃO, Octávio, *Agrarismo e Industrialismo*: Ensaio Marxista-leninista Sobre a Revolta de São Paulo e a Guerra de Classes no Brasil – 1924. 2. ed., São Paulo, Anita Garibaldi, 2006.

_____. *Combates e Batalhas*. vol. 1: *Memórias*. São Paulo, Editora Alfa-Omega, 1978.

BUENO, Luís. *Uma História do Romance de 30*. São Paulo; Campinas, Edusp; Editora da Unicamp, 2006.

BUKHARIN, N. *ABC do Comunismo*. 2. ed. bras. rev. e anot. por Aristides Lôbo. São Paulo, Unitas, [1933].

CAMARERO, Hernán. *A la Conquista de la Clase Obrera. Los Comunistas y el Mundo del Trabajo en la Argentina. 1920-1935*. Buenos Aires, Siglo XXI Editora Iberoamericana, 2007.

CANDIDO, Antonio. "Radicalismos". *Estudos avançados*. São Paulo, vol. 4, n. 8, pp. 4-18, abr. 1990. Disponível em: <http://www.scielo.br/scielo.php?script=sci_arttext&pid=S0103-40141990000100002&lng=en&nrm=iso>. Último acesso em 10 de jan. de 2017.

CARNEIRO, M. L. T. & KOSSOY, Boris (orgs.). *A Imprensa Confiscada pelo Deops: 1924-1954*, São Paulo, Ateliê Editorial; Imprensa Oficial do Estado de São Paulo, Arquivo do Estado, 2003.

CARONE, Edgard. *A República Velha*. vol. 1: *Instituições e Classes Sociais*. 4. ed., Rio de Janeiro, Difel, 1978.

_____. *Classes Sociais e Movimento Operário*. São Paulo, Editora Ática, 1989.

_____. *Leituras Marxistas e Outros Estudos*. org. Lincoln Secco & Marisa Midori Deaecto, São Paulo, Xamã, 2004.

_____. *Movimento Operário no Brasil (1877-1944)*. São Paulo; Rio de Janeiro, Difel, 1979.

_____. *O Marxismo no Brasil*. Rio de Janeiro, Dois Pontos, 1986.

_____. *Revoluções do Brasil Contemporâneo*. São Paulo, DESA, 1965.

_____. *Socialismo e Anarquismo no Início do Século*. Petrópolis, Vozes, 1996.

_____. "Uma Polêmica nos Primórdios do PCB: O Incidente Canellas e Astrojildo (1923)". *Memória & História. Revista do Arquivo Histórico do Movimento Operário Brasileiro*. São Paulo, LECH, 1981.

CASTELLANI, José. "A Loja Ordem e Progresso e Everardo Dias, Maçom e Líder Operário e Libertário". Disponível em: <www.lojaordemeprogresso.com.br/hist_everardo.html>. Último acesso em 30 de dez. de 2015.

CHARTIER, Roger. "Le Monde Comme Représentation". *Annales. Économies, Sociétés, Civilisations*. 44. Année. n. 6. 1989, pp. 1505-1520. Disponível em: <http://www.persee.fr/doc/ahess_0395-2649_1989_num_44_6_283667>. Último acesso em 13 de jan. de 2017.

CHILCOTE, Ronald H. *Brazil and Its Radical Left. An Annotated Bibliography on the Communist Movement and The Rise of Marxism, 1922-1972*. Millwood, Kraus International Publications, 1980.

CORBIÈRE, Emilio J. "La Cultura Obrera Argentina como Base de la Transformacion Social (1890-1940)". *Herramienta. Revista de Debate y Crítica Marxista*, n. 12, Buenos Aires, otoño de 2000. Disponível em: <http://www.herramienta.com.ar/revista-herramienta-n-12/la-cultura-obrera-argentina-como-base-de-la-transformacion-social-1890-1940>. Último acesso em 10 de jan. de 2017.

CORDEIRO, Christiano. "Doutrina Contra doutrina", *Memória & História. Revista do Arquivo Histórico do Movimento Operário Brasileiro*, n. 2: *Cristiano Cordeiro – Documentos e Ensaios*. São Paulo, LECH, 1982.

CORRÊA, Felipe. *Ideologia e Estratégia. Anarquismo, Movimentos Sociais e Poder Popular*. São Paulo, Faísca, 2011.

CUNHA, Paulo Ribeiro da. "Agrarismo e Industrialismo: Pioneirismo de uma Reflexão", *Novos Rumos*, vol. 12, n. 26, set.-out., 1997, pp. 54-61.

DEAECTO, Marisa Midori & MOLLIER, Jean-Yves. *Edição e Revolução. Leituras Comunistas no Brasil e na França*. Cotia, SP; Belo Horizonte, Ateliê Editorial/ Editora UFMG, 2013.

DEL ROIO, Marcos. "Octávio Brandão nas Origens do Marxismo no Brasil". *Crítica Marxista*. n. 18, 2004, pp. 115-132.

_____. *A Classe Operária na Revolução Burguesa. A Política de Alianças do PCB: 1928--1935*. Belo Horizonte, Oficina de Livros, 1990.

DIAS, Everardo. *História das Lutas Sociais no Brasil*. São Paulo, Edaglit, 1962.

DJUROVIC, Camila Alvarez. Relatório de Iniciação Científica do Projeto "A Revista *Movimento Comunista* e a Formação do Partido Comunista Brasileiro". 2013. *Mimeo*.

DULLES, John W. Foster. *Anarquistas e Comunistas no Brasil (1900-1935)*. Rio de Janeiro, Nova Fronteira, 1977.

EDMUNDO, Luís. *O Rio de Janeiro do Meu Tempo*, vol. 4. Rio de Janeiro, Conquista, 1957.

FAURE, Sébastian. "A Síntese Anarquista". (1928). Acessado no órgão de informação anarquista Anarkismo.net: www.anarkismo.net/article/12392. Último acesso em 9 de jan. de 2017.

FEIJÓ, Martin Cezar. *Formação Política de Astrojildo Pereira (1890-1920)*. 2. ed.. Belo Horizonte, Oficina de Livros, 1990.

_____. *O Revolucionário Cordial. Astrojildo Pereira e as Origens de uma Política Cultural*. São Paulo, Boitempo, 2001.

FERREIRA, Jorge & REIS, Daniel Aarão (orgs.). *A Formação das Tradições (1889-1945)*. Rio de Janeiro, Civilização Brasileira, 2007 (As Esquerdas no Brasil, vol.1).

FERREIRA LIMA, Heitor. *Caminhos Percorridos*. São Paulo, Brasiliense, 1982.

FEBVRE, Lucien & MARTIN, Henri-Jean. *L'Apparition du Livre*. [Paris], Albin Michel, [1971] (L'Évolution de l'Humanité).

FILHO, Michel Zaidan, *PCB (1922-1929). Na Busca das Origens de um Marxismo Nacional*. São Paulo, Global, 1985.

_____. *Comunistas em Céu Aberto. 1922-1929*. Belo Horizonte, Oficina de Livros, 1989.

HALL, Michael M. & PINHEIRO, Paulo Sérgio. "O Grupo Clarté no Brasil: da Revolução nos Espíritos ao Ministério do Trabalho". *In*: PRADO, Antonio Arnoni. *Libertários no Brasil. Memória, Lutas, Cultura*. São Paulo, Brasiliense, 1986.

HALLEWELL, Laurence. *O Livro no Brasil: Sua História*, 2. ed. rev. e ampl. São Paulo, Edusp, 2005.

HOBSBAWM, Eric. *Era dos Extremos. O Breve Século XX. 1914-1991*. São Paulo, Companhia das Letras, 1995.

JEIFETS, Lazar & JEIFETS, Víctor. *América Latina en la Internacional Comunista, 1919-1943. Diccionário Biográfico*. Santiago, Ariadna Ediciones, 2015.

KONDER, Leandro. *A Derrota da Dialética. A Recepção das Ideias de Marx no Brasil até o Início dos Anos Trinta*. Rio de Janeiro, Campus, 1988.

_____. "Octávio Brandão, o Lênin que não Deu Certo". *Folha de S. Paulo*. 23.6.1985, Caderno Folhetim. pp. 6-8.

LOBATO, Monteiro. *O Escândalo do Petróleo e Ferro*. 3. ed. São Paulo, Brasiliense, 1948.

LÓPEZ D'ALESANDRO, Fernando. "Los Orígenes de la Cultura Estalinista en el Comunismo Uruguayo". *In*: Yaffé, Jaime. *Dossier 'Cinco Estudios Sobre el Comunismo Uruguayo'*. historiapolitica.com [en línea], URL: <http://historiapolitica.com/dossiers/comunismouruguayo/>. Último acesso em 10 de jan. de 2017.

Löwy, Michael. *A Teoria da Revolução no Jovem Marx*. São Paulo, Boitempo, 2012.

_____. *Método Dialético e Teoria Política*. Rio de Janeiro, Paz e Terra, 1978.

_____. *O Marxismo na América Latina. Uma Antologia de 1909 aos Dias Atuais*. São Paulo, Fundação Perseu Abramo, 2012.

Löwy, Michael & Sayre, Robert. *Revolta e Melancolia: O Romantismo na Contracorrente da Modernidade*. São Paulo, Boitempo, 2015.

Lukács, György. *Lenin: Um Estudo Sobre a Unidade de Seu Pensamento*. São Paulo, Boitempo, 2012.

Machado, Ubiratan. *História das Livrarias Cariocas*. São Paulo, Edusp, 2012.

Magnani, Silvia Ingrid Lang. *O Movimento Anarquista em São Paulo (1906-1917)*. s.l, Brasiliense, 1982.

Mannheim, Karl. *Ideologie und Utopie*. Frankfurt/Main, Kloestermann, 1995.

Martins, Wilson. *História da Inteligência Brasileira*. vol. VI: *1915-1933*. São Paulo, Cultrix; Edusp, 1978.

Marx, Karl. *Révolution et Contre-révolution en Allemagne*. trad. par Laura Lafargue, Paris, V. Giard & E. Brière, 1900.

_____. *L'Allemagne en 1848. Karl Marx Devant les Jurés de Cologne. Révélations Sur le Procès des Communistes*. trad. de l'allemand par Léon Remy. Paris, C. Reinwald/ Schleicher Frères, 1901.

Marx, Karl & Engels, Friedrich. *Manifesto do Partido Comunista*. URSS, Edições Progresso, 1987.

Mollier, Jean-Yves. "O Partido Comunista Francês e o Livro. Uma História Singular no Espaço Político Nacional", *Mouro*. Núcleo de Estudos d'O Capital, ano 6, n. 9, jan. de 2015.

Moraes, João Quartim de (org.). *História do Marxismo no Brasil*. vol. 2: *Os Influxos Teóricos*. Campinas, Editora da Unicamp, 2007.

Moraes, João Quartim de & Reis, Daniel Aarão (orgs.). *História do Marxismo no Brasil*. vol. 1: *O Impacto das Revoluções*. Campinas, Editora da Unicamp, 2007.

Moraes, João Quartim de & Del Roio, Marcos (orgs.). *História do Marxismo no Brasil*. vol. 4: *Visões do Brasil*. Campinas, Editora da Unicamp, 2007.

Nascimento, José Leonardo & Facioli, Valentim (orgs.). *Juízos Críticos. Os sertões e os Olhares de Sua Época*. São Paulo, Nankin Editorial; Editora Unesp, 2003.

Negro, Hélio & Leuenroth, Edgard. *O Que É Maximismo ou o Bolchevismo. Programa Comunista*, São Paulo, Editora Semente, s.d.

Nietzsche, Friedrich. *A Vontade de Poder*. Rio de Janeiro, Contraponto, 2008.

_____. *Der Antichrist. Fluch auf das Christentum*. Hamburg, tredition, s.d.

PEIXOTO, Maria do Rosário da Cunha. *O Trem da História. A Aliança PCB/CSCB/O Paiz. Rio de Janeiro. 1923/1924*. s.l, Editora Marco Zero, [1994].
PEREIRA, Astrojildo, *Construindo o PCB(1922-1924)*. São Paulo, LECH, 1980.
_____. *Ensaios Históricos e Políticos*. São Paulo, Editora Alfa-Omega, 1979.
PERICÁS, Luiz Bernardo & SECCO, Lincoln (orgs.). *Intérpretes do Brasil. Clássicos, Rebeldes e Renegados*. São Paulo, Boitempo, 2014.
PETRA, Adriana Carmen, *Intelectuales Comunistas en la Argentina (1945-1963)*. La Plata Universidad Nacional de La Plata. Facultad de Humanidades y Ciencias de la Educación, 2013, Tesis de posgrado.
PLANCHEREL, Alice Anabuki. *Memória & Omissão: Anarquismo & Octavio Brandão*. Maceió, Edufal, 1997.
PROBER, Kurt. *História do Supremo Conselho do Grau 33 do Brasil*. vol. I: *1832 a 1927*. s.l., Livraria Kosmos Editora, 1981.
RAPOSO, C. A. de Sarandy. *Theoria e Pratica da Cooperação: Da Cooperação em Geral e Especialmente no Brasil*. Rio de Janeiro, Imprensa Nacional, 1912.
REBELO, Apolinário. *Jornal* A Classe Operária. São Paulo, Anita Garibaldi, 2003.
RECLUS, Elisée. "A Evolução, a Revolução e o Ideal Anárquico". *Do Sentimento da Natureza nas Sociedades Modernas e Outros Escritos*. introd. e trad. Plínio Augusto Coêlho. São Paulo, Intermezzo; Edusp, 2015.
RIDENTI, Marcelo. *Brasilidade Revolucionária. Um Século de Cultura e Política*. São Paulo, Editora Unesp, 2010.
RINGER, Fritz. *O Declínio dos Mandarins Alemães. A Comunidade Acadêmica Alemã (1890-1933)*. São Paulo, Edusp, 2000.
RODRIGUES, Edgar. *Novos Rumos (História do Movimento Operário e das Lutas Sociais no Brasil/ 1922-1946)*. Rio de Janeiro, Mundo Livre, s/d.
_____. *Os Libertários*. Rio de Janeiro, VJR, 1993.
RODRIGUES, Leôncio Martins. "O PCB: Os Dirigentes e a Organização", *In*: FAUSTO, Boris (dir.). *O Brasil Republicano*. t. 3, vol. 3: *Sociedade e Política (1930-1964)*. 6. ed. Rio de Janeiro, Bertrand Brasil, 1996, pp.362-443.
ROMANI, Carlo. "1924: O Silenciamento da Memória Operária". *Letralivre. Revista de Cultura Libertária, Arte e Literatura*, ano 10, n. 42, 2005.
ROXO, Marco & SACRAMENTO, Igor (orgs.). *Intelectuais Partidos: Os Comunistas e as Mídias no Brasil*. Rio de Janeiro, e-papers, 2012.
SAMIS, Alexandre. "O Anarquismo no Brasil". *In*: Vários Autores, *História do Anarquismo*, São Paulo, Faísca; Imaginário, 2008.

Santana, José Carlos Barreto de. *Ciência & Arte. Euclides da Cunha e as Ciências Naturais.* São Paulo; Feira de Santana, Hucitec; Universidade Estadual de Feira de Santana, 2001.

Secco, Lincoln. *A Batalha dos Livros: Formação da Esquerda no Brasil.* Cotia, SP, Ateliê Editorial, 2017.

Silva, Angelo José da. *A Crítica Operária à Revolução de 1930: Comunistas e Trotskistas.* Campinas, Instituto de Filosofia e Ciências Humanas. Universidade Estadual de Campinas. Campinas, 1996, 174 pp. Dissertação de Mestrado.

_____. *Comunistas e Trotskistas. A Crítica Operária à Revolução de 1930.* Curitiba, Moinho do Verbo, 2002.

Sodré, Nelson Werneck. *História da Imprensa no Brasil.* 4. ed, Rio de Janeiro, Mauad, 1999.

Tarcus, Horacio. *Marx en la Argentina. Sus Primeros Lectores Obreros, Intelectuales y Científicos.* Buenos Aires, Siglo XXI, 2007.

Tarcus, Horacio & Pittaluga, Roberto (eds.). *Catalogo de Publicaciones Politicas de las Izquierdas Argentinas (1890-2005). Con Anexos de Otras Corrientes Políticas y de Publicaciones Político-periodísticas Argentinas.* Buenos Aires, CEDINCI, 2000 (Catálogos del CEDINCI, vol. I).

Tavares, R. R. *Desenhando a Revolução*: *A Luta de Imagens na Imprensa Comunista (1945-1964).* São Paulo, Faculdade de Filosofia, Letras e Ciências Humanas, Universidade de São Paulo. São Paulo, 2009. Tese de Doutorado.

Tinôco, Carlos Alberto. *O Pensamento Védico. Uma Introdução.* São Paulo, Ibrasa, 1992.

Vianna, Marly de Almeida Gomes. "A Imprensa do PCB: 1920-1940". *In*: Fiorucci, Rodolfo & Costa, Alexandre Andrade da (orgs.). *Políticas e Projetos na Era das Ideologias: A Imprensa no Brasil Republicano (1920-1940).* Jundiaí, Paco Editorial, 2014.

Vinhas, Moisés. *O Partidão. A Luta por um Partido de Massas (1922-1974).* São Paulo, Hucitec, 1982.

Wolikow, Serge. *L'Internationale Communiste (1919-1943). Le Komintern ou le Rêve Déchu du Parti Mondial de la Révolution.* Paris, Les Éditions de l'Atelier, 2010.

Apêndice

Anexo 1. *Periódicos Citados em* Rússia Proletária *(1924)*

Autor	Título	Local	Data
–	*L'Humanité*	Paris	21 de junho de 1922
–	*L'Humanité*	Paris	23 de outubro de 1922
–	*La Correspondance Internationale*, n. 66		23 de agosto de 1922
–	*L'Internationale Communiste* – n. 12	Petrogrado	julho de 1920
–	*L'Internationale Communiste* – n.9	Petrogrado	abril de 1920
–	*Vanguarda*		22 de março de 1922
–	*Claridad*	Montevideo	1 de outubro de 1921
–	*Bulletin Communiste* – n. 18	Paris	29 de abril de 1922
–	*Jornal do Brazil*		12 de agosto de 1922
–	*L'internationale Communiste* – n. 13	Petrogrado	Setembro de 1920
–	*Bulletin Communiste* – n.26		22 de Junho de 1922

1. Octávio Brandão, *Rússia Proletária*, Rio de Janeiro, Voz Cosmopolita, 1923 [1924].

–	*Appello da I.C. – Movimento Communista* – n. 11		Outubro de 1922
–	"Moscou et les syndicats" – *Le Temps*	Paris	2 de julho de 1922
–	*Le Libertaire* – n. 124	Paris	3 a 10 de junho de 1921
–	*L'Internationale Communiste*, n. 13	Petrogrado	Setembro de 1920
–	*La Correspondance Internationale* – n. 3		11 de janeiro de 1922
Ch. Rappoport	*Cahiers de l'Ecole Communiste Marxiste*, n.7		
D. Svertchkov	*La Correspondance Internationale*, n.25	Berlim	1º de abril de 1923
Edmond Peluso	*Bulletin Communiste* n. 25		15 de junho de 1922
Eugene Lyons (entrevistador)	*Friends of Soviet Russia Press Service*	Nova York	
L. Trotski	"Le Front Uni et le Communisme en France", *La Correspondance Internationale*, n. 21	Berlim	18 de março de 1922
Lenine	*L'Internationale Communiste* – n. 10	Petrogrado	Maio de 1920
Lenine	*L'Internationale Communiste* – n. 11	Petrogrado	Junho de 1920
Lenine	*L'Internationale Communiste* – n. 12	Petrogrado	julho de 1920
Lenine	*L'Internationale Communiste* – n. 14	Petrogrado	novembro de 1920
Lenine	*L'Internationale Communiste* – n. 10	Petrogrado	Maio de 1921
Maiski	*La Correspondance Internationale*	Berlim	23 de agosto de 1922
Pierre Monatte	*L'Humanité*	Paris	17 de abril de 1922
Ruy Barbosa	"Liberdade, ou República", *Diario de Noticias*, n. 1372	Rio de Janeiro	17 de março de 1889
Sen Katayama	*Bulletin Communiste*	Paris	9 de março de 1922
Victor Serge	"Les Tendences Nouvelles de l'Anarchisme Russe", *Bulletin Communiste*	Paris	3 de novembro de 1921

Anexo 2[2]. Livros à Venda pelo Secretariado Sul-Americano

	Anúncio de *A Nação*	
Carlos Marx	El Capital	US$7
Lenine	El Estado y la Revolución Proletaria	US$7/US$3/US$2
Trotzky	Terrorismo y Comunismo	US$7
–	Carlos Marx y La Internacional (Dados Historicos)	US$7
Lenine	El Radicalismo	US$7/US$3/US$2
Lenine	La Revolución Proletaria y el Renegado Kautsky	US$7/US$3/US$2
Lenine	El Imperialismo, Ultima Etapa del Capitalismo	US$7/US$2/US$1
Bujarin	El A.B.C. del Comunismo	US$7/US$2/US$1
Losovsky	Programa de Acción de la Internacional Sindical Roja	US$7/US$1
Losovsky	La Unidad Sindical Internacional	US$7/US$3/US$1
Zinovieff	El mundo Capitaiista y la Internacional	US$7
Zinovieff	Lenin	US$7/US$3
–	La Segunda Conferencia de Organización de la Internacional Comunista	US$7/US$3/US$2/US$1
–	Tesis sobre Táctica de la Internacional Comunista	US$7/US$3/US$2/US$1
–	La Internacional Comunista y la Organización Internacional de los Sindicatos	US$7/US$3/US$2/US$1
Radeck	El Desarollo de la Revolucion Mundial	US$3
Radeck	El Imperialismo, Ultima Etapa del Capital de la Revolución Mundial	US$3
Losovsky	El Mundo Capitalista y la Internacional	US$3
Trotsky	El Triunfo del Bolchevismo	US$3
Radeck	La Internacional Segunda y Media	US$3
Golschmit	Moscou	US$2
Gorki	Lenin y el Campesino	US$2

2. *A Nação*, ano II, n. 290, 26 de jan. de 1927, p. 4. Cedem-Unesp.

Agorio	*Bajo la Mirada de Lenin*	US$2
Gorky	*Wladimir Illich Lenin*	US$2
Codovilla	*Russia en la Actualidad*	US$2
–	*La U.R.S.S. en 1926*	US$2
Barbusse	*El Resplandor en el Abismo*	US$1
Barbusse	*Palabras de un Combatiente*	US$1
Upton Sinclair	*El Libro de la Revolución*	US$1,50
Anatole France	*La Sociedad Comunista*	US$1,50
Oscar Perez Solis	*Cartas a un Anarquista*	US$1,50
Gorki	*Una antorcha en las tinieblas del mund"[sic]*	US$1,50
Lefebre	*Revolución o Muerte*	US$1,50
Carlos Liebknecht	*Spartacus*	US$1,50
Trotzky	*El Ejercito Rojo*	US$1,50

Anexo 3. Catálogos das Editoras Argentinas[3]

CATÁLOGO BIBLIOTECA DOCUMENTOS DEL PROGRESO[4]

Carlos Radek, *El desarrollo del Socialismo. De la ciencia a la acción; Antiparlamentarismo* (Carta del autor dirigida a un comunista alemán, Buenos Aires, s.f. [c.1920] 0.20 ctvs.

Gregorio Zinovief, *Lenin. Su vida y su actividad*, Buenos Aires, 1920. 0.20 ctvs.

Jacques Sadoul, *Dos cartas a Romain Rolland; Una obra gigantesca cumplida por gigantes* (carta dirigida a Jean Longuet), Buenos Aires, 1920. 0.10 ctvs.

León Trotzky, *El advenimiento del bolshevikismo*, Buenos Aires, 1920. 1.00

3. Buscamos levantar o máximo de informações das edições, mas entre aquelas compulsadas nos catálogos dispostos nas próprias brochuras as informações eram, em geral, autor, título e preço de venda. O número ao fim de cada referência é o preço de venda.

4. Horacio Tarcus & Roberto Pittaluga (eds.), *Catalogo de Publicaciones Politicas de las Izquierdas Argentinas (1890-2005). Con Anexos de Otras Corrientes Políticas y de Publicaciones Político-Periodísticas Argentinas*, Buenos Aires, CEDINCI, 2000 (Catálogos del CEDINCI, vol. I); Catálogo da Biblioteca Documentos del Progreso em Nicolas Lenin, *La Sociedad Comunista*, trad. del ruso M. Iarochevsky, Buenos Aires, Biblioteca Documentos del Progreso, 1920; *Documentos del Progreso*, n. 45, jun. 15 de 1921, ano III, Buenos Aires, p. 17. Biblioteca SOEMCF – Sindicato de la Madera de Capital Federal, Buenos Aires, Pasta 22, año II, n. XXV, 1 ago. 1920 al año III, n. 45, 15 Junio 1921.

Nicolas Lenin, *El "radicalismo", enfermedad de infancia del Comunismo*/León Trotzky, *Lo nacional en Lenin*/Nicolas Lenin, *La Constituyente y la dictadura del proletariado*, traducido del alemán por Juan Brann, Buenos Aires, 1920. 1.20

Nicolas Lenin, *La lucha por el pan*/León Trotsky, *Trabajo, orden y disciplina salvarán la República socialista de los soviets*, Buenos Aires, 1920. 0.20 ctvs.

Nicolas Lenin, *La sociedad comunista*, traducción del ruso M. Iarochevsky, Buenos Aires, 1920. 0.20 ctvs.

Nicolas Lenin, *La victoria del Soviet*/John Reed, *Como funciona un Soviet*, Buenos Aires, 1919. 0.10 ctvs.

Nicolas Lenin, *Las enseñanzas de la Comuna de Paris*. 0.20 ctvs.

Nicolas Lenin, *Los reformistas y el estado. Crítica de Engels*, traducción del ruso M. Iarochevsky Buenos Aires, 1920. 0.20 ctvs.

Nicolas Lenin, *Los socialistas y el estado*. 0.20 ctvs.

Spartacus, *Propósitos, objetivos y aventuras*, Buenos Aires, 1920. 0.20 ctvs.

EDITORIAL LA INTERNACIONAL[5]

A. Losovsky, *El internacionalismo obrero en las luchas económicas*. 0.20

Acuerdos del III Congreso Internacional Comunista, *Tesis sobre tactica*, nº 10, Buenos Aires, 1921. 0.10

Alexandrovsky, *Impresiones de un viaje a la Rusia soviestista*, nº 9, Buenos Aires, 1921. 0.10

Cancionero comunista. 0.10

Carlos Radek, *Desarrollo del socialismo*. 0.20

Carlos Radek, *La Internacional 2 ½*. 0.50

Clara Zetkin, *Las batallas revolucionarias de Alemania*. 0.30

Constitución de la R.F. de los Soviets de Rusia. 0.10

Hacia una sociedad de productores. 0.50

Henri Barbusse, *Las enseñanzas de las revoluciones*. 0.30

I. Iakovlev, *Los "anarquistas-sindicalistas" rusos ante el tribunal del proletariado mundial*, nº 8, Buenos Aires, 1921. 0.10

Internacional Comunista, *El movimiento revolucionario en los países coloniales y semi-coloniales*, Buenos Aires, s/d. [c. 1928]. (obs.: impresso em Paris) 20 centavos

---

5. Horacio Tarcus & Roberto Pittaluga (eds.), *Catalogo de Publicaciones Politicas de las Izquierdas Argentinas (1890-2005). Con Anexos de Otras Corrientes Políticas y de Publicaciones Político-Periodísticas Argentinas*, Buenos Aires, CEDINCI, 2000 (Catálogos del CEDINCI, vol. 1); Catálogo da Editorial La Internacional em várias brochuras consultadas no CEDINCI, com a exceção de Alexandrovsky, *Impresiones de un Viaje a la Rusia Soviestista*, consultada na Biblioteca Edgard Carone.

Internacional Comunista, *Manifiesto y Tesis políticas del VI Congreso Mundial*, Buenos Aires, s/d. [c. 1928]. (obs.: impresso em Paris) 20 centavos

Juan Greco, *Dictadura proletaria y reformismo*. 0.10

La Internacional Comunista y la Organización Internacional de los Sindicatos. Programa de acción adoptado por el III Congreso Comunista Internacional, nº 7, Buenos Aires, 1921. 0.10

Lenin y otros, *Organizad la lucha contra la guerra*, Buenos Aires, s/d. [c. 1925].

León Trotzky, *El advenimiento del Bolshevikismo*, Buenos Aires, s/d. [c. 1921]. 0.50/ 1.00

Marcel Cachin, *El Imperialismo contra la U.R.S.S.* (Discurso pronunciado en el Parlamento francés el 4 de diciembre de 1928), Buenos Aires, s/d, [c.1929]. America: 10 centavos; Europa: 0,30 pesetas.

Marx y Engels, *Manifiesto Comunista*. 0.20

Nicolás Lenin, *El "Radicalismo", enfermedad de infancia del Comunismo*; León Trotzky, *Lo nacional en Lenin*; Nicolás Lenin, *La Constituyente y la Dictadura del Proletariado*, traducido del alemán por Juan Brann Buenos Aires, 1920. 0.50

Nicolas Lenin, *La revolución proletaria y el renegado Kautsky*, nº 1, Buenos Aires, 1921. 0.80 cts.

R. Suárez, *Cartas a un obrero*. 0.20

Raimond Lefebvre, *La revolución y la muerte*. 0.40.

S. Gussiev, *En vísperas de nuevos combates*, Buenos Aires, s/d, [c. 1929].

Tesis coloniales del VI Congreso de la Internacional Comunista

Tesis sobre la estructura y organización de los Partidos Comunistas. (Aprobadas en el 3º Congreso de la Internacional Comunista), nº 5, Buenos Aires, La Internacional, 1921. 0.10

Tesis sobre la estructura y organización de los Partidos Comunistas. 0.10

Tesis y resoluciones del Tercer Congreso de la Internacional Comunista. 0.10

Yaroslavski, *Marx y Lenin y la Revolución proletaria*, Buenos Aires, La Internacional, s/d.

Zinovieff y Lenin, *De la revolución*. 0.10.

Anexo 4. Transcrição do Programa de Curso Publicado no Jornal Comunista A Nação [6]:

Para a educação dos operários e operárias

– Cursos marxistas-leninistas

---

6. *A Nação*, ano II, n. 379, 12 de maio de 1927, Rio de Janeiro, p. 2. Cedem-Unesp. A grafia das palavras foi atualizada, com a exceção dos nomes dos líderes russos, que foram mantidos como apareceram originalmente.

O Partido Comunista está organizando uma lista de cursos especiais para a educação dos operários e das operárias do Distrito Federal e de Niterói.

Para que os nossos companheiros e companheiras façam uma ideia da seriedade da obra que vamos realizar, damos aqui o programa de um dos cursos que vão ser iniciados.

Esse programa foi traçado pela própria Internacional Comunista:

TEMAS

I. O CAPITALISMO

1. A sociedade capitalista.

    a. A burguesia e o proletariado no curso do desenvolvimento do capitalismo.

    b. A pequena burguesia urbana e os camponeses no regime capitalista.

2. A produção capitalista.

    a. A mão-de-obra como mercadoria.

    b. A mais valia.

    c. A anarquia da produção capitalista.

3. Algumas concepções fundamentais de economia capitalista.

    a. A mercadoria, o valor e o preço.

    b. O salário.

    c. A repartição da mais valia.

Nota: À base do 1º tema devem estar a leitura e a discussão das partes correspondentes do *Manifesto Comunista*: o trabalho assalariado e o capital, o salário, o preço, o lucro.

É importante colocar-se sob o ponto de vista do operário examinar primeiro as questões que interessam diretamente e passar pouco a pouco de um quadro geral do capitalismo.

II. A TEORIA DO IMPERIALISMO

1. O imperialismo, última etapa do capitalismo.

    a. Hegemonia do capital financeiro; concentração e monopólio.

    b. A exportação do capital para os países coloniais e semicoloniais.

    c. A luta pela partilha dos mercados mundiais.

    d. As uniões monopolizadoras internacionais dos capitalistas.

e. O imperialismo parasitário.

2. Desigualdade do desenvolvimento do capitalismo, leis fundamentais da época imperialista.
3. Impossibilidade por esse motivo do ultraimperialismo.
4. Esta desigualdade impossibilita a passagem harmônica e proporcional de todos os países à ditadura do proletariado e determina a revolução socialista num país (a Rússia, por exemplo).

Bibliografia: Lenine – "O Imperialismo..."; "Os Resultados da Discussão sobre os Direitos dos Povos de Disporem de si Mesmos..."; "O Lugar da 3ª Internacional na História".

III. As forças motrizes de transição do capitalismo para o comunismo

a. Na época imperialista criam-se não só as condições materiais prévias de produção, necessários ao comunismo, (coletivização do trabalho, monopólios) como também as contradições sociais e nacionais sempre crescentes, servindo de força motora da passagem do capitalismo para o comunismo.

b. Crescimento das contradições de classe entre a burguesia e o proletariado.

1. É necessário examinar as condições particulares, as condições internas no seio da classe operária que em nossa época acompanham o crescimenton das contradições fundamentais entre a burguesia e o proletariado.
O imperialismo e a cisão do socialismo; as camadas privilegiadas do proletariado dos países imperialistas. "O partido operário burguês" (Engels).
2. Degenerescência do reformismo e do oportunismo em social-nacionalismo e pacifismo.

c. Essência do partido social-democrata e seu papel como ala esquerda da burguesia: "os canais da influência burguesa sobre a classe operária" (Lenine).

Bibliografia: "Staline" – "Sobre Lenine e o Leninismo".

IV. O movimento de emancipação nas colônias

a. A industrialização do Oriente. Crescimento das contradições entre o capitalismo progressivo do Oriente e o capitalismo imperialista do Ocidente que começa a corrompoer-se.

b. Examinar, a este respeito, as relações entre a classe operária e os camponeses.

Bibliografia: Lenine – "Discurso no II Congresso sobre as Tarefas da I.C.", "Teses apresentadas no II Congresso sobre a Questão Colonial e Nacional", Staline, "Sobre Lenine e o Leninismo".

V. AS CONTRADIÇÕES INTERNAS DO CAPITALISMO

a. As causas destas contradições. Desigualdade do desenvolvimento do capitalismo na época do imperialismo.

b. Os antagonismos anglo-francês, nipo-americano, anglo-americano. Inevitabilidade de novas guerras.

c. Rupturas do monopólio dos Estados capitalistas. Contradição entre o imperialismo e a Rússia dos Soviets.

d. Papel específico do primeiro Estado proletário no desenvolvimento das contradições imperialistas.

Bibliografia: "Liquidação do Tratado de *Versailles*"; Staline, "Lenine e o Leninismo"; Lenine, Discurso no II Congresso da I.C., Varga, Grandeza e Decadência do Capitalismo.

VI. A TEORIA DA REVOLUÇÃO

a. Este tema deve ser o balanço dos precedentes e generalizá-lo; o imperialismo liga numa cadeia única toda a economia capitalista mundial. Os laços entre as questões nacionais e coloniais da revolução proletária.

b. Examinar as condições objetivas e subjetivas da revolução comunista. Questões do ponto de partida da revolução proletária mundial.

c. Crítica da distinção entre a revolução comunista e burguesa feita pelos oportunistas. Não há muralha chinesa entre a revolução burguesa e a proletária.

d. Exame da verdadeira distinção entre a revolução proletária e a burguesa, consistindo na diferença dos tipos entre, de um lado, a manifestação das relações de produção capitalista no feudalismo; do outro lado, a manifestação do comunismo no quadro do capitalismo.

e. A questão fundamental da revolução é a questão do poder. As ilusões da pequena burguesia na época revolucionária.

A marca da verdadeira revolução é a passagem do poder das mãos de uma classe às mãos de outra.
f. O papel dos militares e do bonapartismo na revolução.
(Korailav [?] na Rússia, Tsankov na Bulgária, Von Seckt na Alemanha).
g. Relações entre a espontaneidade e a consciência na revolução.
Papel do Partido na revolução.
Ponto de vista de Lenine de um lado e de Rosa Luxemburgo do outro lado sobre a relação entre a espontaneidade e a consciência na revolução.

Bibliografia: Ver a literatura já citada.

VII. A DITADURA DO PROLETARIADO
a. A degenerescência imperialista da democracia.
b. Necessidade de despedaçar a velha máquina estatal.
c. A democracia proletária e a burguesa.
d. Os Soviets, forma da ditadura do proletariado.
e. Estudo do essencial das experiências da Revolução Russa.
Estudar em particular a relação entre o comunismo de guerra e a NEP.

Bibliografia: "O Estado e a Revolução" – "A Revolução Proletária e o Renegado Kautski" – "Teses sobre a Democracia Burguesa e a Proletária" – "Discurso no III Congresso e Teses sobre a Tática do P.C.R." – Trotski, "Terrorismo e Comunismo" – Relatório ao IV Congresso da I.C.

VIII. ESTRATÉGIA E TÁTICA DA REVOLUÇÃO PROLETÁRIA
a. Papel da insurreição na época do imperialismo.
b. Luta contra os desvios da direita e dos centristas.
c. Luta contra a moléstia infantil da esquerda, contra os desvios anarcos-sindicalistas.
d. Luta contra o sectarismo e o isolamento das massas.
e. Essência da tática da frente única, meio de conquista das grandes massas operárias e de preparação para a luta decisiva.
f. Papel e importância da palavra de ordem do governo operário e camponês.
g. Tática do partido no período da insurreição.

Bibliografia – Lenine – A Moléstia Infantil, Cartas sobre a Tática, Cartas a um Camarada, O Marxismo e a Insurreição, As Eleições para a Constituinte e a Ditadura do Proletariado.

Staline, obras citadas.

IX. ORGANIZAÇÃO DA I.C. E DOS PARTIDOS NACIONAIS

a. O tipo de organização é ditado pelas condições da época em que o capitalismo faz bancarrota e em que amadurece a revolução comunista.

b. No mesmo tema, examinar o caráter da época precedente, e o papel histórico da II Internacional.

c. Opor os princípios de organização da II e da III Internacionais.

Bibliografia: Lenine, Obras citadas, Zinoviev, Discurso no II Congresso sobre o Papel do Partido. I.C., as 21 condições, Resoluções do II Congresso sobre o Papel da I.C., Estatutos da I.C.

Anexo 5. Resenha de Andrés Nin sobre o Livro Agrarismo e Industrialismo *de Fritz Mayer (pseudônimo Octávio Brandão)*[7]*:*

Agrarismo e Industrialismo
Ensaio marxista-leninista sobre a revolta de S. Paulo e a guerra de classes no Brasil

De todos os países da América Latina, o Brasil é, sem dúvida, um dos mais interessantes, tanto do ponto de vista econômico e das perspectivas do desenvolvimento do movimento operário, como do papel de primeira ordem que ele representa na qualidade de teatro de operações da grande luta que se trava entre os imperialismos inglês e norte-americano.

A pouca atenção dispensada a esses países até bem pouco, despertando quando muito a curiosidade distraída e superficial das coisas exóticas, transforma-se num interesse cada vez maior. Infelizmente, os investigadores, em suas pesquisas, têm de lutar contra a insuficiência da documentação, pois a estatística e os estudos econômicos não são o lado forte desses países e há falta quase absoluta de literatura revolucionária.

Neste sentido, o trabalho de Fritz Mayer – que teve de ser editado na Argentina por causa da repressão desencadeada no Brasil – vem preencher

---

7. *A Nação*, ano II, n. 291, 27 de jan. de 1927, Rio de Janeiro, p. 2. Cedem-Unesp.

uma lacuna e deve ser saudado com reconhecimento por todos aqueles que se interessam pelo movimento operário da América Latina.

Com efeito, o autor, apesar de certas falhas, antes de caráter formal do que de princípio, plenamente desempenhou sua tarefa.

"Agrarismo e industrialismo", baseado numa documentação sólida, fornece-nos um quadro surpreendente do Brasil econômico, social e político, e uma interpretação autenticamente marxista dos acontecimentos de que é teatro, e especialmente da revolta de 1924.

A revolta de 1924, escreve o autor (pag. 6), não pode ser compreendida sem uma análise das condições complexas em que se encontra o país. É o que ele faz em algumas dezenas de páginas densas, das quais tentaremos expor o conteúdo essencial.

O Brasil, que conta 32 milhões de habitantes espalhados num território de 8 ½ de milhões de quilômetros quadrados, é, segundo o autor, um país selvagem, onde o homem, como a terra, está em formação, onde a barbaria é mais poderosa que o esforço civilizador do homem (página 7) e os meios de comunicação aí são extremamente defeituosos. A economia do país é essencialmente agrária e baseada especificamente na exploração do café. Da exportação de 1 milhão e 709 mil contos, em 1921, o café rendeu 1 milhão e 19 mil contos. Em 1922 e 1923, essa proporção exprimia-se respectivamente pelos algarismos seguintes 2.332.000 e 1.504.000; 3.297.000 e 2.124.000.

O regime dominante é o dos latifúndios. A grande propriedade, na qual trabalham perto de 10 milhões de operários agrícolas, compõe de 1.668 estabelecimentos, dos quais 461 têm uma superfície média de 59.082 hectares e 1207 têm uma dimensão média de 15.125. Os estabelecimentos principais encontram-se nas mãos de 206 proprietários feudais.

A pequena propriedade agrária compreende 9% da terra; é constituída por 463.879 estabelecimentos, dos quais 317.785 têm uma dimensão média de 19 hectares e 146.094 têm uma extensão de 66 hectares.

Moscou – Setembro de 1926
ANDRÉS NIN
(Líder da Internacional Sindical Vermelha).

Índice Remissivo[1]

7 de Novembro, O 96
Abreu, João Capistrano Honório de 131
Andreiev 78
Alagoas 13, 123, 127-128, 134 (n.)
Alba Rossa 158
Alberini, Anibal 43
Alemanha 83 (n.)
Alfaiate, O 28, 95
ALIANÇA ANARQUISTA 157
Alves, José 65-66
Amano, Takao 25
Amaral, Roberto Mansilla 22
América 166
América Central 175-176
América do Sul 38-39, 51 (n.), 94, 166, 175-176, 190
América Latina 79 (n.), 154, 176, 180, 188, 190

Amsterdã (HOL) 167
Andaluzia (ESP) 52
Andrade, Carlos Drummond de 13
Andrade, João 78
Andreucci, Franco 161, 185
Antunes, Ricardo 21
Aracajú (SE) 158
Araripe Júnior, Tristão de Alencar 131
Aratanha, José 52 (n.)
Araújo, Joaquim Aurélio Barreto Nabuco de 131
Araújo, Soter de 56
Argentina 20, 38-39, 43, 48, 54, 158-159, 176, 183, 187, 189
Aricó, José 154
ARQUIVO DO ESTADO RUSSO DE HISTÓRIA SOCIOPOLÍTICA (RGASPI) 19

1. Deste índice remissivo constam nomes (redondo), locais (cidades, Estados da federação, países e continentes – redondo), títulos de periódicos (*itálico*), nomes de partidos, organizações, associações e instituições (VERSALETE) e nomes de editoras, grupos editoriais, coleções, tipografias e gráficas (VERSAL--VERSALETE). Referências que se encontram em notas de rodapé são identificadas pelo sinal (n.). Das entradas do índice constam os nomes normalizados e modernizados. Contudo, foi mantida a grafia original quando inseridas em citações.

ARQUIVO EDGARD LEUENROTH (AEL-
-Unicamp) 19-20, 25, 151 (n.)
ASSOCIAÇÃO LITERÁRIA INTERNACIONAL DE ESCRITORES REVOLUCIONÁRIOS 107
Associação Tipográfica Fluminense 73
Autocrítica 180
Ayala, Perez de 53

Baccalini, Virgilio 20
Bahia 158, 169
Bakunin, Mikhail Aleksandrovitch 35, 53, 66, 142
Barbosa, Rui 84 (n.)
Barbusse, Henri 41, 54 (n.), 153, 158 (n.)
Barcelona (ESP) 52, 54
Barreto, Afonso Henriques de Lima 128, 132 (n.)
Barros, Manoel de Souza 62, 78
Bartz, Frederico 157
Basbaum, Leôncio 106, 111
Bastos, Tavares 132 (n.)
Batalha, A 65
Battaglia, La 141
Bauru (SP) 158
Beci, Torralva 57
Beilich, Julio 167
Belém (PA) 158
Bélgica 83 (n.)
Berlim 47
Bernardes, Artur 27 (n.), 28 (n.), 63, 84 (n.), 90
Bevilácqua, Clóvis 132
Bianchi, Álvaro 165, 180
BIBLIOTECA ANARQUISTA TERRA LIVRE 157
Biblioteca Documentos del Progreso 20, 39, 41, 43, 66, 105

BIBLIOTECA EDGARD CARONE DO MUSEU REPUBLICANO CONVENÇÃO DE ITU 25
Biblioteca Nueva 47, 51, 54
BIBLIOTÈQUE NATIONALE DE FRANCE 30 (n.)
BLOCO OPERÁRIO 62, 93
BLOCO OPERÁRIO E CAMPONÊS 62
Bocaiúva, Quintino Antônio Ferreira de Sousa 84 (n.)
Boffoni, Vicente 56
Bogdánov (pseud. Aleksandr Aleksandrovitch Manilovski) 118
Bomfim, Manoel 131
Bouju, Marie-Cécile 33 (n.), 49 (n.), 60 (n.), 100, 101 (n.), 105, 108
Brand (pseud. Octávio Brandão) 138
Brandão, Alfredo 123
Brandão, Laura (da Fonseca e Silva) 89, 94, 107, 125, 143 (n.), 151, 160
Brandão, Manoel 123
Brandão, Octávio 13-14, 18-19, 21-24, 27--30, 32-33, 35, 37-38, 51, 53, 55, 62, 76--79, 82, 85-87, 89, 91, 94-96, 101, 107, 109-111, 116, 119, 121 (n.), 123, 125-135, 137-138, 140-143, 150-156, 158-163, 165--167, 169, 173, 175-177, 180-181, 183--187, 189-191
Branner, John Casper 128
Brasil 13-14, 19-20, 24-25, 27, 29 (n.), 30 (n.), 32-33, 37-38, 45, 47-48, 52, 57, 61, 63, 73, 75-77, 82, 83 (n.), 89, 94, 99--100, 105, 123, 128, 131, 134 (n.), 135, 138, 140, 152-153, 156-158, 162-163, 165--166, 168-170, 173, 175-177, 184-186, 188-190
Brasil, O 84, 92
Brasiliense 134 (n.)
Büchner, Friedrich Karl Christian Ludwig 142

Buenos Aires (ARG) 20, 38, 41, 49, 54, 73
Bukhárin, Nikolai 29, 35, 52-54, 57, 77-
-78, 101, 110, 118
BUREAU D'ÉDITIONS, DE DIFFUSION ET
DE PUBLICITÉ 39, 41 (n.), 48
BUREAU DA INTERNACIONAL COMUNISTA PARA A PROPAGANDA NA AMÉRICA DO SUL 67
BUREAU INTERNATIONAL DU TRAVAIL (BIT) 89

Cachin, Marcel 43 (n.)
CAHIERS COMMUNISTES, LES 103, 105
Cahiers du Bolchevisme 49
Camões, Luís de 118
Canellas, Antonio Bernardo 61-62, 73-
-74, 78, 82, 107, 114-115, 123, 127, 149, 150 (n.), 158, 167-169
Capplonch, Miguel 28, 78, 138
Carone, Edgard 20-24, 33, 39, 43 (n.), 49, 51, 54, 60-62, 69, 73, 85, 103, 123, 162
Carvalho, José Maria 89
Carvalho, Ronald de 51 (n.)
CASA DE CERVANTES 53
Casanova, Sofia 54
CEDEM-UNESP 20, 25, 87 (n.)
CENTRO COSMOPOLITA 28, 95
CENTRO DE DOCUMENTACIÓN E INVESTIGACIÓN DE LA CULTURA DE IZQUIERDAS EN ARGENTINA (CEDINCI) 20, 25, 43 (n.)
CENTRO DE ESTUDOS SOCIAIS 158
Charpentier, Gervais 105 (n.)
Chartier, Roger 99, 125
Chile 176
Cinelli, Antonio 75
Clarté (BRA) 153, 158

CLARTÉ (EDIÇÕES) 51
Clarté (FRA) 153
Classe Operária, A 19, 56, 73, 76, 86-89, 91, 95-97, 103, 108-109, 111, 119-120
Codovilla, Victorio 43 (n.), 90, 117 (n.)
Coelho, Adalberto 92
COLEÇÃO SOCIOCRATA (JOSÉ ALVES EDITOR) 66
COLUNA PRESTES-MIGUEL COSTA 93, 162
COMARTE (EDITORA-LABORATÓRIO DA ECA-USP) 74 (n.)
COMITÊ DE PROPAGANDA COMUNISTA PARA A AMÉRICA DO SUL 190
COMPANHIA EDITORA NACIONAL 134 (n.)
Comte, Isidore Auguste Marie François Xavier 133, 188
CONFEDERAÇÃO OPERÁRIA BRASILEIRA 154
CONFEDERAÇÃO SINDICALISTA COOPERATIVISTA DO BRASIL (CSCB) 83, 86
COORDENAÇÃO DE APERFEIÇOAMENTO DE PESSOAL DE NÍVEL SUPERIOR (Capes) 25
COOTYPOGRAPHIE 43 (n.)
Cordeiro, Christiano 33, 35, 42, 62, 78, 153
Correio da Manhã 83-84 (n.), 121 (n.)
Correio Mercantil 73
Correspondance Internationale, La 48, 113, 166-167
Correspondencia Sudamericana, La 39, 49
Cousin, Victor 188
Coutinho, Rodolfo 78, 92, 94, 175
CRUZ VERMELHA NORTE-AMERICANA 103
Cultura 97
Cunha, Euclides Rodrigues da 128-132
Cunha, Paulo Ribeiro da 22

Déa, Dalla 89
Déa, João Dalla 73

Deaecto, Marisa Midori   13, 22, 24
Deville, Gabriel   30 (n.)
Di Cavalcanti, Emiliano Augusto Cavalcanti de Paula Albuquerque e Melo   52 (n.)
Diário Carioca   83
Diário do Povo   33
Diário do Rio de Janeiro   73
Dias, Everardo   29 (n.), 53-54, 61 (n.), 65--69, 73-75, 78, 90 (n.), 105 (n.), 143, 153, 155-156
Dielo Truda   140 (n.)
Distrito Federal (DF – Rio de Janeiro)   123, 188
Djurovic, Camila Alvarez   78
Documentos del Progreso   20, 35, 38, 41, 77
Dulles, John Foster   21, 158 (n.)
Dupré, Marisa José   134 (n.)

Édition du Groupe Communiste Français (URSS)   45
Éditions de L'Internationale Communiste   47, 105
Éditions Françaises Concernant la Russie des Soviets (Unions Ouvrières)   47
Éditions Sociales Internationales   39, 41 (n.), 48
Editorial La Internacional   20, 39, 41-42, 43 (n.), 44 (n.), 105
Editorial Vitória   20 (n.)
Edmundo, Luís   128
Elias, José   162
Empresa Editora de Obras Sociais e Literárias   68
Empresa Editora de Publicações   67
Empresa Universal de Publicidade   56
Engels, Friedrich   20, 27, 29-30, 32-33, 35, 110, 118, 123, 160

Ercoli (pseud. Palmiro Togliatti)   91, 117 (n.)
Escola de Farmácia do Recife   13-14, 126
Escola Leninista Internacional   52
Escola Profissional José Bonifácio   61 (n.), 67, 75
Espanha   47, 54, 177
Espírito Santo   57 (n.)
Esquerda, A   65, 92, 96-97
Estados Unidos da América   166, 176-178, 180
Esteves, Manoel   47, 78
Europa   33, 78, 154, 166, 188

Facioli, Valentim   129, 131
Fackel (pseud. Octávio Brandão)   121 (n.)
Faculdade de Direito do Recife   126
Faculdade de Filosofia Letras e Ciências Humanas da Universidade de São Paulo (FFLCH-USP)   25
Faculdade de Medicina do Recife   127
Faure, Sebastian   66, 140, 142
Febvre, Lucien   13, 15
Federação Anarquista Uruguaia (FAU)   140 (n.)
Federação Sindicalista Cooperativista Brasileira   83 (n.)
Feijó, Martin Cezar   20
Ferri, Enrico   35, 52
Figueira, Hermenegildo   89
Folha da Noite   63
Fonseca   138
Fontes, Hermes Bartolomeu Martins de Araújo   142
Fourier, François Marie Charles   83 (n.)
França   43 (n.), 49, 60 (n.), 61, 83 (n.), 103, 140 (n.), 176, 189
France, Anatole   41, 54 (n.)
Freire, Aníbal   33, 35

Garroeira, João (pseud. Octávio Brandão) 85
Gazeta de Notícias 28 (n.), 92
Genebra (SUI) 47
Germinal 158
Ghioldi, Rodolfo 43 (n.), 168 (n.)
Gide, Charles 83 (n.)
Globo, O 92
GMARX 25
Gorki, Maxim 41, 54 (n.), 118, 142
Gramsci, Antonio 183, 185
GRANDE ORIENTE BRASIL (GOB) 75
Grave, Jean 142
Grazini, Mario 73
GROUPE COMMUNISTE DU BRÉSIL 167
GRUPO CLARTÉ (BRA) 67, 153-154, 158 (n.)
GRUPO CLARTÉ (FRA) 158 (n.)
GRUPO COMUNISTA DO RIO DE JANEIRO 76-77
GRUPO COMUNISTA ISRAELITA DO RIO DE JANEIRO 47-48
GRUPO EDITOR LIVRE PENSAMENTO 105
GRUPO TEATRAL CULTURA SOCIAL 142
GRUPO ZUMBI 158

Hall, Michael 153
Hallewell, Laurence 134 (n.)
Hamon, Augustin Frédéric 35, 142
Haro, R. Lopez de 53
Hegel, Georg Wilhelm Friedrich 186
HEMEROTECA DIGITAL DA FUNDAÇÃO BIBLIOTECA NACIONAL 20, 84 (n.), 87 (n.)
Hildebrand, João Paulo 75
Hobsbawm, Eric John Ernest 156
Hoje: O Mundo em Letra de Forma 134 (n.)
Holanda, Sérgio Buarque de 51 (n.)
Hora Social, A 158

Humanité, L' 39 (n.), 56, 103
Hyppolite, Jean 187

Ibsen, Henrik 138, 150
Imparcial, O 28 (n.), 92
IMPRENTA DE JUAN PUEYO 51
Inglaterra 83 (n.), 166, 176-178, 180
INSTITUTO ARQUEOLÓGICO 127
INSTITUTO DE ARTES GRÁFICAS 76
INTERNACIONAL COMUNISTA/TERCEIRA (OU III) INTERNACIONAL/ KOMINTERN 14, 19, 23-24, 29 (n.), 30, 38-39, 41, 43, 45, 47-49, 51, 62, 74, 76-79, 81-82, 91, 99, 106, 111, 115, 119-120, 135, 156, 160, 163--165, 167-169, 175-177, 181, 184, 189-191
INTERNACIONAL SINDICAL VERMELHA 49
Internacional, La 38-39, 42
Internacional, O 95
Internationale Communiste, L' 29 (n.), 43 (n.), 47, 77, 79
Internationaler Arbeiterhilfer 47
Itália 20, 83 (n.)
Ivanovich, Elias 47

Jornal do Brasil 28 (n.), 92
Jornal do Comércio 73, 127
Jornal, O 92
Jovem Proletário, O 76, 96
Juiz de Fora (MG) 89
Justicia 38-39
JUVENTUDE COMUNISTA (JC) 96, 106

Kamenev, Lev Borisovich 164
Kautsky, Karl 29 (n.), 54
Kehl, Renato 53
Kengen, Júlio 89
Kerensky, Alexander Fiodorovich 51, 54
Kojève, Alexandre 187

Komin-Alexandrovsky, Mikhail Alexeevich 38
Konder, Leandro 18, 21, 32 (n.), 33, 121 (n.), 185-187
Kropotkin, Piotr 27, 35, 52-53, 142
Kun, Bela 119
Kuusinen, Otto Wilgelmovich 79, 82 (n.), 88

Lacerda, Felipe Castilho de 13-14
Lacerda, Fernando 111
Lacerda, Maurício de 90 (n.), 92
Lacerda, Paulo Paiva de 69, 91, 117 (n.), 167
Lafargue, Laura 29 (n.), 30 (n.), 32-33
Laje, João de Souza 84 (n.)
Lansbury, George 29
Lassalle, Ferdinand 83 (n.)
LAURENCE & WISHART 30 (n.)
Lefebvre, Henri 187
Leipzig (ALE) 33
LEITE RIBEIRO & MAURILLO QUARESMA EDITORES 51-52
LEITE RIBEIRO 51 (n.), 52-53
Lenin, Wladimir Ilitch Ulianov 29, 35, 39, 44, 47, 52, 54, 57, 65-66, 77, 85, 93, 102-103, 111, 118, 121 (n.), 123, 160-161, 166, 181
Leuenroth, Edgard 49, 156-157
Libertador, O 92
LIBRAIRIE DE L'HUMANITÉ 33, 39 (n.), 41 (n.), 48-49, 100, 101 (n.), 103, 105
LIGA ANTI-CLERICAL 49
LIGA ANTI-IMPERALISTA 97
Lima, Azevedo 92-93
Lima, Heitor Ferreira 29 (n.), 52-53, 61, 95, 113
Lima, José Augusto de 65

Lima, Paulo Motta 65, 92, 96
Lima, Pedro Motta 56, 63, 65
LIVRARIA AMERICANA 57
LIVRARIA AZEVEDO 53
LIVRARIA BOFFONI 56
LIVRARIA CIENTÍFICA BRASILEIRA 55
LIVRARIA ESPANHOLA (LIBRERÍA ESPAÑOLA) 52-55
LIVRARIA HISPANO-AMERICANA 51
LIVRARIA LEALDADE 51
LIVRARIA MAURILLO 52
LIVRARIA ODEON – SORIA & BOFFONI 56
LIVRARIA ODEON 56
Lobato, José Bento Monteiro 51 (n.), 63, 128, 134 (n.)
Lôbo, Aristides 101 (n.)
LOJA MAÇÔNICA ORDEM E PROGRESSO 67
LOJA MAÇÔNICA UNIÃO ESCOSSEZA 75
Londres (ING) 29 (n.), 94
Lopes, Guiomar Silva 25
Lopes, Isidoro Dias 92, 163
Lopez, Samuel Nuñes 52-54
Losovsky, Solomon 54 (n.), 78
Löwy, Michael 18, 133, 154
Luiz Peres 78
Lukács, György 161, 181
Luta Social 159
Lutero, Martinho 13, 15
Luz, Fábio 51 (n.), 142
Lyra, Roberto 56, 65, 86

Maceió (AL) 13, 51, 123, 127, 158, 162
Machado, Irineu 92
Machado, Ubiratan 52
Madri 51, 54
Magh, Georg 32 (n.)
Magnani, Silva Ingrid Lang 141
Malatesta, Errico 66, 142, 157

Manhã, A 92, 96
Mannheim, Karl 17
Mantegazza, Paolo 52
Maracajá, O 96
Martins Filho, Plinio 25
Martins, Wilson 128
Marx, Eleanor 29 (n.)
Marx, Karl Heinrich 18, 20 (n.), 27, 29, 32-33, 35, 38, 83 (n.), 110, 123, 150, 160, 181, 183, 186-187
Matos, Amarílio de 92
Matta, João da 56
Mattos, Alcides Adett Brasil de 54 (n.), 87
Mayer, Fritz (pseud. Octávio Brandão) 165, 178
Mella, Ricardo 35
Mendens, João Borges 89
Mendonça, Carlos Sussekind de 55-56, 86
Mendonça, Lúcio de 55
Meneses, Tobias Barreto de 132 (n.)
Mês Operário 75, 95
Metropolitain 103
México 176
Mibelli, Celestino 38
Minas Gerais 169-170
Mirbeau, Octave Henri Marie 142
Mollier, Jean-Yves 22, 61 (n.)
Montevidéu (URU) 38, 49, 73
Moraes Filho, Evaristo de 21
Moraes, João Quartim de 18, 21, 121 (n.), 135
Morais, Evaristo de 51-52 (n.)
Morales, José Lago 89
Moscou (URSS) 45, 48, 52, 66, 73-74, 82, 89, 92, 115, 117 (n.), 167-168, 175, 181, 190
Mota, Benjamin 156
Moura, Maria Lacerda de 143 (n.)
Movimento Communista 19, 27-28, 69, 74-79, 82, 85-86, 92, 95, 103, 109, 120, 166, 168
Muralha 97

Nação, A 20, 53-54, 56-57, 62, 65, 69, 90--95, 97, 111, 113, 117, 180
Nascimento, Nicanor 159 (n.)
Negro, Hélio 157
Nequete, Abílio de 38, 67, 159
Neves, Artur 134 (n.)
New York Daily Tribune 29 (n.)
Nietzsche, Friedrich 52-53, 152, 153 (n.)
Nin Pérez, Andrés 85, 91, 180
Niterói (RJ) 86
Nó, José 41
Nogueira, Abelardo 89
Nordau, Max 52
Nuevo Orden 41

O.A.L (pseud. não identificado) 85
Oiticica, José 84, 128, 156-157, 162
Oliveira, João F. 73, 92, 94
Oliveira, Minervino de 95
Owen, Robert 83 (n.)

Pacífico, Américo 78
País, O 19, 28, 73, 82, 84-86, 88-89, 95
Panificador, O 95
Paris (FRA) 33, 43 (n.), 48
PARTIDO COMUNISTA (BOLCHEVIQUE) DA UNIÃO SOVIÉTICA 164
PARTIDO COMUNISTA CHILENO 190
PARTIDO COMUNISTA DA ARGENTINA (PCA) 39, 41-43, 190
PARTIDO COMUNISTA DO BRASIL (1919) 157-158
PARTIDO COMUNISTA DO BRASIL (PCB) 13--15, 19-20, 23-24, 28-30, 38, 47-48, 53, 58, 60-62, 65-67, 69, 73-77, 79, 82-

-83, 86, 88, 90-91, 94-97, 100-101, 103, 105-106, 108-109, 113-115, 125, 138, 157-161, 164-165, 167-168, 175--178, 180, 184, 189
PARTIDO COMUNISTA FRANCÊS (PCF) 33, 39 (n.), 41 (n.), 48, 56, 61 (n.)
PARTIDO COMUNISTA MEXICANO 190
PARTIDO COMUNISTA URUGUAIO 38-39, 190
PARTIDO SOCIALISTA DA ARGENTINA 41
PARTIDO SOCIALISTA DA ITÁLIA (PSI) 38
PARTIDO SOCIALISTA FRANCÊS (S.F.I.O.) 48, 56
PARTIDO SOCIALISTA INTERNACIONAL (PSI – ARG) 38-39, 43
PARTIDO SOCIALISTA URUGUAIO 38
Passos, Carlos 78
Pátria, A 83-84, 92
Pechini, Aldo 41
Pedrosa, Mário 96
Pelotas (RS) 85
Pena Júnior, Afonso 86
Penelón, José 39, 43 (n.), 54 (n.)
PEQUENA BIBLIOTECA DE CULTURA PROLETÁRIA 103
Perdigão, José Maria dos Reis 65, 92
Pereira, Astrojildo 20, 43 (n.), 47-49, 55, 57, 61 (n.), 69, 77-79, 87, 90-91, 93, 96, 106, 108, 113, 114 (n.), 117 (n.), 156--160, 162, 167, 169-170, 177
Pereyra, Carlos 54
Pernambuco 103, 169
Petra, Adriana 25, 118
Petrogrado (URSS) 47
Pigliasco, Januário 92, 94
Pimenta, João da Costa 73
Pimenta, Joaquim 33, 54, 69, 96
Pinheiro, Paulo Sérgio 153

Plancherel, Alice Anabuki 22, 151
Plebe, A 105, 125, 138
Plekhanov, Georgi Valentinovitch 111
Pombo, José Francisco da Rocha 128
Porto Alegre (RS) 32, 57
Portugal 30 (n.)
Prado Júnior, Caio 134 (n.)
Prado, Paulo 63
Preobrajensky, Ievguêni Alexeivitch 101 (n.)
Prober, Kurt 74-75

Quadros, Carlos Fernando de 32 (n.)
Quaresma, Maurillo 51 (n.)

Radek, Karl 39, 47, 54 (n.)
Ransome, Arthur 77
Raposo, Custódio Alfredo de 82-84
Rappoport, Charles 54, 100, 103, 108--109
Razão, A 158
Rebello, Edgardo de Castro 94
Recife (PE) 75, 95-96, 158
Reclus, Jacques Élisée 35, 142
Reis Júnior, João José (conde de São Salvador de Matozinhos) 84 (n.)
Reis, Raymundo 107
Reis, V. de Miranda 107
Remy, Léon 29 (n.)
Renovação 96
Revista do Brasil 63
Revista Proletária 96
Rezende, Leônidas de 75, 90-92
Ringer, Fritz 17, 19
Rio de Janeiro (RJ) 13, 24, 32 (n.), 41--42, 49, 51, 53, 54 (n.), 61, 66-67, 76, 84 (n.), 86, 93, 95, 106, 125, 127, 138, 141, 158, 169-170, 175

Rio Grande do Sul (RS) 169
Robnis, Raymundo 103
Rodrigues, Edgar 159
Rodrigues, Leôncio Martins 106
Roio, Marcos Del 21-22, 25, 96, 137, 155, 162
Roma (ITA) 135
Romero, Sílvio Vasconcelos da Silveira Ramos 131, 132 (n.)
Rosal, Paulo 84
Rote Fahne 47

Sadoul, Jacques 29, 41, 47, 77
Salla, Thiago Mio 74 (n.)
Salomão (pseud. Octávio Brandão) 138
Santana, José Carlos Barreto de 131-132, 141
Santos (SP) 47, 95
Santos, Jacinto Ribeiro dos 127-128, 138
Santos, José Alfredo dos 86, 89
São Paulo (SP) 20 (n.), 51, 67-68, 73, 92, 95-96, 125, 141, 158, 166, 169-170, 177, 188
Sartre, Jean-Paul 187
Sayre, Robert 154
Schechter, Hersch 89
Scheimberg, Simon 41
Schmidt, Afonso 107, 143 (n.), 153-154
Secco, Lincoln 23, 25, 32 (n.), 48, 51, 69, 99, 105-107, 140, 184, 187-189
SECRETARIADO/BUREAU SUL-AMERICANO DA INTERNACIONAL COMUNISTA (SSA-IC) 39, 54, 93, 95
SEGUNDA (OU II) INTERNACIONAL 99--100, 161, 185
Semana Social, A 123, 127, 130, 158
Semeador, O 158
Severo, Cláudio 84 (n.)
Sichel und Hammer 47

Siegel, Oscar 63
Silva, Ângelo José da 21
Silva, Carlos (Lúnin) 89
Sinclair, Upton 54 (n.)
SINDICATO DE LA MADERA DE CAPITAL FEDERAL (SOEMCF) 20
SOCIAL-DEMOCRACIA ALEMÃ 99
SOCIEDADE DAS NAÇÕES 89
SOCIEDADE DE FILANTROPIA MAÇÔNICA 75
SOCIEDADE PROPAGADORA DE INSTRUÇÃO PÚBLICA 126
SOCORRO OPERÁRIO INTERNACIONAL 47
Sodré, Nelson Werneck 90 (n.)
Solidário, O 95
Souvarine, Boris 51, 85
Souza, Antonio Candido de Mello e 131
Souza, Ferreira de 41-42
Spartacus 105, 125, 158
Speiski, Samuel 33
Stálin, Josef 101, 108, 121 (n.), 164
Stepniák, Sergei Mikhailovitsch Kravtchínski 51
Stirner, Alfred 45, 177
Stirner, Max 52, 143 (n.)

Tarcus, Horacio 19, 25, 99, 183, 187
Tasin, N. 51, 54
Terra Livre 141
Thomas, Albert 89
Thonar, Jorge 142
TIPO-ARTE 138
Togliatti, Palmiro (Ercoli) 91, 117 (n.), 178
Toledo, Pedro de 83
Tolstoi, Leon 142
Tours (FRA) 39 (n.)
Tribuna do Povo 158
Trotsky, Leon 29, 35, 39, 47, 52, 54, 66, 77-78, 85, 123, 164

União das Repúblicas Socialistas Soviéticas (URSS)/ Rússia soviética 13, 20 (n.), 29, 45, 51, 61, 63, 77-78, 85-86, 94, 102, 117-118, 149, 157, 168, 170
UNIÃO DOS ALFAIATES 113
UNIÃO DOS TRABALHADORES GRÁFICOS DO RIO DE JANEIRO 73
UNIONS OUVRIÈRES (SUI) 47
UNIVERSIDADE DE SÃO PAULO (USP) 13, 25
UNIVERSIDADE ESTADUAL DE CAMPINAS (Unicamp) 19
Uruguai 39, 54, 159, 189

Valência (ESP) 54
Vanguarda, A 32 (n.), 158
Varga, Eugène 166
Vasco, Gregório Nazianzeno Moreira de Queiroz e Vasconcelos (Neno) 156
Venâncio Filho, Francisco 55
Veríssimo, José 130-131

Vianna, Marly de Almeida Gomes 78
Vichniak, Marc 51
Viçosa (AL) 13, 123
Vinhas, Moisés 150 (n.)
Vitor, Nestor 128
Vitória (ES) 57 (n.), 76
Volin, (Vsevolod Mikhailovich Eikhenbaum) 140 (n.)
Voz Cosmopolita 28, 32, 95, 110 (n.)
Voz do Operário 158
Voz do Povo, A 138, 158, 160

Wahl, Jean 187
Wolikow, Serge 99, 113, 164, 181

Zaidan Filho, Michel 21
Zetkin, Clara 39
Zinoviev, Grigori 29, 35, 43, 52, 77-78, 164
Zola, Émile 142

Título	*Octávio Brandão e as Matrizes Intelectuais do Marxismo no Brasil*
Autor	Felipe Castilho de Lacerda
Editor	Plinio Martins Filho
Produção editorial	Aline Sato
Capa	Gustavo Piqueira / Casa Rex
Índice e revisão	Felipe Castilho de Lacerda
Editoração eletrônica	Camyle Cosentino
Formato	15,5 x 23 cm
Tipologia	Adobe Garamond Pro
Papel da capa	Cartão Supremo 250 g/m^2
Papel do miolo	Chambril Avena 80 g/m^2
Número de páginas	232
Impressão e acabamento	Graphium